Israel – eine Utopie

OMRI BOEHM

ISRAEL – EINE UTOPIE

AUS DEM ENGLISCHEN VON
MICHAEL ADRIAN

PROPYLÄEN

Wir verpflichten uns zu Nachhaltigkeit
• Papiere aus nachhaltiger Waldwirtschaft und anderen kontrollierten Quellen
• Druckfarben auf pflanzlicher Basis
• ullstein.de/nachhaltigkeit

Die Originalausgabe erscheint 2020 unter dem Titel
A Future for Israel: Beyond the Two-State Solution
bei New York Review Books, New York.

Die deutsche Übersetzung verwendet wechselweise die weibliche und männliche Form; gelegentlich werden auch beide Geschlechter benannt.

FSC www.fsc.org MIX Papier | Fördert gute Waldnutzung FSC® C014496

Propyläen ist ein Verlag der Ullstein Buchverlage GmbH
www.propylaeen-verlag.de

ISBN: 978-3-549-10007-3

4. Auflage 2023

Gesetzt aus Dante MT
Satz: Pinkuin Satz und Datentechnik, Berlin
Druck und Bindearbeiten: GGP Media GmbH, Pößneck
Printed in Germany

Für Inbal

Wenn ihr wollt, ist es kein Märchen

Theodor Herzl

INHALT

VORWORT
ZUR DEUTSCHEN AUSGABE

Schweigen ermutigt den Folterknecht,
niemals den Gefolterten.
ELIE WIESEL

In einem ausführlichen Interview, das Jürgen Habermas im Dezember 2012, als er die erste jährliche Martin-Buber-Vorlesung in Jerusalem hielt, der israelischen Tageszeitung *Haaretz* gab, wurde er auch nach seiner Meinung zur israelischen Politik gefragt. Er antwortete, dass zwar »die gegenwärtige Lage und die Grundsätze der israelischen Regierung« eine »politische Bewertung« erforderten, diese aber nicht »Sache eines privaten deutschen Bürgers meiner Generation« sei.[1]

Dass deutsche Intellektuelle nicht gern über Israel sprechen, ist natürlich verständlich. Sich in diesem Fall eines Kommentars zu enthalten wird vielen vor dem Hintergrund des Holocausts nur als angemessene Reaktion erscheinen. Ganz offensichtlich steht Habermas' Schweigen für das zahlloser anderer deutscher Intellektueller, darunter auch Angehörige jüngerer Generationen. Und doch ist das Problem mit dieser Antwort und der Haltung, die sich hinter ihr verbirgt, dass Habermas nur schwerlich als ein deutscher Privatbürger zu bezeichnen sein dürfte. Wenn sich der öffentliche Intellektuelle schlechthin in die Privatsphäre flüchtet, wenn sich der Begründer einer Philosophie namens Diskursethik weigert, etwas zu sagen, dann hat das theoretische und politische Konsequenzen. Schweigen ist hier selbst ein Sprechakt, und zwar ein höchst öffentlicher.

Um die Bedeutung dieses Schweigens zu verstehen, müssen wir uns auf Kants Begriff der Aufklärung zurückbesinnen. In seinem berühmten, 1784 in der *Berlinischen Monatsschrift* erschienenen Aufsatz »Was ist Aufklärung?« definiert Kant diese als »Ausgang des Menschen aus seiner selbstverschuldeten Unmündigkeit«: ein Prozess des Erwachsenwerdens, der darin besteht, den »Mut« zu finden, sich seines »*eigenen* Verstandes zu bedienen«. Anders als es scheinen mag, ist der »Selbstdenkende« aber nicht in einem privaten Monolog begriffen, in einem inneren Zwiegespräch mit sich selbst. Im Gegenteil, Kant legt großen Wert darauf, dass solches Selbstdenken jemandem nur durch »den öffentlichen Gebrauche seiner eigenen Vernunft«[2] möglich wird, und zwar auf mindestens zwei miteinander zusammenhängende Weisen: Um sich seines eigenen Verstandes zu bedienen, um selbst zu denken, muss man erstens versuchen, über die Perspektive der privaten – persönlichen, historischen, beruflichen, bürgerlichen – Verpflichtungen hinauszuschauen und von dem kosmopolitischen »allgemeinen Standpunkte« aus zu urteilen. In Kants Worten: »an der Stelle jedes anderen denken«.[3] Zweitens – und hiermit eng verbunden – können wir nur selbst denken, wenn wir es *laut* tun. Wir würden nicht sehr »viel« und nicht mit großer »Richtigkeit« denken, sagt Kant, wenn wir nicht »gleichsam in Gemeinschaft mit andern, denen wir unsere und die uns ihre Gedanken *mitteilen*, dächten«. Die Möglichkeit, unsere private Perspektive zu überwinden, hängt somit davon ab, ob wir unsere Meinungen »dem ganzen Publikum der *Leserwelt*« zur Beurteilung vorlegen[4] – um durch die öffentliche Debatte eine Verständigung der »allgemeine[n] Menschenvernunft, worin ein jeder seine Stimme hat«, zu erzielen.[5] Adorno bringt diese kantische Auffassung in einer Vorlesung von 1959 auf den Punkt, wenn er schreibt, Aufklärung bestehe darin, »jenes fatale ›als‹« zurückzuweisen, jenes bedenkliche Wort, dem wir begegnen, »wenn etwa Menschen in Diskussionen sagen: ›ich *als Deutscher* kann das und das nicht akzeptieren‹, oder: ›ich *als Christ* muß mich in dieser Sache so und so verhalten‹«.[6]

Man übersieht meist die Konsequenzen, die diese Grundeinstellung für die israelisch-deutschen Beziehungen hat. Ein Deutscher, der in Bezug auf die israelische Politik Selbstzensur übt – der also den privaten Verpflichtungen treu bleibt, die sich aus der deutschen Vergangenheit ergeben –, weigert sich, den Standpunkt der Aufklärung einzunehmen, sobald er sich mit jüdischen Angelegenheiten beschäftigt. Er weigert sich buchstäblich, selbst zu denken. Eine solche Position würden die meisten deutschen Intellektuellen sicherlich nur ungern vertreten; und es wäre ein Fehler – der eine Freud'sche Analyse lohnen würde –, wollte man behaupten, im Fall einer Deutschen, die einen Juden kritisiert, sollte man sinnvollerweise eine Ausnahme von der aufklärerischen Grundeinstellung machen. Gerade weil das aufklärerische Denken seit seinen frühesten Anfängen vom Antisemitismus heimgesucht wurde – insbesondere aufgrund seiner permanenten Versuchung, Juden als ein mythisches »Anderes« zu behandeln –, läuft die Unterdrückung öffentlicher Kritik am jüdischen Staat Gefahr, in eine vertraute Falle zu gehen. Die Aufgabe der deutschen Intellektuellen besteht *wegen* und nicht trotz der deutschen Geschichte darin, sich mit Israel im Forum der öffentlichen rationalen Diskussion auseinanderzusetzen, und gerade *nicht* darin, es in irgendeine metaphysische Sphäre auszulagern, von der man nicht sprechen kann und über die man schweigen muss.

Der Erziehungswissenschaftler und Publizist Micha Brumlik kommentierte eine frühere Fassung dieser Argumentation, die in der *New York Times* erschienen ist, mit den Worten: »An dieser Stelle ist Boehm zu korrigieren. Tatsächlich war auch der Aufklärer Kant von Antisemitismus nicht frei, tatsächlich waren auch andere Aufklärer seit Voltaire glühende Antisemiten.«[7] Dieser Einwand scheint mir auf einem Missverständnis zu beruhen, denn ich stimme mit Brumlik an dieser Stelle völlig überein. Kants eigenes Denken – das der Privatperson, *nicht* seine Philosophie – war selbst mit Antisemitismus infiziert, aber genau das ist ja der Punkt: Er und andere Aufklärer neigten dazu, couragiert für einen aufklärerischen Universalismus einzutreten, dann aber die Juden als ein diesem Universalismus fremdes Element und damit als das »Andere« der Aufklärung zu denken. Das ist die Falle, von der ich spreche, und man sollte nicht ein zweites Mal hineintappen, indem man eine allgemeingültige Ethik formuliert und dann die Juden als Ausnahme behandelt. Tatsächlich wird dies nirgendwo deutlicher als in Habermas' Denken selbst. Er entwickelte die Diskursethik in einer heroischen intellektuellen Anstrengung, um das aufklärerische Denken aus den Ruinen des Dritten Reiches zu bergen – um in Reaktion auf Heideggers Vorstellungen von privater Authentizität

Kants Ideal des öffentlichen, universalistischen Räsonierens zu retten. Diese Rückkehr zu Kant wird nicht vollendet werden können, wenn die deutschen Intellektuellen nicht den Mut finden, aufrichtig über Israel nachzudenken und zu sprechen. Gerade wegen der historischen Beziehung zwischen dem Denken der Aufklärung und dem Antisemitismus stellt sich dies als ultimativer Test für das aufgeklärte Denken selbst dar.

Michel Foucault definierte den griechischen Ausdruck »Parrhesia« mit leicht kantianischem Einschlag als den Mut, »der Macht die Wahrheit zu sagen«. Die Gefahr, die damit verbunden ist, seine Pflicht als Intellektueller zu tun, indem man gegenüber einem Tyrannen oder Souverän nicht schweigt, kalkulierte er ein. Foucault übersah allerdings, dass sich die frühesten und tiefsten Ursprünge dieser Tradition nicht im griechischen Denken oder in der kantischen Aufklärung finden, sondern in der jüdischen Religion. In der hebräischen Bibel beweisen die Propheten ihre Tugend, der Macht die Wahrheit zu sagen, nicht gegenüber einem irdischen König, sondern gegenüber Gott. Abraham führt uns eine solche radikale Parrhesia am Beispiel von Sodom und Gomorra vor. Als er erfährt, dass Gott Sodom zerstören will, tritt Abraham zu Gott »herzu« und stellt dessen Entscheidung infrage: »Willst du denn den Gerechten mit dem Gottlosen umbringen? […] Das sei ferne von dir, dass du das tust und tötest den Gerechten mit dem Gottlosen, sodass der Gerechte wäre gleich wie der Gottlose! Das sei ferne von dir! Sollte der Richter aller Welt nicht gerecht richten?« (1. Mose 18, 23–25) Dass dies bewusst als eine Theologie der Parrhesia gedacht ist, wird zwei Sätze später deutlich, wenn

Abraham betont, dass er genau um seine prekäre Position weiß: »Ach siehe, ich habe mich unterwunden, zu reden mit dem Herrn, wiewohl ich Erde und Asche bin.« (1. Mose 18, 27)[8]

Tatsächlich kann der Gedanke, der Macht die Wahrheit ins Gesicht zu sagen, in einem sehr weiten Sinne verstanden werden: In Ausübung der Parrhesia sollte man das Risiko eingehen, gegenüber der Autorität seiner eigenen Geschichte und seiner ureigensten Überzeugungen die Wahrheit zu sagen – in Auseinandersetzung mit der eigenen Identität. Eindringlich hat die Soziologin Eva Illouz diese Vorstellung im Hinblick auf die komplizierte Situation reflektiert, in der sich jüdische und israelische Intellektuelle befinden: Sie sagen nicht bloß der Macht die Wahrheit, sondern auch Opfern und ihren Erben; und sie tun dies in einer Tradition, die jahrtausendelang weder über Souveränität noch über Macht gebot – und Solidarität an ihre Stelle setzte. Dementsprechend ist es trotz der tiefen jüdischen Wurzeln der Parrhesia fast ein Ding der Unmöglichkeit, diese Tugend im gegenwärtigen jüdischen Leben zu üben: Nicht mit einem Souverän oder einem Tyrannen droht sie zu brechen, sondern mit der eigenen Gruppe; einer Gruppe, die ihrem Selbstverständnis nach immer noch auf die Solidarität der Opfer angewiesen ist.[9]

Doch kann die Parrhesia sogar noch beunruhigender und gefährlicher werden, wenn man sich in die Lage eines deutschen Intellektuellen versetzt, der die jüdische Politik kritisiert. Manch einer befürchtet, geächtet und zensiert zu werden oder sogar seine Stelle zu verlieren – das Schicksal des im Juni 2019 zurückgetretenen Direktors des Jüdischen

Museums Berlin ist noch nicht vergessen. Solcherlei Befürchtungen sind dabei nicht einmal die schlimmsten. Das Streben nach unbedingter Solidarität mit den jüdischen Überlebenden des Holocausts und ihren Erben reicht tiefer. Und eine Deutsche, die die jüdische Politik kritisiert, muss sich eine noch schmerzlichere Frage stellen: Sage ich der Macht die Wahrheit, oder stelle ich in Wirklichkeit das Opfer als die Macht dar, die es zu kritisieren gilt, und folge damit einer vertrauten Logik, die von den bekannten antisemitischen Verschwörungstheorien angesteckt ist?

Das alles sind wichtige und folgenschwere Sorgen, und es gibt nur eine mögliche, vernünftige Antwort auf sie: Äußert eure Kritik, sagt, was ihr denkt, kritisiert und lasst euch kritisieren. Lasst das Licht der öffentlichen Debatte dazu beitragen, ein rationales Urteil über den jüdischen Staat zu fällen. Es nicht zu tun, macht den Juden zum gefährlichen Anderen; die Angst, kritisiert zu werden, ist bereits mit dem Mythos von der jüdischen Macht behaftet. Nur eine vernünftige Perspektive auf den jüdischen Staat in einer Öffentlichkeit, die diesen Staat als normalen Gegenstand einer Debatte behandelt, kann den Antisemitismus überwinden. Aus dieser Perspektive wäre die einzig akzeptable Antwort, die ein Habermas der *Haaretz* hätte geben können, diese gewesen: *Als deutscher Staatsbürger meiner Generation habe ich Folgendes zu sagen …*

Wie lagen nun die Dinge im Fall von Günter Grass' berüchtigtem Gedicht »Was gesagt werden muss«? »Das allgemeine Verschweigen dieses Tatbestandes« [gemeint ist die mutmaßliche Existenz von Atomwaffen in Israel], schreibt Grass, »dem sich mein Schweigen untergeordnet hat, / empfinde ich als belastende Lüge und Zwang […].« Und er fährt fort: »Jetzt aber, weil aus meinem Land, / das von ureigenen Verbrechen, / die ohne Vergleich sind, / Mal um Mal eingeholt und zur Rede gestellt wird, / […] / ein weiteres U-Boot nach Israel / geliefert werden soll, […] / sage ich, was gesagt werden muß.«[10]

Im *Haaretz*-Interview nach Grass gefragt, antwortet Habermas, er könne keine »plausible Entschuldigung« für ein solches Verhalten sehen. »Es besteht nicht der geringste Zweifel daran, dass Günter Grass kein Antisemit ist«, betont Habermas, »aber«, wiederholt er seine frühere Aussage, »es gibt Dinge, die Deutsche unserer Generation nicht sagen sollten«.

Damit macht er es Grass wohl zu leicht. Trotz seines Titels »Was gesagt werden muss« sagt das Gedicht so gut wie nichts über Israel. Besorgniserregend an Grass' Intervention ist nicht ihr Inhalt, sondern ihre Form: Das Gedicht beklagt ein Schweigen, hat aber nichts zu bieten, das dieses Schweigen brechen könnte. Grass verurteilt die Selbstzensur derer, die befürchten, als Antisemiten bezeichnet zu werden, hat aber nicht den Mut, den jüdischen Staat mit den freimütigen Mitteln einer normalen Diskussion zu thematisieren. Das Ergebnis ist als Kritik an Israel völlig ungeeignet, verbreitet jedoch kräftig Ressentiments. Damit möchte ich keinesfalls bestreiten, dass Kunst einen Beitrag zum öffentlichen Nachdenken leisten kann – »Was gesagt werden muss« ist allerdings nicht Grass' bedeutendste künstlerische Leistung. Habermas' Schweigen über Israel ist nicht nur kritischer, sondern auch poetischer.

Unter den gegenwärtigen Umständen ist der Preis des

Schweigens hoch. Nach dreiundfünfzig Jahren militärischer Besatzung und einer zehnjährigen Blockade des Gazastreifens, die von periodischen Luftangriffen begleitet wird – ohne dass irgendwelche Pläne für eine Veränderung zum Besseren zu erkennen wären –, machen sich deutsche Intellektuelle, die sich weigern, das Wort zu ergreifen, de facto diverse Annahmen zu eigen, die sie eigentlich entschieden ablehnen sollten. Zum Beispiel die, dass die deutsche Geschichte sie den – vom Staate Israel repräsentierten – Juden gegenüber verpflichte und *nicht* dem universalen Humanismus. Es gibt eine vernünftige Entgegnung auf diese Behauptung, nämlich dass die Deutschen beidem verpflichtet sind und dass darin kein Widerspruch liegt. Dieser grundsoliden Überzeugung jedoch kann man sich guten Gewissens nur anschließen, wenn man Israels massive Verletzungen des Völkerrechts und der Menschenrechte verurteilt und zugleich darauf besteht, dass einzig und allein die Verteidigung des universalen Humanismus Minderheiten schützen kann – einschließlich der Juden. Während sich Israels Politik und Vorgehensweise zunehmend radikalisieren und seine stramm rechten Führer Bündnisse mit Donald Trump und europäischen Neofaschisten eingehen, ja während Europa an der Unterscheidung zwischen Antisemitismus und Israelkritik langsam verrückt wird, entzieht sich Deutschland nicht nur seiner Verantwortung, wenn es nicht auf den schieren, gleichen, humanistischen Grundsätzen besteht und auch Juden in deren Namen kritisiert. Es konterkariert darüber hinaus auch die politische Bedeutung des Holocausts.

Nehmen wir nur den Gedanken – der auch jenseits antideutscher Kreise verbreitet ist –, dass die jüdische Politik bedingungslos zu unterstützen sei. Der Politikwissenschaftler Stephan Grigat kleidet ihn in die verdrehte kantianische Formel eines »materialistisch zu interpretierenden zionistischen kategorischen Imperativs«. Dessen zentrale Maxime verlange, »alles zu tun, um die Möglichkeiten reagierender und präventiver Selbstverteidigung des Staates der Shoahüberlebenden aufrecht zu erhalten«.[11]

Ein »zionistischer kategorischer Imperativ« ist nicht nur eine widersinnige Idee; er ist eine beschämende Entstellung des humanistischen Denkens, angeblich den Juden zuliebe. Was sich als unbedingte Solidarität mit den Juden ausgibt, ist in Wirklichkeit Verrat an ihnen – weil es sie von der Teilhabe an der gemeinsamen Menschlichkeit ausschließt. Wenn Kants kategorischer Imperativ, die Krönung des humanistischen Denkens, bestimmt, dass Menschen *an sich* immer als »Zwecke« – nie bloß als »Mittel« – behandelt werden sollen, dann stellt dieser angebliche »zionistische kategorische Imperativ« Juden als Wesen dar, die über dem Rest der Menschheit stehen. Nach diesem Grundsatz werden die jüdische Politik und Macht (»Möglichkeiten reagierender und präventiver Selbstverteidigung«) zu einem unbedingten, kategorischen Zweck; daraus folgt, dass es in Ordnung sei, Nichtjuden als bloße Mittel zu behandeln – im Dienst des unbedingten Zwecks der jüdischen Politik. Juden sollten einen solchen Grundsatz energisch zurückweisen. Allzu leicht schließt er im Übrigen an die schlimmsten antisemitischen Verschwörungstheorien an.

2014 prüfte und verwarf die Studierendenvertretung einer Londoner Universität den Vorschlag eines Holocaust-

Gedenkens mit dem Argument, ein solches Gedenken sei zu »eurozentrisch« und »kolonialistisch«. Wie berichtet wurde, hatte ein jüngerer Student, der Nachkomme eines Wehrmachtsoffiziers, den Vorschlag unterbreitet und auch als einziger unterstützt – die Abstimmung ging sechzig zu eins aus.[12] Es ist kaum zu bezweifeln, dass dieses Resultat auch auf Denkverweigerung und Antisemitismus beruht, doch wäre es kurzsichtig und verfehlt, es allein darauf zu reduzieren. In Zeiten, da Israels Botschafter in Deutschland die öffentliche Meinung mit der Behauptung zu manipulieren versuchte, in Berlin würden »Juden verfolgt wie 1938«, schlimmer noch, in Zeiten, da der Friedensnobelpreisträger und engagierte Holocaust-Zeuge Elie Wiesel als Vorsitzender der mächtigsten Siedlerorganisation Israels diente, begehen jene, die sich dem Holocaust-Gedenken verweigern, weil dies zu »kolonialistisch« sei, einen gefährlichen Fehler – sie sind aber nicht bloß irrational oder antisemitisch.

Die deutschen Intellektuellen sollten sich sicherlich an einer kommunikativen Anstrengung beteiligen, diesen Fehler zu korrigieren. Wenn sie sich aber weigern, die Wahrheit über Israel zu sagen, dann können sie gar nicht erst mitreden. Man kann sich in diese öffentliche Diskussion beim besten Willen nicht einbringen, ohne zugleich zu einer Reihe von Punkten Stellung zu beziehen: zur »Nakba« (also zur Vertreibung von Palästinensern im Zuge der israelischen Staatsgründung), zum Recht der Palästinenser auf Rückkehr, zu den Bombenangriffen auf Gaza und grundsätzlichen Fragen wie der, ob ein explizit jüdischer Staat wirklich eine liberale Demokratie sein kann. Wer Israel aus Verantwortung für die deutsche Vergangenheit nicht kritisieren will, kann auch nicht gegen jene argumentieren, die sich dem Holocaust-Gedenken aufgrund ihrer Verpflichtung auf universale Menschenrechte verweigern.

Ähnlich verhält es sich im Hinblick auf BDS. Der Bewegung »Boykott, Desinvestition und Sanktionen gegen Israel« ist es in den vergangenen Jahren mit einigem Erfolg gelungen, einen intellektuellen Boykott über Israel zu verhängen. Zu denen, die ihre Beziehungen zu Israel oder israelischen Institutionen eingefroren haben, gehören die American Studies Organisation, Wissenschaftler wie Judith Butler und Künstler wie Emma Thompson, Annie Lennox oder Jean-Luc Godard. Man möchte meinen, die deutschen Intellektuellen müssten sich davon zu einer Reaktion herausgefordert fühlen, doch eine klare Haltung ist von ihnen nicht zu erwarten. Und so wurde die Auseinandersetzung um BDS überwiegend als Schreiduell zwischen Israel-Liebhabern und Israel-Hassern geführt, während die besonnene Mitte das Schweigen wahrte oder allenfalls Petitionen unterzeichnete. Man kann nicht rational über den Boykott Israels diskutieren, ohne zugleich in einer ganzen Reihe von Punkten Farbe zu bekennen. Dazu gehört die Gründung einer Forschungsuniversität auf besetztem palästinensischem Territorium genauso wie die Frage, ob Israel nicht ein Staat »all seiner Bürgerinnen und Bürger« sein sollte, aber auch der Vergleich zwischen der südafrikanischen Apartheid und Israels dualem Rechtssystem im Westjordanland – einem für die Juden, einem für die Palästinenser. Kurz gesagt: Schweigen und Selbstzensur konterkarieren sich selbst. Man wollte schweigen, weil man sich als Deutscher der historischen Erfahrung des Holocausts verpflichtet fühlt, doch zwingt einen dieses Schweigen dazu, eine gleichgelagerte Verpflichtung zu missachten. Die Logik der Selbstzensur in Bezug auf Israel ist dieselbe wie die der BDS-Bewegung: Die Weigerung, offen über Israel zu sprechen, gleicht dem Boykott der Israelis. Die Weigerung, die Wahrheit über jemanden oder zu jemandem zu sagen, ist gleichbedeutend mit der Weigerung, einen echten Dialog mit ihm zu führen.

1964 erhielt Hannah Arendt Hans Magnus Enzensbergers *Politik und Verbrechen* zur Besprechung zugeschickt. Sie las das Buch »mit ausgesprochenem Vergnügen«, wie sie später schrieb, und war von seinem Verfasser sichtlich beeindruckt. Sie wandte sich aber entschieden gegen Enzensbergers These, Auschwitz habe »die Wurzeln aller bisherigen Politik bloßgelegt«. So etwas zu behaupten, protestierte sie, »das ist wie: das ganze Menschengeschlecht ist schuldig. Und wo alle schuldig sind, hat keiner Schuld. [...] *Wenn ein Deutscher das schreibt, ist es bedenklich.* Es heißt: nicht unsere Väter, sondern alle Menschen haben das Unglück angerichtet« (meine Hervorhebung).[13]

Enzensbergers Antwort verdient unsere Aufmerksamkeit. Unmissverständlich hält er fest: »Die Deutschen und nur die Deutschen sind an Auschwitz schuld.« Arendts *»argumentum ad nationem«* allerdings weist er nachdrücklich zurück. Ein Satz könne nicht »bedenklicher werden, als er ohnedies ist, dadurch daß ihn ein Deutscher [...] geschrieben hat«, wendet er ein. »Er ist bedenklich, oder er ist es nicht.« In einer Passage, die Habermasianern zusagen dürfte, erklärt er, Arendts auf die Nationalität bezogenes

Argument betreffe »nicht das Gespräch selber, sondern seine Voraussetzungen«:

Ohne ein Minimum von Vertrauen ist kein Dialog möglich. Vertrauen aber ist etwas, was nur geschenkt werden kann. Das *argumentum ad nationem* nimmt dieses Geschenk zurück und macht das Zwiegespräch zum Monolog; denn wie soll einer mitreden, dessen Worte jederzeit untergehen in seiner Herkunft? Alles, was er sagt, wird dann zum bloßen Appendix seiner Nationalität; er könnte nur noch als »Vertreter« eines Kollektivs und nicht mehr als Person reden; er wäre bloß noch Sprachrohr von etwas, und wie jedes Sprachrohr, selber stumm und mundtot.[14]

Es ist schwer, sich einen kühneren Ausdruck von »Mündigkeit« in dem strengen Sinn vorzustellen, den Kant dem Begriff gab. Enzensberger hält an seinen privaten historischen Verpflichtungen als Deutscher fest: »Die Deutschen und nur die Deutschen sind an Auschwitz schuld.« Nicht einmal *diese* historische Verpflichtung aber ließe er als Schritt in einem *argumentum ad nationem* gelten, das das öffentliche Selbstdenken untergraben würde. Wenn Enzensbergers Position voreilig erscheint – und in gewisser Weise sollte sie das –, dann deshalb, weil man in diesem Kontext die Aufklärung selbst nicht zu einfach voraussetzen sollte. Das Problem mit Enzensbergers Antwort an Arendt und mit der Aufklärung selbst besteht darin, dass Vertrauen, wie er sagt, etwas ist, was nur geschenkt werden kann: Niemand sollte davon ausgehen, dass er ein Recht darauf hat. Wenn wir einander ein Minimum an Vertrauen entgegenbringen und das im Gegenzug auch erwarten, dann tun wir dies, weil wir normalerweise Vertrauen in die Welt haben. Im speziellen Verhältnis zwischen Deutschen und Juden, zwischen Juden und der Welt, zwischen Deutschen und der Welt – vielleicht auch zwischen Deutschen und Deutschen – ist genau dieses für eine vernünftige Diskussion unerlässliche Vertrauen erschüttert worden.

Es wäre töricht, würde ein Israeli meiner Generation das Unbehagen unterschätzen, mit dem deutsche Intellektuelle konfrontiert sind, sobald sie zu Israel Stellung beziehen sollen. Wenn aber aufgeklärtes Denken als politische Antwort auf Deutschlands Vergangenheit und als Kompass für seine Rolle in der Gegenwart dienen kann, werden die Deutschen auch dann wahrheitsgemäß mit den Israelis und über sie sprechen müssen, wenn eine Vertrauensbasis durchaus nicht gegeben ist. Schweigen und Selbstzensur überlassen die öffentliche Diskussion in Deutschland jenen beiden Extrempolen, die sich gegenseitig anbrüllen und dabei doch in ewigem Misstrauen verbunden sind: denen, die die Juden lieben, und denen, die sie hassen. Solange ihre Stimmen alles übertönen, ist eine nüchterne, wahrhaftige Diskussion über die israelische Lage nicht möglich. Die öffentliche Debatte kann dann ihre reinigende und erhellende Wirkung nicht entfalten.

In den vergangenen Jahren haben einige renommierte israelische Autoren die optimistische Hoffnung geäußert, dass sich der Humanismus der Linken – oder dessen, was von ihr geblieben ist – gerade in dem scheinbar verzweifelten Stadium ihres Kampfes um die bloße Demokratie, um die grundlegendsten Menschenrechte am Ende doch durchsetzen werde. Avraham Burg, ein früherer Knesset-Präsident, argumentiert in seinem jüngsten Buch in diese Richtung, so wie der prominente Menschenrechtsanwalt Michael Sfard in seinen Kommentaren für die *Haaretz*. Auch Eva Illouz bekennt sich in ihrem bereits erwähnten Buch *Israel* im Kapitel »Am Ende wird die Linke siegen« zu einem solchen Optimismus: »Allein moralische Institutionen verhelfen zu wahrer politischer Macht.«[15]

Der Optimismus dieser Autorinnen und Autoren verdankt sich gewiss nicht ihrer Analyse des aktuellen Zustands der israelischen Politik. Er hängt direkt oder indirekt von einer grundsätzlicheren Annahme ab, die wir aus der Philosophiegeschichte kennen, nämlich dem Glauben an die Idee, dass wir einer elementaren humanistischen Aufklärung entgegenschreiten. Besonders in dem zitierten Satz von Illouz wird dieser Glaube deutlich.

Die Grundlage dieser Gleichsetzung von Moral und Macht und des damit verbundenen Fortschrittsglaubens mag theologisch (»Gott hat die Natur mit einer Teleologie zum Guten versehen«) oder in einem weiteren Sinne metaphysisch sein (»die Menschenrechte folgen notwendig aus der menschlichen Natur«). Doch so unerlässlich eine hoffnungsfrohe, optimistische Perspektive für eine fortschrittliche Politik zweifellos ist – zumal in einem utopischen Buch wie diesem –, liegen wir mit einem metaphysisch naiven Aufklärungsoptimismus gewiss falsch. Hoffnung lässt sich nicht auf Gottvertrauen gründen; und ich bin mir sicher, die genannten drei Autoren wären mit mir einer Meinung, dass jeglicher Optimismus hier nur »postmetaphysisch« sein kann: Der letztliche Sieg der Demokratie ist keine Frage der Natur oder der Geschichte und aus diesem Grund auch *nicht* zwangsläufig. Er wird durch öffentliches politisches Handeln erreicht werden müssen und ist deshalb alles andere als gesichert.

Genau aus diesem Grund aber sollten wir uns der Tendenz widersetzen, Israel als einen gleichsam der Kritik enthobenen Staat zu behandeln, der nicht auf herkömmlicher, legitim zu hinterfragender und zu diskutierender Politik beruht, sondern auf einem quasi sakralisierten Holocaust-Gedenken. Dass sich das Land durch das Andenken an den Holocaust in einer Sphäre jenseits des normalen öffentlichen Diskurses verortet, immunisiert seine Politik gegenüber jenen Kräften, die den Sieg humanistischer Werte fördern könnten. Wo Zensur und Schweigen herrschen, kann man nicht *vernünftigerweise* darauf hoffen, dass nur »moralische Institutionen« zu »wahrer politischer Macht« verhelfen, sondern müsste allein auf Gott oder die Natur vertrauen. Wir müssen erkennen, dass die Erinnerung an den Holocaust nicht zwangsläufig, nicht an sich schon ein Mittel zur Beförderung des Humanismus und eines echten Lernens aus der Vergangenheit ist; das Erinnern an den Holocaust kann auch davon losgelöst werden, und es ist unsere Aufgabe, sicherzustellen, dass dies nicht geschieht.

Das vorliegende Buch ist mit demselben Optimismus und derselben Liebe zu Israel geschrieben, die auch Autorinnen und Autoren wie Burg, Sfard und Illouz teilen; es ist sogar bereit, ihren Optimismus um eine utopische Vorstellungskraft zu ergänzen. Es soll aber auch daran erinnern, dass in diesem Zusammenhang allenfalls ein schwacher Optimismus angebracht ist, der auf wackligen Beinen steht. Der Fortschritt ist nicht sicher. Es ist alles andere als offensichtlich, dass sich so etwas wie ein demokratischer Humanismus durchsetzen wird, und sein Sieg hängt von politischem Handeln in einem Kontext ab, in dem die öffentliche Diskussion über die Kraft verfügt, gegen Barbarei zu immunisieren. Im Moment ist das leider nicht der Kontext, in dem wir uns befinden. Das ist der Kampf, den wir führen müssen, um die Hoffnung aufrechtzuerhalten.

In ihrem Essay »Wahrheit und Politik« spricht Hannah Arendt von der merkwürdigen Tendenz moderner Gesellschaften, »öffentlich bekannt[e]« Tatsachen« als »Geheimnisse« zu behandeln. Dieselbe Öffentlichkeit, die diese Tatsachen kenne, bringe es fertig, dass diese »mit bestem Erfolg und häufig sogar spontan zu Tabus erklärt« würden. Sie dennoch laut und deutlich auszusprechen könne dann so gefährlich sein wie »die Verkündigung gewisser Häresien in früheren Zeiten«.[16]

So könnte man wohl die öffentliche Diskussion über Israel beschreiben. Zweifellos beschäftigen sich Intellektuelle, Journalistinnen, Künstlerinnen, Filmemacherinnen und viele andere mit Israel – und zweifellos auch kritisch. Doch tun sie dies überwiegend in Ausdrucksformen, in denen sie sich des Urteils enthalten können[17]; und wo Autoren doch einmal über die gegenwärtige Situation urteilen, verfallen sie in die irreführenden, anerkannten Formeln der Selbstzensur. Anders, als man auf den ersten Blick meinen könnte, gilt eine aufrichtige Diskussion über die israelische Politik derzeit kaum als legitim. Es hätte zum Beispiel offensichtlich sein müssen, und das nicht nur für radikale Anti-Israelis, dass ein Staat, der ausdrücklich darauf besteht, die

Souveränität des jüdischen Volks und nicht die Souveränität seiner Bürgerinnen und Bürger zu behaupten, keine liberale Demokratie sein kann. Wir müssen die gegebene Situation bekämpfen, in der einen das Aussprechen einer solchen Wahrheit zum Radikalen macht, zum Antisemiten oder ressentimentgeladenen Anti-Zionisten. Wenn Hoffnung für Israels Zukunft mehr sein soll als blinder Optimismus, dann würde sie unter anderem von Intellektuellen abhängen, die sich eine Sprache bewahren, in der eine unverfälschte Diskussion über das Land möglich ist. Einstweilen besteht das Problem nicht darin, dass wir dabei sind, diesen Kampf zu verlieren; offen gesagt besteht es darin, dass wir ihn noch gar nicht geführt haben. Heute ist es an der Zeit, dass die Deutschen, die aus Habermas' Generation und die jüngeren, sich freimütig äußern: *Das ist es, was ich als Deutscher zu sagen habe.*

Wir können immer noch auf eine lebenswerte Zukunft für Israel hoffen. Dafür müssen wir uns aber zu der Einsicht durchringen, dass sich einiges im Lande grundlegend zu ändern hat. Es ist noch nicht zu spät.

Omri Boehm
Berlin / New York, im Februar 2020

EINLEITUNG

I.

In den vierundzwanzig Jahren, die seit Jitzchak Rabins Ermordung vergangen sind, ist die Zweistaatenlösung, sein Osloer Vermächtnis, systematisch hintertrieben worden. Als 1993 das erste Osloer Abkommen unterzeichnet wurde, lebten rund 110 000 Siedler im Westjordanland und weitere 146 000 in besetzten Gebieten rund um Jerusalem. Diese Zahlen sind inzwischen auf etwa 400 000 Siedler im Westjordanland und 300 000 im Raum Jerusalem gestiegen: Größenordnungen, die sich nicht mehr rückgängig machen lassen.[18] Gegenwärtig leben ungefähr zehn Prozent der jüdischen Bevölkerung Israels in besetzten Gebieten – wo sie israelischem Recht unterliegen, das israelische Parlament wählen und sich der Lebenschancen erfreuen, die ein moderner Industriestaat zu bieten hat. Sie sind über eine Infrastruktur von Autobahnen, öffentlichen Schulen, Fabriken, Banken und eine Forschungsuniversität im Territorium verankert. Sie leben aber inmitten von fast drei Millionen Palästinenserinnen und Palästinensern, die nunmehr seit mehr als einem halben Jahrhundert Israels aggressivem Militärregime unterworfen sind.

Beharrliche Verfechter der Zweistaatenlösung betonen gern, es stimme zwar, dass man die meisten Siedler nicht umsiedeln könne, doch werde das Problem, das ihre Präsenz darstelle, übertrieben. Ihrer Ansicht nach ist die Landkarte der Westbank zwar mit rund hundertdreißig Punkten befleckt, die für israelische Siedlungen unterschiedlicher

Größe stehen, doch zählten rund hundertzehn von ihnen weniger als fünftausend Einwohner (neue Siedlungen tauchen inzwischen im Wochenrhythmus über Nacht auf, sodass es sinnlos ist, genaue Zahlen nennen zu wollen). Sechzig dieser Siedlungen, so wird argumentiert, hätten nicht einmal tausend Bewohner, und viele lägen ohnehin nahe der Grenze von 1967: Es bräuchte nur kleinere Veränderungen des Grenzverlaufs, und schon hätte man dafür gesorgt, dass die meisten Siedler im israelischen Kernland verblieben, wofür man die Palästinenser mit anderen Landstücken an anderen Orten entschädigen könnte. Die Tendenz, das mit den Siedlungen gegebene Hindernis für eine Zweistaatenlösung »grob zu übertreiben«, heißt es mitunter, leiste im rechtsextremen wie im linksextremen Lager einer Einstaatenalternative ideologisch Vorschub – nicht aber die Tatsachen vor Ort.[19]

Leider lässt sich dieser Optimismus nur bewahren, wenn man die Landkarte nicht allzu genau studiert. Ja, rund hundertzehn von hundertdreißig Siedlungen im Westjordanland haben weniger als fünftausend Einwohner, aber damit bleiben zwanzig mit mehr als fünftausend, und zwar in einigen Fällen bedeutend mehr. Modi'in Illit, nicht weit von Jerusalem, zählt mehr als siebzigtausend Einwohner. In Beitar Illit leben fünfundfünfzigtausend Menschen, in Ma'ale Adumim vierzigtausend. Um die Bedeutung dieser Zahlen zu ermessen, muss man sich nur die Räumung israelischer Siedlungen im Gazastreifen 2005 vor Augen führen. Insgesamt 8400 Siedler mussten ein Land verlassen, das Juden nicht annähernd so heilig ist und für Israelis nicht annähernd so hohe symbolische Bedeutung besitzt wie das

Westjordanland, und dennoch ist dieser Vorgang der israelischen Gesellschaft als ein Trauma in Erinnerung. Auch die Vorstellung, die meisten Siedlungen lägen an der Grenze von 1967, führt in die Irre. Das trifft zwar auf die größten von ihnen zu, doch befinden sich zahlreiche andere Siedlungen ganz unterschiedlichen Ausmaßes *sehr* tief in besetztem Territorium. Ariel, eine der wohlhabendsten Siedlungen Israels, liegt mit ihren zwanzigtausend Einwohnern im Herzen der Westbank. Diese Lage wurde in den Siebzigerjahren strategisch ausgewählt, um jede mögliche geografische Geschlossenheit eines zukünftigen palästinensischen Staates zu verhindern. Bereits 1980 sprach Ariel Sharon, damals israelischer Verteidigungsminister, von dem Siedlungsprojekt als einer vollendeten Tatsache, einem »Skelett«, das im Westjordanland abgelegt worden sei und »jeden territorialen Kompromiss« verhindere. Angesichts dieses Skeletts sah Sharon »kein einziges Gebiet mehr, das wem auch immer [über]geben werden kann«.[20] Zu diesem Zeitpunkt zählte eine Siedlung wie Ariel noch wenige Hundert Einwohner. Vor einigen Jahren gründete Israel hier seine sechste staatliche Forschungsuniversität. 2018 stiftete der Kasinomogul Sheldon Adelson, Hauptspender für Donald Trumps Wahlkampf, die nötigen Mittel zur Einrichtung der Adelson-Fakultät für Medizin an der »Universität Ariel in Samarien«. Aus Sharons abgelegtem Skelett ist ein voll ausgewachsener, massiver Körper geworden. An irgendeinem Punkt muss man wohl zugeben, dass der Traum von einer Zweistaatenlösung zu einer Zweistaatenillusion zerstoben ist. Das zu ignorieren ist ungefähr so, wie die Erderwärmung zu leugnen.

Unterdessen breitet sich sowohl in Israel als auch international die Vorstellung von einem um das Westjordanland erweiterten jüdischen Staat aus. Fast unmittelbar nach seiner Amtsübernahme signalisierte Präsident Trump, dass er die US-amerikanische Festlegung auf eine Zweistaatenlösung aufgeben werde, der amerikanische Präsidenten, ob Demokraten oder Republikaner, jahrzehntelang treu geblieben waren. David Friedman, US-Botschafter in Israel, der nunmehr stolz in Jerusalem residiert, erklärte, Israel habe das »Recht« auf Annexionen im besetzten Westjordanland.

Durch die Regierung Trump ermutigt, begann auch Israels Ministerpräsident Netanjahu offen von Annexionen zu sprechen. Während Obamas Regierungszeit hatte er hin und wieder Lippenbekenntnisse zur Zweistaatenlösung abgegeben und beispielsweise behauptet, in seiner »Friedensvision« lebten die beiden Völker »frei, Seite an Seite«, jedes mit »seiner eigenen Fahne, seiner eigenen Nationalhymne, seiner eigenen Regierung«.[21] Diese unverhohlene Lüge wurde von Obamas Regierung freudig begrüßt, weil sie ihr dabei half, den zunehmend schärferen Fehden mit der israelischen Regierung ebenso aus dem Weg zu gehen wie Konflikten mit Amerikas jüdischer Gemeinschaft. Erst die Präsidentschaft Trumps trug dazu bei, dieser Heuchelei ein Ende zu setzen, ob es uns gefällt oder nicht – erst recht mit seinem »Deal des Jahrhunderts«, der die Annexion aller israelischen Siedlungen offiziell akzeptiert und einen Bevölkerungsaustausch sowie die Ausbürgerung arabischer Staatsbürger Israels empfiehlt, um die Zahl der Palästinenser in einem vergrößerten jüdischen Staat zu verringern. Praktisch hat sich die Position der israelischen Regierung kaum verändert; nur verschweigt sie jetzt nicht mehr, woran sie arbeitet – nämlich daran, einen palästinensischen Staat zu verhindern und Annexionen vorzubereiten. Letztere nahm Netanjahus Likud bereits 2017 ins Parteiprogramm auf. Ob Netanjahu Ministerpräsident bleibt oder nicht, ist in diesem Zusammenhang belanglos, und allein darauf kommt es an. Weder der Likud *noch* die Opposition – Benny Gantz etwa oder Jair Lapid, die angeblich liberalen Alternativen – unterstützen die Zweistaatenlösung. Sie alle befürworten den Deal des Jahrhunderts, wie im Übrigen auch Amir Peretz, Vorsitzender der sozialdemokratischen Partei Awoda.

Die gegenwärtigen raschen Änderungen von Israels Grundgesetzen, die zusammengenommen die Verfassung des Landes ausmachen, verstärken diesen Trend. Hatte die Unabhängigkeitserklärung von 1948 noch etwas allgemein vom »Recht des jüdischen Volkes« gesprochen, »seine Geschichte unter eigener Hoheit selbst zu bestimmen« – und ein palästinensisches Recht auf Selbstbestimmung zumindest potenziell anerkannt –, so legt Israels neues Nationalstaatsgesetz fest, dass dieses Recht im Staate Israel »einzig für das jüdische Volk« gelte. Um die rechtliche Infrastruktur für massive Annexionen zu schaffen – in dem Moment nämlich, da »zu viele« Araber innerhalb Israels eigentlicher Grenzen leben würden –, hebt das Gesetz auch den bisherigen Status des Arabischen als einer Amtssprache in Israel auf und definiert die jüdische Besiedlung von Eretz Israel als »nationalen Wert«. Damit untergräbt es die Gleichberechtigung, die die Unabhängigkeitserklärung allen Bürgern des Landes »ohne Unterschied von Religion, Rasse und Geschlecht« zugesichert hatte. Indem das Nationalstaatsgesetz von der Idee der palästinensischen Selbstbestimmung, wie sie noch in der Unabhängigkeitserklärung anklang, abrückte, tat es einen Riesenschritt zur Umsetzung einer jüdischen »Einstaatenlösung«.

Nicht umsonst haben in den vergangenen Jahren einige rechte Abgeordnete von einem politischen Plan zu sprechen begonnen, den man als »Apartheid mit menschlichem Antlitz« bezeichnen kann. Ihre Idee, die inzwischen vom Zentralkomitee des Likud befürwortet wird, besteht darin, das Westjordanland zu annektieren und der Gesetzgebung Israels statt seines Militärregimes zu unterwerfen, ohne den Palästinensern jedoch ein Wahlrecht oder die Staatsbürgerschaft einzuräumen. Das Vorbild für diese »humane Apartheid« ist Jerusalem. Anders als der Rest des Westjordanlands wurden die östlichen Teile der Stadt unmittelbar nach dem Sechstagekrieg 1967 annektiert, ihre arabischen Bewohner jedoch zu ständigen Bewohnern statt zu Staatsbürgern Israels gemacht. (Der bezeichnendste Unterschied zu arabisch-israelischen Staatsbürgern ist, dass sie nicht an den Knessetwahlen teilnehmen dürfen.) Nicht nur die breite Öffentlichkeit, sondern auch Verwaltungsbeamte, Gesetzgeberinnen, Polizisten und Richterinnen haben Erfahrungen im Umgang mit dem Jerusalem-Modell gesammelt, in dem Palästinenser bloße Anwohner innerhalb der erklärten israelischen Grenzen sind. Wenn es zu Angliederungen kommt, lässt sich dieses seit einem halben Jahrhundert bestehende Modell bequem auf andere Gebiete des Westjordanlands übertragen.

Andere Stimmen wie etwa die des früheren Verteidigungs- und Außenministers Avigdor Lieberman treten offen für eine ethnische Säuberung durch Ausbürgerungen ein. Dieser Gedanke wird derzeit im Herzen der israelischen Politik rehabilitiert, und Lieberman selbst ist wahrscheinlich das beste Beispiel für diese Entwicklung. In einem Tweet, mit dem er unmittelbar auf die Ankündigung von Trumps »Deal« reagierte, schrieb er über seine Idee einer Ausbürgerung israelischer Araber, alle Welt habe »die Stirn gerunzelt«, als er diesen Plan erstmals vorschlug, doch sei »der ganze Plan« soeben »integraler Bestandteil eines durchdachten politischen Programms des amerikanischen Präsidenten geworden. Zu seinen Grundsätzen zu stehen und geduldig zu sein, zahlt sich aus.« Galt er zuvor als ein gefährlicher, gesetzeswidriger Rassist – der arabische Israelis nicht nur umsiedeln wollte, sondern auch zu einem Boykott ihrer Geschäfte aufrief –, so sieht man ihn heute als Zentristen, als größte Hoffnung der israelischen Mitte, um Netanjahu abzulösen. Amiram Levin, ein pensionierter Generalmajor der Israelischen Verteidigungsstreitkräfte (IDF), der allgemein als »Linker« wahrgenommen wird, schlug 2017 vor, Israel solle in der nächsten Runde von Feindseligkeiten »die Palästinenser in Stücke reißen« und sicherstellen, dass sie »nicht länger [bleiben], wir befördern sie mit einem Fußtritt über den Jordan«.[22]

Bezalel Smotrich, Vorsitzender der religiös-zionistischen Partei Tkuma, sagte kürzlich gegenüber Israels größter Tageszeitung *Israel HaYom*: »Lasst den Gazastreifen von mir aus verrotten, lasst sie an Hunger, Durst und Malaria sterben.« Eine solche Politik solle vom »Öffnen von Gazas Toren für eine massive Auswanderung« begleitet werden – das ist seine Vorstellung von dem, was Israelis als »freiwillige Umsiedlung« bezeichnen.[23] Gewiss, Smotrich ist Vorsitzender einer rechtsextremen religiös-zionistischen Partei. Während diese Zeilen geschrieben werden, ist er allerdings auch Minister und Kabinettsmitglied.

Wir sollten dem anschwellenden Chor der Stimmen, die sich für ethnische Säuberungen aussprechen, aufmerksam lauschen. Die Israelis haben immer geschwankt, ob sie die Tatsache, dass 1948 eine jüdische Demokratie mit einer jüdischen Mehrheit durch massive Vertreibungen von Palästinensern ermöglicht wurde, verdrängen oder betonen sollen. Zweiundsiebzig Jahre später scheut das israelische Bewusstsein jede Verantwortung für die im Zuge der »Nakba« begangenen Verbrechen, und die Palästinenser bilden, während die Teilungspläne platzen, bald die eigentliche Bevölkerungsmehrheit in Israel. Die schiere politische Verzweiflung nach dem Niedergang der Zweistaatenlösung wird in Verbindung mit einem gewaltsamen ethnischen Konflikt unweigerlich zu einer Katastrophe führen. Es ist höchste Zeit, sich klarzumachen, dass dieses Resultat viel schlimmer ausfallen wird als eine Apartheid.

Die Opposition in Israel bietet keine Alternative für den künftigen Kurs des Landes. Awoda, die Arbeitspartei, die in den frühen Neunzigerjahren noch vierundvierzig Abgeordnete stellte, kam in den Wahlen vom September 2019 auf ganze sechs Parlamentssitze. Die ebenfalls linke Partei Meretz, 1993 noch mit zwölf Abgeordneten vertreten, ist in dem Parteienbündnis »Demokratische Union« aufgegangen, das derzeit fünf Sitze in der Knesset belegt. Keine dieser Parteien tritt noch ernsthaft für die Zweistaatenlösung ein, weil in der israelischen Wählerschaft kaum jemand mehr wirklich an sie glaubt. Im Unterschied zur israelischen Rechten jedoch, die ein klares politisches Programm im Angebot hat – Annexion, Apartheid, Vertreibung –, vertreten weder Awoda noch Meretz eine eigene Vision oder Agenda. Für die Wahl im März 2020 mussten sie schon allein deshalb eine gemeinsame Liste bilden, um überhaupt die Sperrklausel zu überwinden und ins Parlament zu kommen.

Der Grund dafür ist nicht schwer zu finden. Während demokratische Vorstellungen für ein Israel jenseits der Zweistaatenlösung als eine Art antizionistischer Verrat – buchstäblich als Landesverrat – wahrgenommen werden, können und wollen sich liberale Zionisten nicht allzu explizit für Annexion, Apartheid oder Vertreibung aussprechen. Das Resultat ist Schweigen. Sie kritisieren Netanjahus Korruption, kämpfen für die Legalisierung leichter Drogen und setzen sich für Frauen- und Schwulenrechte ein: alles wichtige Anliegen, die aber leider dazu dienen, der Diskussion um die Zukunft des Gazastreifens, des besetzten Westjordanlands und Israels jenseits der Zweistaatenlösung auszuweichen und gleichzeitig ein liberales Profil aufrechtzuerhalten. Das Problem ist nicht nur, dass sich dieser Mangel an Integrität an der Wahlurne und in Umfragen ersichtlich rächt. Das Problem besteht vor allem darin, dass man im Kampf um Israels Zukunft auf diese Parteien nicht mehr bauen kann.

Die früheren Wählerinnen und Wähler des israelischen Friedenslagers unterstützen heute die vermeintlich zentristische Liste Blau-Weiß, ein Parteienbündnis, dem durchaus der Weg an die Regierung gelingen könnte. Geführt von einer Doppelspitze aus Benny Gantz, einem ehemaligen

Generalstabschef der IDF, und Jair Lapid, einem früheren Schauspieler und Fernsehmoderator, konnte sich diese Liste vielen Menschen als Hoffnung für ein anderes, besseres Israel präsentieren. Dieser Versuchung sollte man allerdings widerstehen. Das Bündnis von Lapid und Gantz vermengt Militarismus und Populismus zu einem besonders giftigen Cocktail. Seine politischen Grundsätze sind deutlich rechts von einer Partei wie der AfD angesiedelt; es wird zweifellos weder die Zweistaatenlösung vorantreiben noch eine alternative Vision für Israel entwickeln, die die politische Verzweiflung überwinden könnte. Einige haben in Benny Gantz, einem Vorzeigegesicht des militärischen Establishments und der alten aschkenasischen Elite, einen neuen Jitzchak Rabin sehen wollen. Während Rabin jedoch für die Zweistaatenlösung kämpfte und starb, brüstet sich Gantz, wenn er sich denn zu Wort meldet – was überraschend selten der Fall ist –, erfolgreicher Mordanschläge auf Hamas-Funktionäre. Lapid wiederum wird von manchen, womöglich aufgrund seines hedonistischen, säkularen Tel Aviver Erscheinungsbilds, für liberal gehalten. Wie liberal er tatsächlich ist, lässt sich dem Umstand entnehmen, dass er seit Jahren einen Leserboykott gegen die liberale Tageszeitung *Haaretz* unterstützt: Sie sei nicht zionistisch genug, behauptet er und ruft zu Abonnementskündigungen auf. Mosche Jaalon, Nummer drei auf der Liste, ist ein weiterer ehemaliger Generalstabschef und ein zutiefst ideologischer Befürworter des israelischen Siedlungsprojekts. Die gemeinnützige Organisation Peace Now, die sich für die Zweistaatenlösung einsetzt, bezeichnete er einmal als »Krebsgeschwür« in der israelischen Gesellschaft. Zvi Hauser und

Yoaz Hendel, vielleicht die intellektuell anspruchsvollsten Parlamentarier auf der Liste, waren die Hauptarchitekten des oben erwähnten Nationalstaatsgesetzes und haben seine Verabschiedung entscheidend vorangetrieben. Dass Blau-Weiß inzwischen als »zentristische« Alternative zu Israels extrem rechter, mitunter offen faschistischer Koalition gilt, ist jedoch keine Überraschung. Wir wissen, dass Demokratien genau so zerfallen: nicht durch stramm rechte Führer allein, sondern durch die Kollaboration einer nationalpopulistischen, militaristischen, opportunistischen Mitte.

Während diese monumentalen Veränderungen Gestalt annehmen, hinken die führenden linksgerichteten Israelis und liberalen zionistischen Stimmen (man denke neben vielen anderen an David Grossman, Amos Oz, Peter Beinart, Ari Shavit, Avishai Margalit oder Michael Walzer) gefährlich hinterher. Sie klammern sich an die verlorene Hoffnung einer jüdischen liberalen Demokratie – und, ja, einer nachhaltigen jüdischen Bevölkerungsmehrheit – und unterstützen Teilungspläne, die ihre Glaubwürdigkeit seit den späten Neunzigerjahren verloren haben. Wenn die liberalen zionistischen Denker nicht den Mut finden, ihre politischen Grundsätze zu überprüfen, wird das, was einmal eine mutige, vernünftige Perspektive auf die israelische Politik war, zu einer verantwortungslosen Selbsttäuschung verkommen. Leider ist dieser Prozess schon ziemlich weit fortgeschritten.

Der im Jahr 2018 verstorbene Amos Oz war der wortmächtigste Vertreter dieser Haltung. In *Liebe Fanatiker*, seinem jüngsten und letzten Buch, betonte er, dass er sich ein halbes Jahrhundert lang für die Zweistaatenlösung eingesetzt hat: »Das habe ich vor fast fünfzig Jahren geschrieben, und daran glaube ich noch heute.« Dass Linke nach Einstaatenalternativen suchen, sei für ihn bestenfalls ein »trauriger Witz« oder, schlimmer noch, ein gefährlicher moralischer Fanatismus, der dem der religiösen Fundamentalisten der zionistischen Rechten gleiche.[24] Im vollen Bewusstsein, dass sich die Situation im Laufe von fünfzig Jahren dramatisch verändert hat, blieb Oz unbeeindruckt von dem, was Israelis gern die »Tatsachen vor Ort« nennen. Tatsachen sind dieser Auffassung zufolge den Fanatikern vorbehalten: Die »extremistische Rechte« auf der einen und die »antizionistische Linke« auf der anderen Seite haben in seinen Augen einen »konspirativen Bund« geschlossen, um eine »doppelte Gehirnwäsche« zu betreiben und uns einzureden, die Besatzung sei »irreversibel«. *Irreversibel*, schreibt Oz, sei das Wort, das ihn in letzter Zeit am meisten »nervt« und »aufbringt«. Man kann natürlich seine Fantasie immer dazu gebrauchen, sich eine Rückkehr in die Vergangenheit auszumalen.[25]

Den Bärendienst, den dieser reaktionäre, nicht nur von Oz, sondern faktisch von sämtlichen nachfolgenden Generationen liberalzionistischer Autoren gehegte Grundsatz leistet, bringt am besten Antonio Gramsci auf den Punkt, wenn er sagt, dass es zu einer politischen »Krise« komme, wenn »das Alte stirbt und das Neue nicht zur Welt kommen kann«.[26] Nach Gramsci verschlimmern Intellektuelle der »Hegemonie« die Krise, indem sie die Nostalgie der Menschen auf die absterbenden Ideologien der Vergangenheit einschwören. Dabei hätten sie als Prophetinnen dienen sollen: als Geburtshelferinnen der Politik der Zukunft.

Israel ist seit Langem in einer solchen Gramsci'schen

Krise gefangen. Seine alten politischen Formeln – »jüdisch und demokratisch«, »liberaler Zionismus«, »Zweistaatenlösung« – verwandeln sich in leere Phrasen, während das Überleben des Landes von neuen Ideen abhängt, die eine Antwort auf seine radikal veränderte moralische Realität geben könnten. Die liberalen zionistischen Intellektuellen haben diese Aufgabe jedoch überwiegend offen abgelehnt. Für ihr Festhalten an der Zweistaatenlösung und an der Legitimität einer ethnisch-demografischen jüdischen Politik im 21. Jahrhundert werden sie in liberalen Kreisen nach wie vor als demokratische Helden gefeiert. Die nächste Generation führender Vertreter der Demokraten in den USA zeigt dieser Haltung bereits zunehmend die kalte Schulter – wie auch die nächste Generation liberaler Juden, die aus diesem Grund dem Zionismus den Rücken kehrt. Es überrascht daher nicht, dass das Gespräch über Israels Zukunft mittlerweile einem gefährlichen Schreiduell zwischen dem chauvinistischen Zionismus der Rechten und der antiisraelischen Kritik der antizionistischen Linken gewichen ist. Solange sie sich auf ihre überholten Vorstellungen einer Zweistaatenlösung und den Glauben an die Legitimität einer ethnischen Politik im 21. Jahrhundert beschränken, haben die liberalen zionistischen Stimmen diesem Geschrei nichts entgegenzusetzen. Und so sind ihre Aussagen von Schweigen schon lange nicht mehr zu unterscheiden.

Dabei kann der Lebensnerv der israelischen Politik noch immer gerettet werden, wenn wir eine Alternative zur Zweistaatenpolitik aus liberalzionistischer Perspektive formulieren. Als wahre israelische Patrioten müssen wir heute die bekannten zionistischen Tabus auf den Prüfstand stellen und den Mut haben, uns einen Umbau des Landes vorzustellen: vom jüdischen Staat in eine föderale, binationale Republik. Im Gegensatz zu dem verbreiteten Irrglauben, an dem die Zionisten ebenso leidenschaftlich festhalten wie die Antizionisten, ist ein solcher Umbau weder post- noch antizionistisch. Es handelt sich dabei vielmehr um eine Art von Politik, die unter den Gründervätern des Zionismus lange Jahre Konsens war: Theodor Herzl, Wladimir Jabotinsky, Achad Ha'am und David Ben-Gurion, sie alle konnten sich darauf einigen. Die Rehabilitierung der binationalen Ursprünge des Zionismus ist die einzige Alternative zu Apartheid und Vertreibungen, die eine liberale zionistische Hoffnung im 21. Jahrhundert aufrechterhält: die Sicherung eines demokratischen Heimatlands, in dem jüdische Bürgerinnen und Bürger ihre nationale Selbstbestimmung ausüben – neben palästinensischen Landsleuten, die dasselbe tun, und zwar beide in ihrem eigenen, gemeinsamen souveränen Staat.

II.

Die Einstaatenpolitik wird seit Jahren als antizionistisch, um nicht zu sagen als antisemitisch verurteilt. Viele erinnern sich daran, wie kühl der Essay »Israel – die Alternative« des britischen Historikers Tony Judt in der *New York Review of Books* im Jahr 2003 aufgenommen wurde. In diesem Stück verkündete Judt den faktischen Zusammenbruch der Zweistaatenlösung und die Notwendigkeit, Israel vom Ethnostaat der Juden zu einem einzigen Staat umzubauen, der, als eine binationale Republik, all seinen Bürgern gehört. In einer Realität, in der der Oslo-Prozess Vergangenheit ist, und einer Welt, in der Nationalstaaten zunehmend überholt sind, schrieb Judt, verwandle sich die Idee von Israel als einem jüdischen Staat zusehends in einen dysfunktionalen »Anachronismus«. In künftigen Zeitaltern würde die Vorstellung nicht akzeptiert werden, dass »eine Bevölkerungsgruppe (Juden) über allen anderen steht«.[27]

Der Artikel wurde seinerzeit verhöhnt und harsch kritisiert. Leon Wieseltier gab den Ton vor, als er Judt und seine Redakteure von der *New York Review of Books* in der *New Republic* einer »Grenzüberschreitung« zieh: Hier gehe es nicht mehr um legitime Kritik an Israels »Politik«, sondern um illegitime Kritik an Israels »Existenz«.[28] Dieser Anschuldigung schlossen sich viele an. Wenn wir in ein »Zeitalter« eintreten, in dem der Nationalstaat überholt ist, fragte Michael Walzer rhetorisch, »warum dann mit Israel beginnen? Warum nicht mit Frankreich [...]? Oder [mit] den Deutschen, den Schweden oder den Bulgaren [...], die diese [nationalen] ›Privilegien‹ alle miteinander viel länger genossen haben als die Juden.«[29] Faktisch suggerierte dieser Einwand, dass Judt, selbst ein Jude, der in den Sechzigerjahren in Israel gelebt hatte, ein Argumentationsmuster benutze, das von Antisemitismus infiziert sei: Haben die Juden – ein kleines Volk, das sich von Verfolgung und Holocaust erholt – nicht dieselben nationalen Rechte wie Franzosen, Deutsche und Schweden? Jenen Gedanken brachte auch Wieseltier eindringlich zum Ausdruck. Indem Judt und die Redakteure der *New York Review* die Idee einer Einstaatenlösung legitimierten, schrieb er, böten sie keine Alternative »für Israel«, sondern eine »zu« Israel.

Doch die Zeiten ändern sich schnell. Im Februar 2016 argumentierte der US-amerikanische Journalist Thomas Friedman, in dem man kaum einen radikalen Linken oder antizionistischen Fanatiker wird sehen wollen, in seiner Kolumne in der *New York Times*: »[S]ie haben die Zweistaatenlösung alle miteinander getötet. Läuten wir also die Einstaatenära ein.« Und er fuhr fort: »Es ist vorbei, Leute, also hört bitte auf, der Redaktion der Meinungsseite der *New York Times* eure Vorschläge für eine Zweistaatenlösung zuzusenden [...]. Der nächste US-Präsident wird sich mit einem Israel auseinandersetzen müssen, das entschlossen ist, das gesamte Territorium zwischen dem Jordan und dem Mittelmeer dauerhaft besetzt zu halten, einschließlich der Gebiete im Westjordanland, in denen 2,5 Millionen Palästinenser leben.«[30]

Als Friedman in diesem Artikel auf den »nächsten US-Präsidenten« verwies, konnte er nicht voraussehen, dass er von Donald Trump sprach. Im Januar 2017, unmittelbar nach dessen Amtsübernahme, wandte er sich in einem weiteren Kommentar direkt an Trump. In der Überschrift seines offenen Briefs fragte er: »Präsident Trump, werden Sie die Juden retten?« Für Friedman war der neue amerikanische Präsident »der letzte Mensch, der zwischen Israel und einem totalen, selbst verschuldeten Desaster für den jüdischen Staat und das jüdische Volk steht«. Friedman merkte an, dass Israels »Entschlossenheit, die Zweistaatenlösung zu zerstören«, seine Existenz als ein Land untergräbt, »das aus moralischen Gründen verteidigenswert ist«. Diese Situation würde »praktisch jede Synagoge, jüdische Organisation oder jüdische Gruppe in jeder Universität

Amerikas zerreißen [...]. Israel wird das Weltjudentum spalten.«[31]

Dass der Präsident Friedmans Appell nicht beherzigte, bedarf keines besonderen Beweises: Darauf, dass Donald Trump Israel oder die Juden rettet, sollte man besser nicht vertrauen. Vielmehr erschien unmittelbar nach seiner Amtsübernahme und noch vor der lang erwarteten Ankündigung seines »Deals« eine Flut von Artikeln, die die von Friedman vorausgesehenen Konsequenzen beklagten. Man denke nur an *NYT*-Überschriften wie Halbfingers »Während eine Zweistaatenlösung an Schwung verliert, gewinnt ein Einstaatenplan an Zugkraft«; »Israel gräbt der Zweistaatenlösung ein Grab« von der Redaktionsleitung; Jonathan Weismans »Amerikanische und israelische Juden steuern auf einen chaotischen Bruch zu«; und vielleicht am prägnantesten von Michelle Goldberg: »Ist der liberale Zionismus tot?«[32]

Allerdings ist die Befürchtung, dass der liberale Zionismus mit dem Ende der Zweistaatenlösung gestorben sei, selbst nur eine Illusion. Ungeachtet Walzers rhetorischer Frage – *wenn der Nationalstaat passé ist, warum mit Israel beginnen und nicht mit Schweden oder Frankreich?* – unterscheidet sich Israel sehr stark von einem liberalen demokratischen Nationalstaat. Der Zionismus, wie wir ihn kennen, beruht auf einer ethnischen Unterscheidung, die in Schweden oder Frankreich verfassungswidrig wäre. Anders als diese Länder, die ihren Bürgerinnen und Bürgern gehören, ist Israel der Staat des jüdischen Volkes, nicht der seiner Bürgerinnen als solcher. Der liberale Zionismus war deshalb noch nie sehr liberal.

Diese Tatsache einzuräumen ist für liberale Zionisten, die – wie ich – ihr Land lieben, stets schmerzlich. Heute aber erweist es sich als vorteilhaft, die Realität klar und deutlich beim Namen zu nennen: Es erlaubt uns zu sehen, dass ein wahrhaft liberaler Zionismus – einer, der sich für die jüdische Selbstbestimmung in einer binationalen Republik einsetzt – alles andere als tot ist, auch nach dem Niedergang der Zweistaatenlösung. Zum ersten Mal in der Geschichte Israels ist er *notwendig* geworden. Willkommen in der Zukunft: Die Einstaatenpolitik bestimmt nunmehr Israels Realität, mit gewaltigen Konsequenzen – für Israelis, für Palästinenser und für das Weltjudentum. Doch fehlt uns noch eine Sprache für das liberale zionistische Denken in einem Zeitalter nach der Zweistaatenlösung und nach dem ethnischen Selbstverständnis.

Den Grundwortschatz dieser Sprache hat es bereits gegeben – in den Anfängen des Zionismus. Während zionistische Politik heute gleichbedeutend mit der Ansicht ist, dass die Juden das Recht auf ihren eigenen souveränen Staat in *Eretz Israel* haben, vertraten die Gründerväter der Bewegung eine differenziertere Auffassung. Erbitterte ideologische Unstimmigkeiten trennten Herzl, Achad Ha'am, Jabotinsky und Ben-Gurion, doch sie alle konnten sich auf die allzu oft vergessene Unterscheidung zwischen nationaler Selbstbestimmung und nationaler Souveränität einigen: Bis zu einem *sehr* späten Zeitpunkt in der zionistischen Geschichte verstanden sie alle das Projekt als Verpflichtung auf Erstere, *nicht* aber auf Letztere. (Tatsächlich lehnten sie nationale Souveränität überwiegend ab.[33]) Das heißt: Sie glaubten, dass die Juden das Recht auf politische Selbstbestimmung, die autonome Verwaltung ihres eigenen Lebens und die Wiederbelebung der jüdischen Kultur und Bildung hatten. Sie glaubten aber nicht, dass dies in einem souveränen jüdischen Staat erfolgen solle. Den Staat der Juden stellten sie sich als eine subsouveräne politische Einheit im Rahmen einer multinationalen politischen Souveränität vor. Jabotinsky etwa, der heute im Allgemeinen als rabiater rechter jüdischer Nationalist gilt, war ausdrücklich mit Martin Bubers ultralinkszionistischer Fraktion Brit Schalom einer Meinung, dass »die Zukunft Palästinas rechtlich gesprochen als ein binationaler Staat begründet werden muss«. Dieser Konzeption von Zionismus konnte auch Hannah Arendt, die oft als antizionistisch betrachtet wird, zustimmen. Und Ben-Gurion pflichtete ihr faktisch bis kurz vor Ende seiner Laufbahn bei.[34] Wenn die heutigen liberalzionistischen Autoren unterstellen, der Binationalismus sei eine Alternative *zu* Israel statt *für* Israel, dann übersehen sie die Unterscheidung zwischen Selbstbestimmung und Souveränität: einerseits als eine essenzielle politische Unterscheidung; andererseits als eine, die historisch im Mittelpunkt des zionistischen Projekts stand. Eine erstrebenswerte Zukunft für Israel jenseits der Zweistaatenlösung wird von einer Rückbesinnung auf diese Unterscheidung abhängen.

III.

Es waren zwei Faktoren, die verhinderten, dass sich der Binationalismus als konsensuelle politische Hauptströmung durchsetzen konnte, und die das zionistische Programm in das eines ethnischen Nationalstaats verwandelten. Der bedeutendste war der Holocaust. Die systematische Vernichtung der europäischen Juden überzeugte die Zionistenführer davon, dass jüdisches Leben von jüdischer Souveränität abhing: von einem jüdischen Militär und einem jüdischen Gemeinwesen, das in der Lage wäre, über Grenz- und Einwanderungsfragen allein zu entscheiden. Die internationale öffentliche Meinung schloss sich dieser Auffassung an. Auf einer tieferen Ebene aber untergrub der Holocaust das Vertrauen der Juden in die liberaldemokratische Weltordnung. Wenn eine pluralistische Demokratie das jüdische Leben dort, wo Juden eine Minderheit bilden, nicht schützen konnte, dann brauchten die Juden ihren eigenen, exklusiven souveränen Staat. Der pluralistische Liberalismus musste sich dieser Schlussfolgerung fügen, nicht nur in Europa, sondern auch in Palästina.

Der zweite Faktor, der mit dem ersten zusammenhing, war die Idee einer Umsiedlung der Palästinenser – das heißt einer ethnischen Säuberung –, die die britische Peel-Kommission 1936 zum ersten Mal als eine praktikable Möglichkeit ins Spiel gebracht hatte. Zuvor hatten sich die Zionistenführer keine Illusionen darüber gemacht, dass eine winzige jüdische Minderheit nicht erwarten konnte, einen eigenen souveränen Staat zu etablieren, nicht einmal mit Wellen jüdischer Einwanderer. Sobald eine Umsiedlung aber als echte Option im Raum stand, war im Denken der zionistischen Führer ein schlagartiger Wandel zu beobachten. Die mit einer Umsiedlung der Palästinenser verknüpfte Idee eines souveränen Staates verbreitete sich rasch, zumal sich die Lage des europäischen Judentums verschlimmerte und erste Nachrichten von einer systematischen Auslöschung eintrafen. Dieses Denken verwirklichte und konkretisierte sich in den Ereignissen der Nakba.

Der Holocaust und die Nakba sind somit nichts anderes als die Hauptsäulen des zionistischen Denkens, wie wir es kennengelernt haben – des Grundsatzes, dass es dem Zionismus wesentlich um die jüdische Souveränität geht und dass insofern eine jüdische demografische Überlegenheit um jeden Preis gewahrt werden muss. Die Weigerung, diesen künstlichen Grundsatz in einer Post-Zweistaatenwelt aufzugeben, führt in eine entsetzliche politische Sackgasse. Das erklärt, warum es liberale Zionisten immer noch vorziehen, sich an »alternative Fakten« zu klammern, die den Glauben an die Umkehrbarkeit des Siedlungsprojekts stützen, oder gleich an die Vorstellung, es sei ohnehin nichts je irreversibel. Es ist Zeit für die Einsicht, dass dieser vermeintlich zionistische Grundsatz überhaupt kein zionistischer Grundsatz ist und dass weiteres Festhalten an ihm zur Zerstörung Israels und zur Vertreibung von Palästinensern führen wird.

Dieses Buch ist in der Überzeugung geschrieben, dass wir uns eine Politik zurückerobern können, die diesen falschen Grundsatz aufgibt. Das binationale Versprechen des Zionismus lässt sich dadurch erneuern, dass wir eine *Kunst des Vergessens* entwickeln, eine Politik, die daran *erinnert*, den Holocaust und die Nakba zu *vergessen*, um sie nicht länger als Säulen unserer Politik zu verewigen, sondern abzutragen.[35] Wie der französische Philosoph Ernest Renan in seiner klassischen Formulierung der modernen Staatsbürgerschaft ausführte, beruhen liberale Nationalstaaten nicht nur auf dem, was Menschen gemeinsam zu erinnern beschließen, sondern auch – und oft mehr noch – auf dem, was sie gemeinsam zu vergessen beschließen.[36] Kapitel 1, »Was ist Vergessen?«, folgt einem klassisch gewordenen kurzen Text des 2012 verstorbenen Wissenschaftshistorikers Yehuda Elkana, in dem dieser die These aufstellte, dass das – einer liberaldemokratischen Politik abträgliche – Gedenken an den Holocaust die größte Bedrohung für die Existenz Israels sei. Ich analysiere Elie Wiesels Holocaust-Messianismus und die Nationalisierung der Erinnerung durch den Jerusalemer Eichmann-Prozess von 1961, um zu zeigen, dass das Gedenken an den Holocaust wahrlich zu einer Kraft geworden ist, die den Stellenwert der Staatsbürgerschaft in Israel untergräbt. Dieses Gedenke ist nämlich national *im Gegensatz* zu öffentlich oder staatsbürgerlich. Während das Gedächtnis mittlerweile das zentrale politische Prinzip ist, das *alle* Israelis eint, eint es sie als Juden – unter Ausschluss der Araber, die oft als Hitlers Erben dargestellt werden. Eine Wiederbelebung der binationalen Politik setzt voraus, dass diese Einstellung überwunden werden kann, indem man die Erinnerung an den Holocaust entnationalisiert und als eine öffentliche, staatsbürgerliche Pflicht einfordert. Mit einer Gegenüberstellung von Elkanas »Lob des Vergessens« und der Holocaust-Gedenkrede des arabisch-israelischen Politikers Ahmad Tibi, die er 2010 auf dem Podium der Knesset hielt, versuche ich zu zeigen, dass ein Vergessen des Holocausts darauf hinausläuft, sich gemeinsam mit den arabischen Landsleuten zu erinnern. Ich behaupte auch, dass Tibis Rede zeigt, wie so ein Erinnern aussehen könnte.

Kapitel 2, »Die Nakba erinnern«, spricht eine Warnung aus: Wenn wir Israelis nicht die Verantwortung für das

Verbrechen der ethnischen Säuberung übernehmen, dann werden die gegenwärtigen politischen Entwicklungen dazu führen, dass wir es wiederholen. Obwohl während des israelischen Unabhängigkeitskriegs rund siebenhunderttausend Palästinenser gewaltsam vertrieben wurden, hat die israelische Gesellschaft die Bedeutung ihrer eigenen Geschichte erfolgreich verdrängt. Nicht zuletzt weil die liberalen Intellektuellen ihre Verpflichtung gegenüber dieser Vergangenheit verrieten – vom Schweigen eines Amos Oz oder eines David Grossman bis zur Billigung der Vertreibungen durch Autoren wie Ari Shavit –, ist die Möglichkeit einer ethnischen Säuberung in Zukunft nicht auszuschließen. Die Herausforderung, die die Anerkennung der Geschichte der Nakba für die Idee einer jüdischen liberalen Demokratie bedeutet – weil eine souveräne jüdische Demokratie keinen Bestand haben kann, wo »zu viele« Palästinenser leben –, passte nicht ins Narrativ dieser Autoren, also ließen sie sie außer Acht. Da die Juden aber keine klare Mehrheit mehr in ihren eigenen Grenzen bilden, beginnt die verdrängte Politik der ethnischen Säuberung mit voller Wucht zurückzukehren. Damit die Geschichte der Nakba in einem binationalen Staat bewältigt werden kann, müsste sie, wie der Holocaust, politisch vergessen werden: das heißt von Palästinenserinnen und Jüdinnen gemeinsam erinnert werden. Wir müssen die Nakba auf diese Weise vergessen, statt sie zu leugnen, zu zensieren und zu verdrängen – und dann zu wiederholen.

Kapitel 3, »Der liberale Zionismus der Zukunft«, ruft dazu auf, endlich die vertraute, von führenden liberalzionistischen Denkern immer noch hochgehaltene These aufzugeben, im Begriff einer liberalen jüdischen Demokratie liege kein Widerspruch. Diesem Argument zufolge gibt es keinen wesentlichen Unterschied zwischen Israel und modernen demokratischen Nationalstaaten wie Deutschland, Schweden oder Frankreich, wenn man den Judaismus als pluralistische kulturelle Identität und nicht als Religion versteht. Eine Variante dieses Arguments impliziert etwa Walzers Attacke auf Judt; nichtsdestotrotz ist es äußerst irreführend. Im Unterschied zu Deutschland oder Frankreich ist Israel nicht der Staat seiner Bürgerinnen und Bürger, sondern der Staat des jüdischen Volkes. Und als solcher beruht er auf einer ethnischen Unterscheidung, die sich im 21. Jahrhundert nicht aufrechterhalten lassen wird.

Abraham Lincoln sagte einst, demokratische Regierungen seien Regierungen des Volkes, durch das Volk und für das Volk. In Demokratien ist das Volk der Souverän. Israel ist jedoch der Staat des *jüdischen* Volkes, nicht der seiner Bürgerinnen und Bürger. Im jüdischen Staat liegt die Souveränität in der Hand der jüdischen Bürger, nicht in der Hand der Bürger als solcher. Deshalb ist der liberaldemokratische Zionismus, soweit er als das Projekt einer Verteidigung der jüdischen Souveränität verstanden wird, ein Widerspruch in sich. Ich beschließe das Kapitel jedoch mit dem Argument, dass es zwar sehr wohl einen Widerspruch in der Vorstellung eines jüdischen und demokratischen Staates gibt, aber *keinen* notwendigen Widerspruch in der Vorstellung eines liberaldemokratischen Zionismus. Denn in Wirklichkeit strebten die Gründerväter des Zionismus nach jüdischer Selbstbestimmung innerhalb einer binationalen Republik, nicht nach einem souveränen jüdischen Staat. Diese alte

Unterscheidung lässt sich für den liberalen Zionismus der Zukunft wieder fruchtbar machen.

Kapitel 4, »Republik Haifa«, baut auf diesem Hintergrund auf, um einen oft vergessenen Friedensvorschlag aus der Vergangenheit zu untersuchen. Menachem Begin, Israels erster rechter Ministerpräsident und vehementer Gegner jedes territorialen Kompromisses, schlug in den späten Siebzigerjahren den sogenannten »Autonomieplan« vor. Er hätte genauso gut »Einstaatenplan« heißen können: Er umfasste nicht nur die Institution einer palästinensischen Autonomie im Gazastreifen und im Westjordanland, sondern auch eine Option für alle Palästinenserinnen und Palästinenser, vollwertige israelische Staatsbürger zu werden, volle Bewegungs- und wirtschaftliche Freiheit in Israel, dem Westjordanland und Gaza sowie eine Abteilung innerhalb der palästinensischen Autonomiebehörde zur Wiedereingliederung von Flüchtlingen. Die Knesset stimmte über diesen Vorschlag ab und verabschiedete ihn im Dezember 1977.

Während manchen die Existenz des Begin-Plans bekannt ist, wurde sein Inhalt, der einer binationalen Konstellation erstaunlich nahekommt, in der öffentlichen Wahrnehmung überwiegend verdrängt. Wenn Historiker ihn heute beurteilen, dann zumeist aus der Perspektive der Zweistaatenlösung: als Begins Trick, um einen souveränen palästinensischen Staat zu verhindern, nicht als ein Programm, das die politischen Grenzlinien und Tabus jenseits des nunmehr hinfälligen Teilungsplans austesten könnte. Ich empfehle einen rekonstruierten Begin-Vorschlag, der das Recht beider Völker auf nationale Selbstbestimmung, ja sogar auf

Souveränität in ihren eigenen, entlang der Grenzen von 1967 getrennten Staaten anerkennt, der aber ihre jeweilige Souveränität durch eine gemeinsame Verfassung regelt, die grundlegende Menschenrechte, Bewegungsfreiheit und wirtschaftliche Freiheiten für alle im gesamten Territorium garantiert. Ein solcher Plan könnte es den meisten Siedlern ermöglichen, in ihren Heimstätten zu bleiben. Und er würde es den Palästinensern erlauben, Rechte auszuüben, die für gewöhnlich mit dem Recht auf Rückkehr verbunden werden – die Möglichkeit, in die Gebiete zurückkehren zu können, aus denen sie 1948 vertrieben worden sind. Pläne dieser Art wurden in der Vergangenheit entwickelt und finden auch immer noch ihre Unterstützer, werden aber zu oft als postzionistisch erachtet.[37] Ich versuche mit dem vorliegenden Buch, eine solche Politik als ein zionistisches Programm zu rehabilitieren, das sich mit den zentralen Bestrebungen der zionistischen Gründerväter deckt und an einen Plan anknüpft, der nicht nur von einer israelischen Regierung vorgeschlagen, sondern auch im israelischen Parlament angenommen wurde.

Im Augenblick mag eine binationale Föderation wie eine Utopie klingen. Und wenn schon. Diese Utopie ist praktischer und realitätsnäher als das krampfhafte Festhalten an dem Glauben, Israel würde jemals Hunderttausende Siedler umquartieren. Die einzige Alternative zu einer binationalen Lösung besteht darin, eine ethnisch jüdische Politik inmitten einer arabischen Mehrheit weiterzuverfolgen. Das Ergebnis einer solchen Realitätsblindheit wäre noch mehr Gewalt, und zwar viel mehr, als wir bislang erlebt haben. Um realistisch über eine lohnenswerte Zukunft für Israel jenseits der Zweistaatenillusion nachdenken zu können, wird man träumen müssen.

1.

WAS IST VERGESSEN?

Kann es sein, dass der Gegenbegriff zu »Vergessen« nicht »Erinnern« ist, sondern Gerechtigkeit?
YOSEF HAYIM YERUSHALMI

I.

Am 8. Dezember 1987 verlor ein israelischer Lastwagenfahrer in den schmalen Straßen von Jabalia, einem palästinensischen Flüchtlingslager im nördlichen Gazastreifen, die Kontrolle über sein Fahrzeug und stieß mit zwei Taxis zusammen. Vier Palästinenser kamen ums Leben. Der tragische, aber unverschuldete Unfall wurde in Jabalia als vorsätzlicher Angriff interpretiert und löste beispiellose Tumulte aus, die rasch ganz Gaza, das Westjordanland und Ost-Jerusalem erfassten. Die Intifada – damals wurde sie noch nicht als die »erste« bezeichnet – sollte bis zum September 1993 andauern, als Jitzchak Rabin und Jassir Arafat im Weißen Haus das erste Oslo-Abkommen unterzeichneten. Zu diesem Zeitpunkt hatte sie das israelische Denken bereits auf unabsehbare Zeit verändert.

Die offensichtlichste Veränderung war politischer Natur, und ihre Auswirkungen waren praktisch unmittelbar ersichtlich. Fast über Nacht hatte die Intifada den lang gehegten israelischen Glauben an eine »aufgeklärte Besatzung« erschüttert: also die Überzeugung, dass das israelische Militärregime human war, dass es den Palästinensern tatsächlich zugutekam, von israelischen Juden beherrscht zu werden, und dass die Besatzung deshalb moralisch vertretbar und politisch tragfähig war. Dieser heuchlerische, kolonialistische Glaube an die Doktrin von der aufgeklärten Besatzung hatte die etablierte zionistische Politik wenigstens zwei Jahrzehnte lang bestimmt. Dass er in den späten Achtzigerjahren so schnell verflog, bewirkte einen einschneidenden Wandel. Bei Ausbruch der Intifada lehnte ein liberaler zionistischer Staatsmann wie Rabin, damals Verteidigungsminister, die Idee einer Zweistaatenlösung noch in derselben Weise ab, wie heute liberale Zionisten die Einstaatenlösung ablehnen – als radikale antiisraelische Halluzination statt einer vernünftigen Politik. Im Zuge der ersten Ausschreitungen verurteilte Rabin, der 1995 dafür ermordet wurde, dass er Arafat die Hand gereicht hatte, Verhandlungen mit PLO-Vertretern noch als Hochverrat. Die Zweistaatenpolitik konnte erst zum beherrschenden Programm des liberalen Zionismus werden, nachdem die Intifada den Mythos der »aufgeklärten Besatzung« zerstört hatte.

Die zweite einschneidende Veränderung war eher moralischer als politischer Natur. Interessanterweise wurde Rabin auch für sie zum Symbol. Als Journalisten ihn einmal danach fragten, warum das Militär nicht in der Lage sei, die Intifada einzudämmen, antwortete er, die IDF würden die Ausschreitungen ersticken, indem sie Palästinensern, die sie beim Steinewerfen zu fassen bekämen, »die Hände und Beine brechen«.

Diese Worte waren nicht als direkter Befehl oder offizielle Richtlinie gemeint, sie wurden aber auch nicht rein rhetorisch geäußert oder verstanden. Bald darauf sah man israelische Soldaten im Fernsehen, die jungen Palästinensern in Handschellen die Gliedmaßen brachen. Damals existierten weder Facebook noch YouTube, in Israel gab es allerdings auch nur einen einzigen Fernsehsender: Jeder sah diese Bilder. Nicht weniger wichtig ist, dass die Israelis mit Bildern einer gewalttätigen Besatzung nicht vertraut waren. Noch hatte die Abstumpfung durch Gewöhnung nicht eingesetzt. Niemand war darauf vorbereitet, sich zu solchen Aufnahmen verhalten zu müssen. Für einen Sekundenbruchteil entdeckten die Israelis, die sich selbst viel lieber als rechtschaffen und machtlos betrachten, die Diskrepanz zwischen dem Mythos ihrer ausschließlichen Opferschaft und der moralischen Realität. Für einen seltenen Moment *sahen* wir tatsächlich, wie es ist, wenn Juden in Uniform die Rolle des Täters einnehmen und nicht die des Opfers.

Zur gleichen Zeit – keine vier Monate nach Beginn der Unruhen – erschien ein kurzer Kommentar in der *Haaretz* unter dem Titel »Lob des Vergessens«.[38] Sein Verfasser Yehuda Elkana, ein prominenter Philosophie-Professor an der Universität Tel Aviv, der Auschwitz im Alter von zehn Jahren überlebt hatte, argumentierte, es indoktriniere israelische Kinder, zu »hassen«, wenn man sie lehre, sich zu »erinnern«. Wäre nicht der »Holocaust so tief in [unserem] Nationalbewusstsein verankert« worden, schrieb er, hätten unsere politischen Perspektiven »ganz anders ausgesehen« und die Militärherrschaft der IDF über die Palästinenser »hätte nicht so viele ›außerordentliche‹ Taten hervorgebracht«. Mit *außerordentlich* meinte Elkana *barbarisch*. Und indem er das Wort in Anführungszeichen setzte, warnte er die *Haaretz*-Leserschaft davor, dass Barbarei auch alles andere als außerordentlich, nämlich zur Regel werden kann.

Es war kein Zufall, dass sich der Philosoph in diesem dramatischen Übergangsmoment – als sich Israels moralische und politische Realität mit einem Schlag veränderte und das Land seinen Horizont inmitten einer Welle der Gewalt neu bestimmen musste – einer Überlegung über das Verhältnis der Gesellschaft zur Geschichte widmete. Also zum Holocaust als dem unbezweifelbaren Ursprung des politischen Bewusstseins der Israelis. Er warnte davor, dass das Land seinen künftigen Herausforderungen nicht gewachsen wäre, wenn es nicht eine reifere Haltung zu seiner Vergangenheit entwickle.

Die heutige Situation gleicht der der späten Achtzigerjahre, wahrscheinlich ist sie sogar noch dramatischer. Die Zweistaatenlösung – die inzwischen für den liberalen Zionismus ein unumstößlicher Grundsatz geworden ist – bricht uns unter den Füßen weg und bietet keine tragfähigen Antworten auf die drängenden politischen Probleme des Landes mehr. Die liberalen Zionisten sind ein weiteres Mal gezwungen, ihren politischen Horizont zu überdenken, was für viele nicht weniger als eine Neudefinition ihrer Identität bedeutet. In einem Moment, in dem solche gewaltigen Veränderungen in Gang kommen, ist es klug, Elkanas Warnung ernst zu nehmen. Eine Politik, die sich weitgehend auf die jüdische Vergangenheit stützt, könne nur zu »desaströsen Konsequenzen« führen. Tatsächlich, so mahnt er, gebe es »keine größere Gefahr für Israels Existenz« als die »Erinnerung an den Holocaust«:

> [In den letzten Wochen] ist mir zum ersten Mal in vollem Umfang klar geworden, was wir getan haben, als wir Jahrzehnt für Jahrzehnt jedes israelische Kind zu wiederholten Besuchen nach Yad Vashem schickten. […] Wir deklamierten, instinktlos und harsch und ohne Erklärung: *Erinnere dich! Zachor!* Zu welchem Zweck? Was soll das Kind mit diesen Erinnerungen anfangen? Viele der Bilder dieser Gräuel können als ein Aufruf zum Hass verstanden werden. […] Jede Nation, einschließlich der deutschen, wird selbst entscheiden, ob sie sich erinnern will oder nicht. Was uns betrifft, so müssen wir lernen zu vergessen.

Auf den ersten Blick mag dieses Argument naiv wirken. Ist es nicht offensichtlich, dass die Erinnerung für das Überleben der liberalen Demokratie notwendig ist; dass eine zivilisierte Gesellschaft nur gegen die Rückkehr der Barbarei ankämpfen kann, wenn sie sicherstellt, dass wir nie vergessen? Besonders heute, wo rassistische, populistische und nationalistische Führungsgestalten weltweit auf dem Vormarsch sind, ist es ein Gemeinplatz unter liberalen Denkern, darauf zu beharren, dass wir aus den Schrecken der Vergangenheit lernen müssen. Man mag es einem Holocaust-Überlebenden nachsehen, wenn er vergessen möchte; Elkanas »Lob des Vergessens« aber – das inzwischen in manchen linken Kreisen einen fast schon klassischen Rang erlangt hat – könnte schlimmer erscheinen als bloß naiv. Es könnte regelrecht gefährlich erscheinen.

Doch gerade weil wir uns daran gewöhnt haben, das Gedenken als staatsbürgerliche Pflicht zu verstehen, ist es interessant festzustellen, dass Elkanas Appell eine lange intellektuelle Tradition im Rücken hat, die der politischen Funktion des Erinnerns eher misstraut. Spinoza ist vielleicht das offensichtlichste Beispiel. Dieser radikale Verfechter von Aufklärung und Demokratie hielt die Erinnerung für eine zentrale Bedrohung zivilisierter Politik. Er glaubte, dass rationales Denken die Menschen vereine, weil es sie durch den Bezug auf ihre wahren, gemeinsamen Interessen lenke, die Erinnerung sie hingegen trenne – weil sie sie an verschiedenen falschen Identitäten, irreführenden Mythen sowie zusammengereimten Religionen und Ideologien festhalten lasse. Die Erinnerung als solche ist also immer der Ursprung von Konflikten, Gewalt und Krieg, nie von Aufklärung, Demokratie und Frieden.[39]

Wie so oft, schließen Nietzsches Einsichten an die Spinozas an, allerdings in grelleren Worten. »Der Historiker sieht rückwärts; endlich *glaubt* er auch rückwärts.«[40] Das Gedächtnis neige dazu, wie ein »böser Zuschauer« zu funktionieren: Es blicke in die Vergangenheit zurück, erkenne, dass sie anders gewesen sein *muss*, und habe doch nicht die geringste Möglichkeit und Fähigkeit, sie zu ändern. Der Verfasser der Schrift »Vom Nutzen und Nachtheil der Historie für das Leben« schließt, dass diejenigen, die von ihrem Gedächtnis leben statt vom Willen zu vergessen, unweigerlich zu jeder Menge Ressentiments neigten – zu »des Willens Widerwille gegen die Zeit und ihr ›Es war‹.« Am Ende nehme ein solcher vergangenheitsorientierter Wille in der Gegenwart »an Allem, was leiden kann […] Rache dafür, dass er nicht zurück kann« – weil es immer schon zu spät sei, um an der Vergangenheit etwas zu ändern.[41] Nietzsche gilt im Allgemeinen nicht gerade als liberaldemokratischer Denker.

Doch ungefähr zu seiner Zeit entwickelte Ernest Renan seine klassische Formulierung der Staatsbürgerschaft in Begriffen, die Nietzsches Vorstellungen vom Gebrauch und Missbrauch des Gedächtnisses ziemlich ähnlich sind. Die moderne Staatsbürgerschaft, schrieb er, hängt wesentlich vom »Vergessen« ab, ja selbst von der Bereitschaft zum »historische[n] Irrtum«.[42] Wir werden darauf zurückkommen.

Nichts von alldem erwähnte Elkana in seinem Gastkommentar für die *Haaretz*. Seine knappe Argumentation lautete vielmehr: Die israelische Demokratie sei in Gefahr, weil die Politik des Landes über Gebühr auf die Erinnerung der vergangenen Auslöschung ausgerichtet sei statt auf ihre gegenwärtigen und künftigen Interessen. Dies begründe »Hitlers tragischen Sieg«.[43] Während moderne demokratische Gesellschaften von wirtschaftlichen, sozialen, psychologischen und ideologischen Erwägungen beherrscht würden – den Bausteinen eines kompromissbereiten, vernünftigen Austauschs –, bewege die Israelis eine »tiefe Existenzangst«. Zu lange schon sei die israelische Öffentlichkeit mit einer »bestimmten Interpretation des Holocausts« gefüttert worden, einer mythisch-metaphysischen Erklärung, der zufolge »die ganze Welt gegen uns ist« und wir »das ewige Opfer« sind. Mit ihrer beständigen Darstellung der Politik als eines Nullsummenspiels untergrabe eine solche existenzielle Angst die Dimensionen des Verhandelns und der kritischen Infragestellung. Für Elkana ist es dieses Gefühl, das, einmal politisch interpretiert, die Demokratie aushöhle:

Die schiere Existenz der Demokratie ist gefährdet, wenn die Erinnerung an vergangene Opfer eine aktive Funktion im demokratischen Prozess übernimmt. Die Ideologen der faschistischen Regime verstanden dies nur zu gut. Es ist kein Zufall, dass sich ein Großteil der Forschung über Nazideutschland auf die Mythen des Dritten Reichs konzentriert. [...] Die Leiden der Vergangenheit als politisches Instrument einzusetzen ist quasi so, als würde man die Toten an den demokratischen Entscheidungen der Lebenden partizipieren lassen.

Elkanas Provokation trifft einen Nerv, weil die politisch-metaphysische Existenzangst die Israelis dazu verleitet hat, von der Berufung auf den Holocaust als einem politischen Argument unmerklich dazu überzugehen, den Zionismus als eine Art angstbasierten mythischen Holocaust-Messianismus zu betrachten. Im Hebräischen wird dieser sakralisierte Mythos mit der Wendung *mi'shoa le 'tquma* ausgedrückt: »vom Holocaust zur Wiederauferstehung«. Sie greift die verbreitete Überzeugung auf, dass die jüdischen Opfer des Dritten Reichs nicht *bloße* Opfer waren: Sie waren Aufgeopferte – wie im Deutschen ist im Hebräischen Opfer (*victim*) und Opfergabe (*sacrifice*) dasselbe Wort, *korban* – in einem zielgerichteten Prozess, der zur Schaffung eines jüdischen Staates aus ihrer Asche führte. Wenn man Israel auf diese Weise als ein mythisches statt eines politischen Gebildes begreift, dann steht es außerhalb des Bereichs der modernen, mehr oder weniger rationalen demokratischen Politik.

II.

Eines der erschütterndsten Zeugnisse in *Die Nacht*, dem Buch, das Elie Wiesel berühmt machte und für das er letztlich den Friedensnobelpreis erhielt, ist das der Hinrichtung eines Kindes, beschrieben als »der Engel mit den traurigen Augen« und »feingezeichneten schönen Gesichtszügen«.[44] Es handelt sich um eine Szene, die niemand, der sie gelesen hat, je vergessen wird. Das Kind, das bei der Mitwirkung an einem Sabotageversuch erwischt wird, weigert sich, mit seinen SS-Vernehmern zu kollaborieren, gibt auch unter Folter nichts preis und wird schließlich neben zwei anderen jüdischen Gefangenen erhängt:

Alle Augen waren auf das Kind gerichtet. Es war aschfahl, aber fast ruhig und biss sich auf die Lippen. Der Schatten des Galgens bedeckte es fast ganz.

[…]

Die drei Verurteilten stiegen zusammen auf ihre Stühle. Drei Hälse wurden zu gleicher Zeit in die Schlingen eingeführt.

»Es lebe die Freiheit!« riefen die beiden Erwachsenen.

Das Kind schwieg.

»Wo ist Gott, wo ist er?«, fragte jemand hinter mir.

Auf ein Zeichen des Lagerchefs kippten die Stühle um.

[…]

Dann begann der Vorbeimarsch. Die beiden Erwachsenen lebten nicht mehr. Ihre geschwollenen Zungen hingen bläulich heraus. Aber der dritte Strick hing nicht reglos: der leichte Knabe lebte noch …

Mehr als eine halbe Stunde hing er so und kämpfte vor unseren Augen zwischen Leben und Sterben seinen Todeskampf. [...] Er lebte noch, als ich an ihm vorüberschritt. Seine Zunge war noch rot, seine Augen noch nicht erloschen.

Hinter mir hörte ich denselben Mann fragen:

»Wo ist Gott?«

Und ich hörte eine Stimme in mir antworten:

»Wo er ist? Dort – dort hängt er, am Galgen.«[45]

In diesem konkreten Moment vom Tod Gottes in Auschwitz liegen die Anfänge von Wiesels politischer Theologie – und seines Verhältnisses zur zionistischen Politik. Ihr Vorbild ist die biblische Erzählung der Bindung Isaaks, in der Gott Abrahams Glauben auf die Probe stellt, indem er von ihm verlangt, Isaak zu opfern, »deinen einzigen Sohn, den du liebhast«, und zwar als »Brandopfer«. »Ola«, das hebräische Wort für »Brandopfer«, beschreibt ein Opfer, das auf dem Altar verbrannt werden muss. Die kanonische griechische Übersetzung des Wortes ist bekannter. Sie lautet »holocaust«.

In der Bindung Isaaks, wie die Geschichte seiner geplanten Opferung in der jüdischen Tradition heißt, wird das Kind durch einen Engel Jahwes vor dem Verbrennen bewahrt: »Lege deine Hand nicht an den Knaben«, ruft er Abraham zu, »und tu ihm nichts; denn nun weiß ich, dass du Gott fürchtest« (1. Mose 22, 12). Angesichts der Tatsache, dass die zukünftige Existenz Israels als eines Volkes das Überleben Isaaks, des »einzigen Sohns« Abrahams, voraussetzt, wird das ganze Volk durch den wunderbaren Eingriff des Engels im allerletzten Moment gerettet. Wiesel bezieht sich auf eine lange jüdische Tradition, wenn er behauptet, dass nicht nur Abraham in dieser Geschichte auf die Probe gestellt wird, sondern auch Gott. Würde er die Opferung und Verbrennung des Kindes zulassen? Wenn Gott in der Bibel den Test – gerade so – besteht, so fällt Er in Auschwitz durch.[46] Kein Engel erscheint im letzten Augenblick, um den Tod des Kindes zu verhindern. Wenn ein Engel auf der Bühne ist, dann ist es dieser braunäugige Junge, der am Galgen baumelt. Für Wiesel starb der jüdische Glaube zusammen mit jenem Kind in Auschwitz. Gott fiel durch, als er den Holocaust seines Volkes zuließ.

Der Literaturnobelpreisträger und engagierte Katholik François Mauriac schrieb ein Vorwort zur Originalausgabe von *Die Nacht*, in dem er seine Begegnung mit dem jungen Wiesel schildert und auch auf die Hinrichtung des Kindes zu sprechen kommt. Es überrascht vielleicht nicht, dass er den Tod Gottes als den Beginn einer Theologie ansieht:

Was konnte ich, der ich glaube, dass Gott die Liebe ist, meinem jungen Gesprächspartner antworten, dessen blaue Augen den Widerschein der Trauer jenes Engels bewahren, die eines Tages in den Gesichtszügen des gehängten Knaben erschienen war? [...] Habe ich ihm von jenem Israeliten gesprochen, von dem Bruder, der ihm vielleicht glich, von jenem Gekreuzigten, dessen Kreuz die Welt besiegt hat? Habe ich ihm bestätigt, dass das, was für ihn ein Stein des Anstoßes wurde, für mich der Eckstein geworden ist und dass die Übereinstimmung zwischen dem Kreuz und dem Leiden der Menschen in meinen Augen der Schlüssel zu dem unergründlichen Geheimnis bleibt, in dem sein Kinderglauben verloren gegangen ist? Dennoch ist Zion aus den Gaskammern und Beinhäusern wieder erstanden. Das jüdische Volk ist aus seinen Millionen von Toten auferstanden. Durch sie lebt es von neuem.[47]

Eine jüdische Leserin könnte – und sollte – Mauriacs Vorwort vielleicht als eine unverschämte Zumutung christlicher Theologie für die jüdischen Opfer empfinden. Der Autor verkennt den *Gegensatz* zwischen der jüdischen Bindung Isaaks, bei der Gott die Probe besteht, indem er vom Verbrennen des Kindes ablässt, und Auschwitz, wo Gott versagt, indem er die Opferung des Kindes als ultimative theologische Bedeutung des Holocausts zulässt. Mauriac versteht den Zusammenbruch des jüdischen Glaubens vielmehr als Sprungbrett ins Christentum. Er interpretiert den Holocaust als einen Moment, an dem sich die *Gemeinsamkeit* zwischen Auschwitz und der *Opferung* Isaaks zeigt, wie 1. Mose 22 in christlichen europäischen Sprachen, anders als im Hebräischen, allgemein genannt wird. Für Christen präfiguriert 1. Mose 22 lediglich die Kreuzigung Jesu, in der der »einzige Sohn, den du liebhast«, tatsächlich am Kreuz geopfert wird, nicht anders als Wiesels Engel mit den traurigen Augen. Doch ersteht Jesus wieder auf, und man könnte glauben (wie Mauriac andeutet), dass das Christentum genau da glückt, wo es glücken muss – nämlich darin, woran der jüdische Glaube gescheitert und gestorben ist: *dem jüdischen Leid einen Sinn zu geben.* Mauriac war höflich genug, diesen Gedanken nicht offen auszusprechen. Die Andeutung – es ist mehr als eine Andeutung, es ist eine

Versuchung – aber war da: Wiesel hätte aus Auschwitz nicht als atheistischer Jude, sondern als frommer Christ hervorgehen sollen. Und vielleicht nicht nur er.

Wenn sich Wiesel als stolzer Jude, der er war, durch dieses Vorwort mitnichten beleidigt fühlte, so deshalb, weil sich Mauriacs Manöver mühelos nicht nur als eine christliche, sondern auch als eine jüdische Versuchung verstehen lässt: die Versuchung nämlich, den Judaismus in einen zionistischen Holocaust-Messianismus zu verwandeln. Gott stirbt am Galgen, um anschließend wiederaufzuerstehen: für Mauriac *und* Wiesel ist »Zion […] wieder erstanden«. Genau das ist die Bedeutung des Holocausts, wie sie Israelis beigebracht und als Eckpfeiler der israelischen Politik vorausgesetzt wird. *Mi'shoa le 'tquma*: vom Holocaust zur Wiederauferstehung. Wiesel ging aus Auschwitz nicht als Christ hervor und auch nicht wirklich als atheistischer Jude. Er ging aus Auschwitz hervor als jemand, der fest vom Zionismus als der letztendlichen messianischen Theologie des Holocausts überzeugt war. Mitunter sollte er als unverblümter Prophet dieser Theologie fungieren.

Dadurch, dass ein solcher Holocaust-Messianismus den jüdischen Staat der Sphäre rationaler, universalistischer Politik enthoben hat, hat er das jüdische Gewissen in schwere Schräglage gebracht. In seiner Nobelpreisrede erklärte Wiesel, dass er sich »geschworen habe, nie zu schweigen, wann immer und wo auch immer menschliche Wesen leiden und Erniedrigung aushalten müssen«. Wie er ebenfalls sagte: »Neutralität hilft dem Unterdrücker, niemals dem Opfer. Schweigen ermutigt den Folterknecht, niemals den Gefolterten.«[48] Das waren durchaus keine leeren Worte.

Schon früh – und lange bevor es unproblematisch war oder in Mode kam – besaß Wiesel die Integrität, sich zur Apartheid in Südafrika oder zu den Hassverbrechen gegen schwarze Amerikaner zu äußern. Aus genau diesem Grund aber ist auch seine Haltung zur israelischen Politik bezeichnend. Er hat das ausgefeilte Siedlungsprojekt des Landes oder die jahrzehntelange militärische Unterdrückung der Palästinenser nie kritisiert. Nicht einmal gegen Begins Einmarsch in den Libanon 1982 oder die Massaker von Sabra und Schattila legte er Protest ein. Ganz gewiss sprach er nicht über die Geschichte der Vertreibung der Palästinenser. Und als die ersten Bilder der Intifada publik wurden – jene Bilder, die Elkana veranlassten, die Taten der IDF als barbarisch zu beurteilen und zu folgern, dass der Holocaust vergessen werden müsse –, blieb Wiesel stumm. Anscheinend sah er nicht, wie es sich darstellte, wenn Juden in Uniform als Täter auftraten. »Trotz des mehr oder weniger starken Drucks, dem ich in dieser Angelegenheit ausgesetzt bin«, schrieb er einmal, »habe ich mich bisher geweigert, im israelisch-arabischen Konflikt öffentlich Stellung zu beziehen.«[49] Man muss sich fragen: warum eigentlich? Ist das Schweigen nicht immer auf der Seite des Unterdrückers? Wiesels Schweigen über Israel beweist weder tiefe Weisheit noch gesunden Menschenverstand. Schließlich haben universalistische moralische Kritiker ihren Zorn spätestens seit den jüdischen Propheten auch gegen ihre eigenen Regierungen und Völker gerichtet – eigentlich vor allem gegen sie. Warum sollte ein jüdischer universalistischer moralischer Kritiker nicht öffentlich Position zu Israel beziehen?

Die Antwort liegt im Zusammenbruch der Vernunft durch

den Holocaust-Messianismus. Für Mauriac war die Übereinstimmung von »dem Kreuz und dem Leiden der Menschen« jenes »unergründliche Geheimnis«, das die Grundlage des Glaubens bildete. Dasselbe gilt für Wiesels Holocaust-Theologie. Da der Holocaust »alle Antworten« zunichtemacht, »außerhalb, wenn nicht jenseits der Geschichte« steht und sich jeder »Erkenntnis und Beschreibung«[50] entzieht, ist er der Vernunft nicht zugänglich und jenseits der normalen Politik angesiedelt – wie der Gott, der aus diesem mythischen Moment wiedererstanden ist. Ein Israel, das einem ahistorischen, transzendenten Mysterium entspringt, steht über universalistischer Politik und moralischer Kritik. War es Wiesels lebenslange jüdische Fantasie, den toten Gott wie ein Hiob zu verfolgen – und ihn dafür, dass er sein Volk in Auschwitz verraten hat, zur Rechenschaft zu ziehen –, so zeichnete sich seine lebenslange Beziehung zum lebendigen Gott, dem Staate Israel, durch die entgegengesetzte Haltung aus. Sie glich nicht Hiobs streitlustiger moralischer Integrität, die sogar den Allmächtigen herausforderte, sondern der dogmatischen Haltung von Hiobs Freunden, die Gott der Vernunft enthoben und seine Gerechtigkeit blind als unumstößlich verteidigten.

Gewiss ist Wiesel nur ein Beispiel, aber ein bezeichnendes. Die mythische Logik von *mi'shoa le 'tquma* wird Kindern in israelischen Schulen von klein auf als alleinige Bedeutung des Holocausts beigebracht, als ein Faktum über die Existenz Israels. Sie wird mit größter Selbstverständlichkeit in offiziellen Gedenkveranstaltungen wiederholt, und sie wird IDF-Kadetten eingebläut, wenn sie im Rahmen des intensiven Bildungsprogramms der Armee Yad Vashem besuchen. »Die Erinnerung ist zu einer heiligen Pflicht aller gutwilligen Menschen geworden«, sagte Wiesel einmal zu Präsident Obama, der diese Feststellung seinerseits in seinem Vorwort zur neuesten englischsprachigen Ausgabe von Wiesels *Die Nacht* aufgriff.[51] Vielleicht ist sie das. Aber nur, wenn die Erinnerung vom Holocaust-Messianismus befreit werden kann. Nur, wenn sie von einem gefährlichen politischen Mythos getrennt werden kann.

Vielleicht weil er Auschwitz als zehnjähriges Kind überlebte, hielt Elkana eine solche Trennung für unmöglich. Interessanterweise gelangt er zu diesem Schluss ausgehend von einer Voraussetzung, die sich von der Wiesels gar nicht groß unterscheidet. Ob bewusst oder nicht, kommt er dessen Auffassung, dass sich die Erinnerungen an das Ereignis jeder »Erkenntnis und Beschreibung« entziehen, recht nahe. Um es mit Jean Améry zu sagen, ist er wie Wiesel der Überzeugung, dass uns die Erlebnisberichte aus dem Holocaust an die »Grenzen des Geistes« bringen[52] – nur zieht er daraus den genau entgegengesetzten Schluss: Gerade weil uns die Erinnerung in diesem Fall an die Grenzen des Geistes bringe, *verlange* sie den Mythos. Unsere wichtigste Pflicht aber bestehe nicht gegenüber der Erinnerung, sondern gegenüber dem Leben, das nur durch eine vernünftige, rationale Politik beschützt werden könne. Als Primo Levi vor der »unheilbaren Natur der Versündigung« warnte, »die sich ausbreitet wie eine ansteckende Krankheit«, machte er sich ähnliche Sorgen.[53] Das »Gift von Auschwitz« vermischt sich mit unserem »erschöpften Blut«, mahnte er und sprach vom Gedächtnis nicht viel anders als Nietzsche: Es raubt uns »die Kraft [...], unser Leben wieder zu beginnen«.[54]

Das Holocaust-Gedenken, das zur Mythenbildung einlädt, ist für Elkana nichts anderes als ein solches Gift: eine Bedrohung der Zivilisation, kein Schutzschild gegen die Barbarei. Die Erinnerung sei daher alles andere als eine »heilige Pflicht«. Elkana schließt, dass die »wichtigste politische und pädagogische Pflicht« der israelischen Führung darin besteht, »sich auf die Seite des Lebens zu schlagen. [...] Sie müssen die Herrschaft jenes historischen *Erinnere dich!* über die Lebenden mit der Wurzel ausreißen.«[55]

III.

Dass das Erinnern mitunter eine staatsbürgerliche Politik bedroht, zeigt sich heute an Israels Schulterschluss mit teils neofaschistischen und antisemitischen Staats- oder Parteichefs. Die Liste der offiziellen Staatsbesuche rechtspopulistischer Politiker, die allein im Jahr 2018 in Yad Vashem empfangen wurden, ist alarmierend. Viktor Orbán, Ungarns nationalistischer, antiliberaler Ministerpräsident, besuchte Israels Holocaust-Gedenkstätte im Dezember, so wie Matteo Salvini, Chef der neofaschistischen italienischen Partei Lega und seinerzeit stellvertretender Ministerpräsident seines Landes. Als der konservative österreichische Kanzler Sebastian Kurz im Juni desselben Jahres in Yad Vashem Station gemacht hatte, konnte sich seine Museumsführerin den Hinweis nicht verkneifen, dass die Freiheitliche Partei Österreichs, mit der Kurz' Partei koalierte, von ehemaligen SS-Offizieren gegründet worden war. Einige seiner Bündnispartner, sagte sie zum Kanzler, sollten darüber »informiert werden, was der Holocaust war«. Die österreichische

Regierung beschwerte sich offiziell, woraufhin sich die Gedenkstätte entschuldigte. Die *Süddeutsche Zeitung* kommentierte nach dem Besuch von Salvini und Orbán, Yad Vashem stehe vor einer »schwierigen Entscheidung«: Soll das Museum eine klare Position zum Verhältnis von Erinnerung und Politik beziehen, indem es stramm rechten Politikern den Zutritt verwehrt, oder soll es die Erinnerung zu einer »Waschmaschine« für ebendiese Politiker verkommen lassen?[56]

Leider macht man es Yad Vashem damit zu einfach. Die Institution ist seit Jahren daran beteiligt, rechtsextreme Politiker reinzuwaschen. Naftali Bennett beispielsweise war als israelischer Bildungsminister ein häufiger Gast. Als damaliger Vorsitzender der religiös-zionistischen Siedlerpartei Jüdisches Heim (HaBajit haJehudi) zeigte er sich deutlich gewaltbereiter und rassistischer als ein Orbán oder Salvini. Als Kabinettsmitglied erklärte er öffentlich: »Ich habe in meinem Leben viele Araber getötet, und daran gibt es nichts auszusetzen.« Schai Piron, Bennetts Vorgänger als Bildungsminister, ist ein Rabbiner, der sich dem Verkauf von Häusern an Araber widersetzt. Als sich ein Leser des prominenten religiösen Blogs Kipa online mit der Frage an ihn wandte, ob er seine Wohnung in Haifa an eine arabische Familie verkaufen dürfe, antwortete Piron: »Das Haus an einen Araber zu verkaufen, besonders da dies gegen *Lo Techunem* [sic!] verstößt, ist verboten, und ein Haus an Araber vor allem angesichts der aktuellen Auseinandersetzung zu verkaufen, ist streng verboten.« Aus Angst vor einer Assimilation verbietet die jüdische Halacha *Lo Techanem* die Vermischung von Juden und Nichtjuden. Sie folgt darin 5. Mose,

7, 2, wo Gott den Israeliten erklärt, wie sie nach ihrer Rückkehr aus Ägypten mit den Kanaanitern verfahren sollen, die bereits in ihrem Land leben. Manche Interpretationen des 5. Buchs Mose verstehen *Lo Techanem* als »Gebt ihnen kein Quartier«, andere, überzeugendere Auslegungen als »Zeigt ihnen keine Gnade«. Tatsächlich verlangt die Auslegungstradition des 5. Buchs Mose, auf die sich Piron in seiner Antwort stützte, dass all jene, die bei der Rückkehr der Juden in Eretz Israel leben, vertrieben, versklavt oder ausgelöscht werden sollen. Während seiner Amtszeit als Bildungsminister entwickelte Piron zusammen mit Yad Vashem den Plan, israelischen Kindern die Geschichte des Holocausts bereits im Kindergartenalter zu vermitteln.

Während ich diese Zeilen schreibe, ist Rafi Peretz, der Vorsitzende der religiös-zionistischen Union der rechten Parteien, israelischer Bildungsminister. Seine Liste repräsentiert in jeder Beziehung die extreme Rechte: Peretz' Bündnispartner sind Bezalel Smotrich, der sich für die Vertreibung von Palästinensern ausspricht, und Itamar Ben-Gvir, dessen Partei Jüdische Stärke (Otzma Jehudit) offen rassistisch ist und von Israels Oberstem Gerichtshof von der Teilnahme an früheren Wahlen ausgeschlossen wurde, nachdem sich einzelne ihrer Vertreter positiv über Massaker an Palästinensern und die Ermordung Jitzchak Rabins geäußert hatten. (Als Bildungsminister setzt sich Peretz im Übrigen für Konversionstherapien ein, um Homosexuelle zu »heilen«.) Man darf mit Sicherheit davon ausgehen, dass sich die Frage, ob Yad Vashem Peretz, Bennett oder Piron empfangen sollte, nie gestellt hat. Kein offizieller Vertreter der Institution hat bisher den Drang verspürt, diese israelischen Bildungsminister daran zu erinnern, »was der Holocaust war«.

Nun mag man versucht sein zu glauben, Peretz, Bennett oder Piron seien selbstverständlich deshalb in Yad Vashem willkommen, weil es sich um führende jüdisch-israelische Politiker handelt. Doch dieser Versuchung sollte man widerstehen. Nichts, aber auch gar nichts daran dürfte selbstverständlich sein. Wenn der ungeheuerliche Gedanke, dass israelische Bildungsminister offen eine rassistische Politik und rassistische Gesetze unterstützen können, Israelis keinesfalls ungeheuerlich erscheint, dann liegt dies unter anderem daran, dass eine Institution wie Yad Vashem seit Jahren als Waschmaschine für genau diese Politik dient. Eine abnorme Form des Erinnerns hat die rassistische Gewalt israelischer Politiker normalisiert. Als Elkana befürchtete, das Holocaust-Gedenken könne eine grausame Praxis befördern, die eher die Regel als die Ausnahme darstellt, dachte er an genau diese Normalisierung.

Nicht Yad Vashem steht heute vor einer schwierigen Entscheidung. Dies tun vielmehr wichtige liberale Organe wie die *Süddeutsche Zeitung*, deren erwähnter Kommentar zeigt, wie tückisch die Erinnerung geworden ist. Nun müssten sie nur noch über die Tatsachen berichten, was nicht immer leichtfällt, denn Tatsache ist, dass Yad Vashem seit Jahren extrem rechte israelische Politiker legitimiert, die heute ausschließlich mit ihren natürlichen europäischen Verbündeten zusammenarbeiten. Seit geraumer Zeit schon wird das Holocaust-Gedenken in eine Gegenmacht zu jeder liberalen Politik verwandelt: Extrem rechte, rassistische und antisemitische Wortführer müssen sich nicht mehr in die

Niederungen der Holocaust-Leugnung begeben oder das Andenken an den Holocaust herabsetzen; sie können sich heute vielmehr als diejenigen darstellen, die wirklich aus der Geschichte gelernt haben und deshalb vom jüdischen Staat und Yad Vashem willkommen geheißen werden. Heute sind es die liberalen Kritiker der israelischen Politik, die angeblich die Vergangenheit vergessen haben. Einstweilen sind noch keine AfD-Vertreter in Yad Vashem begrüßt worden, wenngleich es nach Orbáns und Salvinis Besuchen keinen Grund mehr gibt, sie nicht einzuladen. Seit Jahren schließlich zieren israelische Flaggen Pegida-Demonstrationen. Für die israelische Regierung des Jahres 2019 wäre eine Zusammenarbeit mit einer AfD-Regierung viel natürlicher als mit der Regierung einer Kanzlerin Merkel. Aus der Sicht Israels – dem ein Monopol auf die richtige Interpretation des Holocaust-Gedenkens eingeräumt worden ist – hat die AfD, anders als die jetzige Bundesregierung, die richtigen Lehren aus der Vergangenheit gezogen.

Die *New York Times* berichtete im Zusammenhang mit den Staatsbesuchen Viktor Orbáns und Matteo Salvinis in Yad Vashem, dass es für die Institution »heikel« sei, gegen solche Gäste zu protestieren, da sie damit den »Zorn« der israelischen Regierung auf sich ziehen könne, die »40 Prozent ihres Etats« finanziere.[57] Das ist eine sehr konziliante, an Verantwortungslosigkeit grenzende Darstellung. Es ist irreführend, den Zusammenhang zwischen der Finanzierung Yad Vashems und seiner Gästeliste zu kommentieren, ohne zu erwähnen, dass der wichtigste private Mäzen der Gedenkstätte Sheldon Adelson ist, jener rechte Kasinomogul, der unter anderem der größte Einzelspender für Donald Trumps Wahlkampf war. Adelson zahlte Hunderte Millionen US-Dollar an Politiker und Institutionen, die, wie Trump, seine spezielle Version von israelischer Politik unterstützen. Wie erwähnt, stellte er 2018 die nötigen Mittel zur Verfügung, um im Herzen des Westjordanlands die Adelson-Fakultät für Medizin an der Universität Ariel ins Leben zu rufen. 2007 hatte er *Israel HaYom* gegründet, eine israelische Tageszeitung, die jahrelang faktisch von Benjamin Netanjahu kontrolliert wurde und diesem als wichtigstes einheimisches Propagandaorgan diente. Adelsons Millionen ermöglichten es dem Blatt, sich schnell als Israels meistgelesene Tageszeitung zu etablieren: Sie ist kostenlos. Adelson ist darüber hinaus Eigentümer der rechten Siedlerzeitung *Makor Rischon*. Chefredakteur des Wochenblatts ist Haggai Segal, ein verurteilter Terrorist des Jüdischen Untergrunds, der im Gefängnis saß, weil er Bomben in den Autos arabischer Politiker platziert hatte.

Man halte sich diese Liste noch einmal deutlich vor Augen: Donald Trump, *Israel HaYom*, die Universität Ariel, *Makor Rischon*, Yad Vashem. Adelson geht sicher recht in der Annahme, dass der Holocaust, wie sich die Israelis seiner erinnern, der Art von Politik nutzt, die er zu fördern versucht. Als Netanjahu 2016 unter Missachtung sämtlicher diplomatischen Protokolle vor dem US-Kongress eine Rede gegen Obamas Iran-Abkommen hielt, war darin ein Vergleich zentral: »Wir schreiben das Jahr 1939, und der Iran ist Deutschland.« Zum Capitol Hill begleiteten ihn zwei Gäste, die nebeneinandersaßen und sicherstellten, dass ihre Anwesenheit im Publikum nicht unbemerkt blieb: Sheldon Adelson und Elie Wiesel.

IV.

Da die Erinnerung so häufig missbraucht wurde, lohnt der Hinweis, dass Israel in den ersten dreizehn Jahren seines Bestehens so gut wie kein Interesse am Holocaust-Gedenken zeigte. Wenn überhaupt, dann war der Holocaust ein Teil der Geschichte, den der junge jüdische Staat lieber verdrängte. Mit anderen Worten: Allem Anschein zum Trotz besteht zwischen dem israelischen Selbstverständnis und der Erinnerung an den Holocaust überhaupt kein notwendiger Zusammenhang.

Vollauf damit beschäftigt, die Figur des neuen zionistischen Juden nach dem Vorbild des heldenhaften Pioniers zu entwickeln, brachten die Israelis nur wenig Geduld mit den Opfergeschichten aus der Diaspora auf. Tatsächlich galt die systematische Vernichtung des europäischen Judentums nicht einmal als integraler Bestandteil der jüdischen Geschichte. Ben-Gurion stellte den entsprechenden historiografischen Grundsatz schon lange vor dem Dritten Reich auf: »Die Geschichte einer Nation ist nur jene Geschichte, die die Nation als ein einheitliches Ganzes erschafft«, argumentierte er, nicht jene, die »Individuen und Gruppen innerhalb der Nation widerfährt«.[58] Getreu dieser Logik behandelte ein israelisches Lehrbuch zur jüdischen Geschichte von 1948 den Holocaust auf einer Seite. (Die Napoleonischen Kriege hingegen nahmen zehn Seiten ein.[59]) Der jüdische Staat nahm jüdische Überlebende und Flüchtlinge auf, seine Identität aber war in keiner Weise eng mit ihren Erinnerungen verbunden. Als persönliche Geschichte der Überlebenden verstanden – es war *ihnen* zugestoßen, *dort* –, funktionierte der Holocaust nicht als eine einigende Erinnerung, die die Israelis oder die Juden als Nation konstituiert hätte, ja, er konnte dies gar nicht. Und ganz gewiss hatte er nichts mit den sephardischen Juden zu tun, die aus den muslimischen Ländern des Nahen Ostens und nördlichen Afrikas nach Israel kamen. Jenseits der jüdischen Geschichte und im Gegensatz zum zionistischen Ethos heroischer Wiederbelebung stehend, spaltete der Holocaust die Israelis eher, als dass er sie einte. Er war etwas, dessen man sich schämte, etwas, was man im Privaten zugab, wofür man aber keine öffentlichen Gedenkfeiern abhielt.[60]

All das änderte sich mehr oder weniger über Nacht. Die Gefangennahme Adolf Eichmanns 1960 und sein Gerichtsprozess in Jerusalem im darauffolgenden Jahr dienten nicht in erster Linie dazu, den SS-Obersturmbannführer zur Rechenschaft zu ziehen, sondern dazu, den Holocaust schließlich doch in die jüdische Geschichte einzuschreiben. Und nicht nur einzuschreiben, sondern in den primären einigenden Grundsatz der nationalen israelischen Identität zu verwandeln und entsprechend zur Geltung zu bringen. Der Prozess wurde weder als Zivilverfahren noch auch nur als Schauprozess geführt. Für Susan Sontag gehörte »der Eichmann-Prozeß [...] zu den fesselndsten und bewegendsten Kunstwerken der vergangenen zehn Jahre«.[61] Genauer gesagt, wurde der Prozess als eine Art Nationaltheater inszeniert, eine Zielsetzung, aus der Ben-Gurion auch keinen Hehl machte. Wie er der israelischen Tageszeitung *Jedi'ot Acharonot* sagte, »interessiert mich das Schicksal der Person Eichmann nicht im Geringsten. Was zählt, ist das *Spektakel.*«[62] Das Verfahren wurde demgemäß nicht in einem

Gerichtssaal, sondern auf der Bühne des Bet Ha'am durchgeführt, im Haus des Volkes, an einem Ort, der ebenso symbolisch wie praktisch war. Die große Halle ermöglichte es, dass Tausende Zuschauer dem Schauspiel beiwohnen konnten, bei dem Überlebende systematisch von den Schrecken des Holocausts Zeugnis ablegten – vor den Richtern und vor der Nation. Eichmann selbst saß auf der Bühne in einem Glaskasten. Wer die Schilderungen der Überlebenden im Haus des Volkes nicht persönlich mitverfolgte, hörte sie im nationalen Radio, wo sie live übertragen wurden.

Die Revolution des Bewusstseins gelang. Was vor dem Prozess unvorstellbar war, schien danach nicht nur selbstverständlich, sondern unausweichlich. Der Holocaust gehörte jetzt allen Israelis: Er war nicht mehr die persönliche Erinnerung der Überlebenden, sondern die eines und einer jeden – alter zionistischer Pioniere, junger *Sabren* und orientalischer Juden gleichermaßen. Die heilige Pflicht zu einem Ritual des Erinnerns – über den Holocaust sprechen, an Führungen durch Vernichtungslager teilnehmen, uniformierte Märsche in Yad Vashem und Auschwitz veranstalten – war ins Leben gerufen worden. An jedem Pessach bekräftigen Juden die Vorstellung, dass »jede Generation sich so betrachten muss, als wäre sie selbst aus Ägypten ausgezogen«. Sich durch das Eingedenken von einer Geschichte der Sklaverei und Befreiung zu entlasten, wird allgemein als Grundstein der jüdischen Identität erlebt. Nach dem Eichmann-Prozess war es für Juden nur natürlich, Ägypten mit Deutschland und Sklaverei mit Auslöschung zu übersetzen: *Jede Generation muss sich so betrachten, als wäre sie selbst aus Auschwitz gekommen.* War die Erinnerung an den Holocaust vor dem Prozess im Wesentlichen privat gewesen, so ist sie an seinem Ende erfolgreich nationalisiert worden. Keine Erinnerung mehr, deren man sich im stillen Kämmerlein schämen muss, sondern eine, von der wir alle zusammen Zeugnis ablegen. Sie macht uns zu den Israelis, die wir sind.

Nur dass immer dann, wenn ein solches allgemeines »Wir« behauptet wird, der Ausschluss derjenigen, die nicht dazugehören sollen, besonders ins Auge springt. Das Holocaust-Gedenken war in Israel nie als staatsbürgerliche Pflicht gedacht, die alle israelischen Bürgerinnen geeint hätte. Es wurde vielmehr – und das scheint selbstverständlich, aber ist es das auch? – zu einer ausschließlich jüdischen Angelegenheit gemacht: national *im Gegensatz* zu öffentlich. Auf diese Weise wurde das Hauptprinzip, das alle Juden politisch als Nation eint, zu einer gewaltigen Bedrohung für die Funktion der Staatsbürgerschaft als einendes Band.

Um diese Bedrohung zu verstehen, ist es hilfreich, sich den Unterschied zwischen Patriotismus und Nationalismus vor Augen zu führen. Obwohl beide Begriffe oft als austauschbar betrachtet werden, sind sie es nicht. Patriotismus ist vor allem ein Bekenntnis zum eigenen Staat, eine alte republikanische Tugend, die die Staatsbürgerschaft in den Mittelpunkt stellt. Ein Patriot engagiert sich aktiv in der politischen Verwaltung seines Landes und würde Opfer bringen, um seinen Staat und seine Landsleute zu verteidigen. Nationalismus hingegen ist ein viel jüngeres politisches Gefühl, das vor allem ein Bekenntnis zur eigenen Gemeinschaft und zum eigenen Volk ausdrückt – eine Beziehung, die nicht in einer gemeinsamen Staatsbürgerschaft besteht, sondern in einer gemeinsamen Kultur, Geschichte und oft ethnischen Zugehörigkeit.[63] Es ist von trauriger Ironie, dass das Holocaust-Gedenken als Grundsatz, der »alle« Israelis eint, statt einer patriotischen eine nationalistische Politik in Israel zementiert hat – eine Politik, die sich dem jüdischen Volk verpflichtet weiß, nicht den Mitbürgern, einer Gruppe, die arabische Israelis einbezieht.

Tatsächlich wurden die Araber dadurch, dass die Erinnerung an den Holocaust zum Wesensmerkmal der israelischen Identität erklärt wurde, nicht einfach nur ausgeschlossen. Sie wurden vielmehr als Nazis dargestellt und als Hitlers wahre Erben gebrandmarkt. Viele waren empört über Netanjahus zynischen Missbrauch der Geschichte, als er 2015 behauptete, der palästinensische Großmufti von Jerusalem habe Hitler davon überzeugt, die Endlösung durchzuführen. »Hitler wollte die Juden nicht auslöschen«, sagte Netanjahu in seiner Ansprache, sondern lediglich »vertreiben«, der Mufti aber habe »Einspruch dagegen erhoben«, dass sie alle nach Palästina kämen. »Was soll ich mit ihnen tun?«, habe Hitler angeblich gefragt. »Sie verbrennen«, habe Netanjahu zufolge die Antwort gelautet, und so habe es Hitler gemacht.[64]

So abscheulich diese Lüge ist, wäre es doch zu einfach, Netanjahu allein die Schuld an ihr zu geben. Um die ganze Perversität zu verstehen, die darin liegt, dass er dieses Ammenmärchen nachplappert, muss man sich der Unterstützung erinnern, die Netanjahu von jemandem wie Elie Wiesel erfahren hat. Und man muss sich klarmachen, dass Netanjahus Behauptung einem Gefühl Ausdruck verleiht, für das zum Teil auch Ben-Gurion und Yad Vashem verantwortlich sind: Im Eichmann-Prozess wurden Äußerungen über die angebliche Rolle des Muftis im Holocaust – den er nicht beeinflusste, obwohl er Hitler zweifellos traf und mit ihm sympathisierte – gezielt unter die Zeugenaussagen gemischt. Und in der von Yad Vashem herausgebrachten *Enzyklopädie des Holocausts* ist ihm ein fünfseitiger Eintrag gewidmet. Diese ausführliche Behandlung erfährt sonst nur Hitler selbst, dem ebenfalls fünf Seiten vorbehalten sind: Anscheinend war der Mufti für den Holocaust nicht weniger zentral. (Der Abschnitt zu Goebbels umfasst zwei Seiten, der zu Göring eine.[65])

Als die Israelis lernten, den Holocaust zur Grundlage ihres Nationalbewusstseins zu machen, bot es sich an, die Palästinenser in eine Reihe mit den Tätern zu stellen. Angeblich bekämpfen sie den Zionismus nicht aus politischen Gründen – im Ringen um Land, Menschenrechte, Grenzen, Selbstbestimmung, religiöse Stätten –, sondern aus dem metaphysischen, antisemitischen Wunsch heraus, die Juden zu vernichten. Dies wiederum legitimiert eine bestimmte Haltung ihnen gegenüber – und gegenüber all jenen, die versuchen, mit ihnen zusammenzuleben, politisch zusammenzuarbeiten und Frieden zu schließen. Als David Friedman, seit 2017 US-Botschafter in Israel, die Vertreterinnen der liberalen jüdisch-amerikanischen Lobbyorganisation J Street »schlimmer als Kapos« nannte, hatte er dieses Verständnis des Holocausts im Sinn: Die Kapos waren Juden, die mit ihren Nazi-Wächtern kollaborieren mussten, um zu überleben; liberale Unterstützer einer Zweistaatenlösung sind dieser Argumentation zufolge schlimmer als sie, weil ihre Kollaboration mit denen, die die Juden auslöschen wollen, freiwillig erfolge.

Angesichts dieses Kommentars fragt man sich, wie der amerikanische Botschafter wohl seinerzeit über die Ermordung Jitzchak Rabins dachte. Nachdem Rabin Arafat im Weißen Haus die Hand gegeben hatte – in dem Bemühen, die Intifada und die Besatzung dadurch zu beenden, dass den Palästinensern endlich ein substanzielles Recht auf Selbstbestimmung zugestanden wird –, wurde er von vielen im rechten Lager nicht nur als politischer Gegner, nicht einmal als bloßer Verräter bezeichnet. Im Zuge der wütenden Proteste, die die Unterzeichnung der Oslo-Abkommen auslöste, wurde er nach derselben Logik, der später auch Friedman folgte, als Nazi-Kollaborateur verdammt. Rabin, der Inbegriff des israelischen Generals, ein Symbol für den israelischen Staat wie kein zweiter, wurde auf Transparenten in SS-Uniform dargestellt. Es war zweifellos keine Hilfe, dass sich der Oslo-Prozess nicht der Unterstützung einer jüdischen Mehrheit erfreute und dass das Abkommen im Parlament nur durchgedrückt werden konnte, weil arabische Parteien Rabins Koalition unterstützten. Auf diesen Zusammenprall mit dem demokratischen Staat reagierte die Nation aggressiv, mit lebhaften Holocaust-Bildern im Kopf – und mit den bekannten Folgen. Ihre Bedeutung für die israelische Demokratie ist unmissverständlich.[66]

V.

Heißt das, Israel muss vergessen, um eine Zukunft zu haben?

Genau das heißt es. Da das Holocaust-Gedenken in Israel zu einer zentralen Kraft geworden ist, die Funktion und Stellung der Staatsbürgerschaft untergräbt, Rassismus normalisiert und eine Politik der Kompromisse verhindert, hängt die Zukunft des Landes von einer veränderten Einstellung zur Geschichte ab. Seit Jahren haben wir eine markige Politik der Erinnerung als Selbstverständlichkeit hingenommen; es ist Zeit, dass wir eine *ars oblivionalis* erlernen – die Kunst oder besser die Politik des Vergessens.

Wirklich, die Shoah vergessen? Der Gedanke klingt obszön, als wolle man den Holocaust aus der Geschichte, ausradieren. Doch aus dem Gesagten sollte deutlich geworden sein: Es geht darum, den Holocaust neu zu erinnern, als gemeinsames Erbe aller Staatsbürger. Eine künftige Politik des Vergessens muss darin bestehen, das Erinnern zu entnationalisieren und zu einer staatsbürgerlichen, patriotischen Pflicht zu machen. Nur so hätte die Erinnerung eine erstrebenswerte Zukunft.

Wenn man meinen bisherigen Ausführungen gefolgt ist, wird klar: Tatsächlich wird der Holocaust in Israel bereits vergessen – allerdings auf eine ungute, geradezu verhängnisvolle Weise. Denn die wichtigsten Träger seines Gedenkens sind nicht an seinem Gedenken, sondern an seinem Missbrauch beteiligt. Die bekannten Erinnerungspropheten sind allzu oft Erinnerungspriester: Sie präsentieren das Erinnern als eine heilige Pflicht, einen Selbstzweck, nur um es dann doch in politische Vorteile umzumünzen. So haben diese Gedächtnisagenten unter anderem die Bedeutung des jüdischen Gebots *Zachor! Erinnere dich!* bis an den Punkt einer sehr unjüdischen Götzenverehrung verflacht und aufgeblasen. Als eine angeblich heilige Pflicht ist das Holocaust-Gedenken zu einem goldenen Kalb geworden –

anders lassen sich die rituellen Pilgerfahrten israelischer Gymnasiasten zu Konzentrationslagern oder die Flugmanöver von F-15-Kampfjets der israelischen Luftwaffe über Auschwitz nicht beschreiben.

Natürlich gibt es das Dekret *Erinnere dich!* im Judaismus, aber nicht als eine einfache, frei stehende Säule der jüdischen Kultur oder Religion. Schließlich waren die biblischen Propheten alles andere als Propheten der Erinnerung. Sie konzentrierten sich auf die moralischen und politischen Herausforderungen der Zukunft, nicht auf die Vergangenheit. Man könnte es auf die Formel bringen, dass die Propheten nicht das Erinnern, sondern die *Gerechtigkeit* als Gegenteil des Vergessens ansahen. Die Zerstörung dieser zukunftsorientierten moralischen Perspektive auf das Erinnern durch einen Vergangenheitsfetisch war eine der verderblichsten Auswirkungen des Holocausts auf das Judentum. Wir werden nicht nur eine bessere Politik haben, sondern auch das Andenken des Holocausts besser bewahren können, wenn wir uns in diesem Sinne zu vergessen erlauben.

Ernest Renan war sich über die Beziehung zwischen staatsbürgerlicher Politik und einer Politik des Vergessens im Klaren, als er seine klassische Formulierung der modernen Staatsbürgerschaft aufstellte. Heute erinnert man sich an seine These, dass Nationen nichts anderes seien als »ein Plebiszit, das sich jeden Tag wiederholt«, eine permanente Volksabstimmung: Die Menschen gehören Nationen nicht qua Verwandtschaften des Blutes, der Sprache oder sogar der Kultur an – den Merkmalen vormoderner Zugehörigkeit –, sondern weil sie sich für ihre Zugehörigkeit *entschei-*

den.[67] Man verbindet Renan ebenfalls mit der Idee, dass für »die Erschaffung einer Nation« ein gewisses »Vergessen« notwendig sei. Dass es zwischen diesen beiden Behauptungen einen wesentlichen Zusammenhang gibt, wird jedoch oft übersehen. Tatsächlich besteht die »tägliche« Entscheidung der Bürgerinnen, zusammenzugehören, zu einem Großteil aus ihrer permanenten Bereitschaft, zu vergessen. Angesichts der Tatsache, dass ungleiche – individuelle, politische, kulturelle – Erinnerungen zu gegensätzlichen Identitäten führen, ist die Entscheidung, Erinnerungen auf sich beruhen zu lassen, notwendig für die Vereinigung der Bürger im Namen einer gemeinsamen Identität und einer geteilten staatbürgerlichen Verantwortung. Die Bereitschaft, zu vergessen, kommt deshalb für Renan einer patriotischen Pflicht gleich: Jeder Franzose, schreibt er, »muß die Bartholomäusnacht und die Massaker des 13. Jahrhunderts im Süden vergessen haben«.[68]

Ein solcher Akt des Vergessens ist freilich nicht dasselbe wie eine komplette Auslöschung des Gedächtnisses – wie Stalin es mit der Erinnerung an Trotzkis Rolle in der Oktoberrevolution versuchte und Israel mit der Erinnerung an die Nakba. Ganz im Gegenteil lässt sich Renans Politik des Vergessens auf die Formel bringen, dass sich die Staatsbürgerinnen *daran erinnern müssen, zu vergessen.* Die Geschichte sollte bekannt sein und auf diese Weise wachgehalten werden; und doch müssen sich die Bürger aus genau jenem Grund auch daran erinnern, dass sie ihre Erinnerungen beiseiteschieben, dass sie vergessen. Nur wo der Geschichte verlässlich gedacht wird, lässt sich eine Politik des *kontinuierlichen* Vergessens praktizieren – die jenes »tägliche

Referendum« ausmacht, die fortlaufende Entscheidung über die Zugehörigkeit. Was durch eine solche *ars oblivionalis* vergessen wird, ist insofern nicht die Geschichte selbst, nicht die tatsächliche Abfolge der Ereignisse, sondern die Perspektive, aus der man sich die Ereignisse in Erinnerung ruft. In diesem Sinne läuft das Vergessen auf eine andere Form des Erinnerns hinaus: aus einer anderen Perspektive, einer, die man mit Nietzsche vielleicht als nützlicher für das Leben bezeichnen könnte.

So wusste Renan natürlich nur zu gut, dass alle französischen Kinder in der Schule über die Bartholomäusnacht unterrichtet werden, die französische Staatsbürger seiner Auffassung nach »vergessen haben müssen«.[69] Es geht ihm nicht darum, dass sie nicht wissen, dass dieses Ereignis stattgefunden hat, sondern darum, dass sie seiner nicht mehr *als* Katholiken oder Protestanten gedenken. Ihre Erinnerung zieht nicht die Gefühle nach sich, die entstehen können, wenn man sich die Gewalt der jeweils anderen Gruppe als Katholik oder als Protestant ins Gedächtnis ruft. Die Franzosen haben nach Renan diese jeweiligen Perspektiven abgelegt und erinnern sich besagter Ereignisse als Staatsbürger: So bedauern sie die spaltende Gewalt zwischen zwei Gruppen, aus denen irgendwann die Gemeinschaft der französischen Nation hervorgehen sollte. Nur indem man zu vergessen beschließt, kann man sich dafür entscheiden, sich als Französin zu erinnern – ja, Französin zu sein.[70]

Ein aktuelles amerikanisches Beispiel mag vielleicht noch aufschlussreicher sein, umso mehr, als es weniger erfolgreich ist als das französische. Afroamerikanische Patrioten müssen die Geschichte des Rassismus in ihrem eigenen Land aktiv vergessen – eine Geschichte, die in vielerlei Hinsicht unabgeschlossen ist. Eine entwickelte Kultur oder verlässliche Politik der Aufarbeitung von Amerikas Verbrechen an Afroamerikanern existiert jedoch in den Vereinigten Staaten nicht[71], und man kann deshalb schwerlich eine erfolgreiche Politik des Vergessens erwarten: Diese Vergangenheit beiseitezuschieben würde ihr nicht gerecht, würde sie vielleicht sogar ganz dem Vergessen anheimgeben. Die Folge ist Identitätspolitik: eine Tendenz, der politischen Perspektive von Afroamerikanern verhaftet zu bleiben, statt die von amerikanischen Patrioten einzunehmen; die Verweigerung der Renan'schen Pflicht, zu vergessen, die für die Staatsbürgerschaft notwendig ist, wie Kritiker der Identitätspolitik hervorheben. Wenn der Staat jedoch Afroamerikanerinnen eine patriotische Staatsbürgerschaft ermöglichen wollte, so müsste er damit beginnen, der Erinnerung gerecht zu werden: Man kann von Schwarzen in Amerika nur erwarten, dass sie sich daran erinnern, zu vergessen, wenn sie dies in einer Gesellschaft tun, die sich daran erinnert, zu erinnern.

Der israelische Fall unterscheidet sich von diesem in vielerlei Hinsicht, und doch ist ein Vergleich erhellend. Kultur und Politik des Holocaust-Gedenkens können in Israel vorausgesetzt werden, sie gelten als Grundstein der Gesellschaft. Weil sie aber als Grundstein unterstellt werden, erinnern sich die israelischen Bürger daran, sich zu erinnern, vergessen aber, zu vergessen. Die Folge besteht auch hier in Identitätspolitik, in diesem Fall allerdings einer staatlich geförderten, die nichtsdestotrotz der patriotischen Pflicht zuwiderläuft: Sie ermutigt zu Nationalismus im Gegensatz zu Patriotismus, und wie wir gesehen haben, gedenken Jüdinnen als Jüdinnen, nicht als Staatsbürgerinnen. Damit aber Israel als Staat eine Zukunft hat, muss es seine nationalistische Erinnerungspolitik in ein patriotisches, gleichberechtigtes Gedenken überführen, das alle seine Bürger einbezieht. Andernfalls werden Juden, arabische Israelis und Palästinenser niemals zusammenleben können.

VI.

»Herr Präsident, liebe Kolleginnen und Kollegen in der Knesset, nichts ist natürlicher, als dass sich die Knesset, in all ihren Fraktionen, vereinigt, um den Internationalen Tag des Gedenkens an die Opfer des Holocausts zu begehen.« Ahmad Tibi, ein langjähriger arabisch-israelischer Knesset-Abgeordneter, eröffnete seine Rede am 27. Januar 2010 mit einem scheinbar lakonischen Kommentar.[72] »Dies ist der Ort und die Zeit, um die Schreie all derer herauszuschreien, die einst unter uns waren, es aber nicht mehr sind, die Schreie derer, die zurückgeblieben sind und verständlicherweise darum ringen, sich von der Last der Szenen des Todes und des Grauens zu befreien.« Die meisten Israelis waren zutiefst bewegt von diesen Worten, einige waren aber auch einfach nur empört. Mehrere Knesset-Abgeordnete unterbrachen Tibi aus dem Plenum; einer musste sogar von Reuven Rivlin, dem damaligen Parlamentspräsidenten, des Saals verwiesen werden. Die Rede machte Schlagzeilen in den Abendnachrichten und wurde am nächsten Morgen ausgiebig in den Zeitungen diskutiert.

Diejenigen, die sich über seine Ansprache entrüstet zeigten, hatten Tibi wohl besser verstanden als diejenigen, die von seiner Geste bloß naiv bewegt waren. Tibi sprach nicht als »guter Araber«, wie Israelis oft jene arabischen Landsleute zynisch nennen, die der zionistischen Sache fast schon zu wohlwollend gegenüberstehen – im Gegenteil. Während Israels Parlament alle israelischen Bürger als solche repräsentiert, vereint der Holocaust, wie wir gesehen haben, Juden als Juden und bildet ein mächtiges Instrument zur Rechtfertigung des Ausschlusses der Araber. Tibi begann seine Rede mit der Feststellung, nichts sei »natürlicher«, als dass sich alle in der Knesset vertretenen Fraktionen im Andenken an den Holocaust vereinigen, obwohl er doch sicher wusste, dass es kaum einen Vorgang im israelischen Parlament geben konnte, der weniger natürlich war. Israelische Jüdinnen gehen nicht davon aus, dass sich israelische Araberinnen für den Holocaust interessieren oder auch nur interessieren sollten. Ganz gewiss halten sie das Holocaust-Gedenken nicht für eine gemeinsame arabisch-jüdische Aufgabe: Wenn die Existenz eines jüdischen Staates die natürliche Schlussfolgerung aus dem Holocaust ist, wenn der jüdische Staat aus der Asche der im Holocaust Aufgeopferten erstanden ist, dann haben die lautstarken antizionistischen arabischen Volksvertreter, die normalerweise im israelischen Parlament toleriert werden, kein Recht darauf, zusammen mit den Juden des Holocausts zu gedenken. Hätten die arabischen Abgeordneten – aus dieser Perspektive – nicht wenigstens an diesem Tag höflich bleiben und sich in Stillschweigen üben können?

Tibi tat das nicht, und obwohl er hauptsächlich schlichte

Solidarität mit den Überlebenden zum Ausdruck brachte – oder besser, weil er genau das tat –, offenbarte er einen Bruch in den israelischen Gedenkpraktiken. Indem er seine Pflicht erfüllte, sich mit den Juden zu erinnern, machte er sein Recht geltend, mit ihnen zusammenzuleben. Und zusammenleben kann nur bedeuten: gleichberechtigt zusammenleben. Er wies die Idee zurück, dass er durch die Kraft der Erinnerung ausgeschlossen werden könne.

Auf den ersten Blick könnte es also so scheinen, als widerspräche Tibis Geste Elkanas Gedanken, dass der Holocaust um der Demokratie willen hintangestellt werden muss. Schließlich hatte dieser argumentiert, dass die »wichtigste politische und pädagogische Pflicht« der israelischen Führung darin bestehe, die »Herrschaft« der Erinnerung im israelischen Leben »mit der Wurzel auszureißen«. Tatsächlich aber zeigte Tibis performativer Schritt einen Weg auf, wie man der Erinnerung dadurch eine Zukunft geben kann, dass man sich eine Politik des Vergessens auf die Fahne schreibt. Wenn die israelische Demokratie durch die Vorstellung gefährdet ist, das Gedenken sei eines des jüdischen Volkes, für das jüdische Volk und deshalb *durch* das jüdische Volk, dann ist ein Land, in dem Araber und Juden gemeinsam des Holocausts gedenken, eines, in dem der Holocaust im bestmöglichen Sinne dieses Worts vergessen worden ist.

Dass eine solche Politik des Vergessens nichts mit einer Auslöschung aus dem Gedächtnis zu tun hat, wird aus der Geschichte deutlich, die Tibi anschließend auf der Rednertribüne der Knesset nacherzählte, dem Fall zweier Überlebender, Ovadia Baruch und Aliza Tzarfati aus Thessaloniki:

Am 15. März 1943 erfolgte der erste Abtransport von Juden aus Thessaloniki. Er führte nach Auschwitz. Die Juden von Thessaloniki, Herr Präsident, wurden gezwungen, die Zugfahrkarten nach Auschwitz aus eigener Tasche zu bezahlen. Zu ihnen gehörte Ovadia. Seiner Aussage nach war es Dr. Mengele, der die Selektion vornahm, und er war das einzige Mitglied seiner Familie, das ins Lager Auschwitz I geschickt wurde. »Als ich am Tor ankam, nannte man mich Ovadia Baruch. Als ich durch das Tor trat, wurde ich 109432.« In diesem Lager begegnete er Aliza. Sie verliebten sich ineinander. Aliza wurde dann von Dr. Mengele für ein Experiment angefordert. Zu ihrem Glück traf sie nicht auf ihn, sondern auf einen jüdischen Arzt, einen Gynäkologen namens Dr. Samuel, der zu Mengeles Stab gehörte. »Sie sind der Teufel«, schrie Aliza den jüdischen Arzt an. »Alizale, versuchen Sie zu überleben. Eines Tages werden Sie verstehen«, antwortete der Doktor.

1945 wurde Ovadia auf den Todesmarsch zum Lager Mauthausen geschickt. Am 5. Mai wurde Mauthausen befreit. Ovadia suchte unablässig nach Aliza Tzarfati und konnte es nicht fassen, als er sie in Griechenland wiederfand. Es widersprach jeder Wahrscheinlichkeit. Er bat sie um ihre Hand, aber sie verweigerte sich wegen Mengeles Experimenten. »Wir werden keine Kinder haben«, sagte Aliza. Er insistierte. Sie heirateten 1946.

Eines Tages sagte Aliza zu ihrem Mann, ihr Bauch sei dicker geworden. Sie war schwanger. Ihr wurde klar, dass derselbe Dr. Samuel, den sie als den »Teufel« bezeichnet hatte, Mengeles Experiment absichtlich sabotiert und dass sie keinen Schaden davongetragen hatte. Das Paar würde weitere Kinder zur Welt bringen. Einige Wochen nachdem er Aliza gerettet hatte, wurde Dr. Samuel von den Nazis ertappt und hingerichtet.

Man kann viele Arten von Geschichten auswählen, um sich der Gräuel des Holocausts zu erinnern: Geschichten jener, die die Todeslager oder Todesmärsche nicht überlebten; Geschichten der Art, wie Wiesel sie erzählt, von dem Engel mit den traurigen Augen. Tibis Wahl ist bezeichnend. Er feiert den Triumph derjenigen, die gerettet und wiedervereint wurden, eine Heimat in Israel fanden und gegen alle Wahrscheinlichkeit Kinder kriegen konnten. Wenige Geschichten transportieren eindrucksvoller das Vokabular des Zionismus als Holocaust-Messianismus: die Vorstellung, dass das jüdische Volk aus der Asche der Geopferten auferstanden ist, indem es Kinder im israelischen Wunderstaat bekommt. Darin, dass ein arabischer Israeli – der, nebenbei bemerkt, Arzt ist, und zwar tatsächlich Gynäkologe – diese Geschichte auf dem Podium der Knesset nacherzählt, besteht vielleicht die wichtigste Hoffnung, dass diese Erzählung vom mythischen Messianismus auf den Boden humanistischer Zivilisiertheit zurückgeholt werden kann. Tibi lud Ovadia ein, seine Rede als Gast in der Knesset zu verfolgen, doch war dieser an besagtem Tag im Krankenhaus und konnte nicht kommen. Was für ein Gedanke: Ein Holocaust-Überlebender besucht Israels Knesset am Tag des Gedenkens an die Opfer des Holocausts als Gast eines arabisch-israelischen Volksvertreters. Es wird für Israel keine Zukunft ohne Erinnerung an den Holocaust geben; es wird aber auch keine Zukunft für die Erinnerung ohne einen Akt des

Vergessens geben, der notwendig ist, um die Erinnerung zu entnationalisieren und zu einer staatsbürgerlichen Aufgabe zu machen. Tibis Ansprache zeigte, dass dies nicht nur nötig, sondern auch möglich ist.

»An diesem Tag«, fuhr Tibi fort, müsse man alle Identitätspolitik von sich abstreifen und »nur ein Gewand tragen: das Gewand der Menschheit«. Genau genommen tritt die humanistische Kraft seiner Rede erst voll zutage, wenn man bedenkt, dass er nicht als »bloßer« Mensch spricht, sondern als ein israelisch-arabischer Volksvertreter, der sich seiner Identität in jedem Fall bewusst ist. Er weiß um den jahrelangen blutigen Kampf zwischen Palästinensern und Juden, und er weiß auch, wie das Holocaust-Gedenken als Waffe gegen das Volk, das er im Parlament vertritt, gebraucht und missbraucht wurde. Aber er verlässt seine eigene Perspektive, um mit den Juden zu gedenken, solidarisch zu sein mit dem Volk, das mit ihm zusammenlebt, wie er sagt, »im selben Land, auf demselben Land«. Indem er sich daran erinnert, zu vergessen, spricht Tibi nicht bloß als Mensch, sondern als Nachbar, oder besser: Er spricht als Patriot, aber sein Land – eines, in dem Jüdinnen und Palästinenserinnen als gleichwertige Bürgerinnen sprechen – muss erst noch geschaffen werden.

Tibi beschließt, zu einem anderen Thema zu schweigen, und dieses Schweigen ist vielleicht die größte Herausforderung, vor die er sein jüdisches Publikum stellt. Er erwähnt die Nakba nicht, die gewaltsame massenhafte Vertreibung von Palästinensern im israelischen Unabhängigkeitskrieg. Dieses Schweigen enthält eine Einladung. Wenn die Gründung eines jüdischen Staates ein Teil der Geschichte des

Holocausts ist – und diese Tatsache würde kein Israeli bestreiten –, dann ist auch die Nakba ein untrennbarer Teil der Geschichte des Holocausts. Die Israelis können sich nicht guten Gewissens der Geschichte ihrer Opferschaft und Erlösung erinnern – also der Logik des *mi'shoa le 'tquma* folgen –, ohne sich ihrer Rolle als Täter zu erinnern. Da aber das genaue Gegenteil der Fall ist, wurde das Andenken an den Holocaust im jüdischen Staat nie wirklich respektiert.

All dies lässt Tibi unerwähnt. Er macht einen Sprung und erinnert sich daran, die Nakba zu vergessen, wenn er über den Holocaust spricht, obwohl das Gedenken an die Vertreibung der Palästinenser in Israel alles andere als selbstverständlich ist. In seinem patriotischen Schweigen demonstriert er die Bereitschaft, die eigenen Erinnerungen beiseitezulassen und als Bürger zu gedenken. Es ist jetzt an uns israelischen Juden, es ihm gleichzutun.

2.

DIE NAKBA ERINNERN

Unrecht tun ist schlimmer als Unrecht leiden.

PLATON

I.

Nach der Jahresversammlung der Amerikanischen Zionistischen Organisation Ende 1944 in Atlantic City sprach Hannah Arendt von einem »Wendepunkt in der Geschichte des Zionismus«. Die Versammlung hatte einmütig die Forderung nach einem »demokratischen jüdischen Gemeinwesen« erhoben, das »ganz Palästina ungeteilt und ungeschmälert« umfassen solle. Arendt sah darin die Bestätigung, dass sich das »entschieden bekämpfte« Programm der revisionistischen Zionisten schließlich doch »durchgesetzt« hatte – eine stramm rechte Alternative zu Ben-Gurions verbreitetem Linkszionismus. Der Anspruch auf das gesamte Territorium bedeutete, dass nach »50 Jahren zionistischer Politik« kein wirklicher Unterschied zwischen »allgemeinen Zionisten« und jenen Revisionisten mehr bestand, die von jüdischen Intellektuellen wie Arendt und Albert Einstein als Faschisten verurteilt wurden.[73]

Der Beschluss von Atlantic City war so unerhört, weil er selbst über das Biltmore-Programm von 1942 hinausging, das Arendt bereits abgelehnt hatte. Im Biltmore-Hotel, so Arendt, hatte »die jüdische Minderheit der arabischen Mehrheit« noch »Minderheitsrechte zugestanden«. In Atlantic City »blieben die Araber in der Entschließung ganz einfach unerwähnt«. Arendt empfand dieses Schweigen als ein alarmierendes Zeichen dafür, dass den Palästinensern in den Augen sowohl der regulären Zionisten als auch der Revisionisten »nichts anderes bleibt, als zwischen freiwilliger Emigration und einer Existenz als Bürger zweiter Klasse zu wählen«. Mit der Rede von der »freiwilligen Emigration« spielte sie sarkastisch auf die – in den Vierzigerjahren von der zionistischen Führung unterstützte – Vorstellung einer »freiwilligen Aussiedlung« der Palästinenser an. Die Verfasserin von »Wir Flüchtlinge« wusste, dass sich hinter der verharmlosenden Formulierung eine Politik der ethnischen Säuberung verbarg.

Fünfundsiebzig Jahre später zeigt sich mit zunehmender Deutlichkeit, dass Arendt mit ihrer Diagnose, der Zionismus werde mit seiner revisionistischen, extrem rechten Interpretation identisch, ins Schwarze getroffen hatte. Nun, da die Zweistaatenlösung obsolet wird und Israel faktisch das gesamte palästinensische Territorium beansprucht – Annexionen gehören inzwischen zum offiziellen Programm der Likud-Partei –, kehrt auch die alt-neue Umsiedlungspolitik wieder auf die Tagesordnung zurück.

Der Gedanke an eine Umsiedlung begleitete das zionistische Denken von Anfang an. Im Jahr 1895 schrieb Theodor Herzl in sein Tagebuch: Die arme palästinensische Bevölkerung »trachten wir unbemerkt über die Grenze zu schaffen, indem wir ihr in den Durchzugsländern Arbeit verschaffen, aber in unserem eigenen Lande jederlei

Arbeit verweigern«. Dieses »Expropriationswerk«, fügte er hinzu, muss »mit Zartheit und Behutsamkeit erfolgen«.[74] Der britische Zionist Israel Zangwill prägte eine Formel, die sich auf Jahre in vielen Köpfen einnisten sollte. Der Zionismus, schrieb der prominente Autor, vereine »ein Land ohne Volk« mit einem »Volk ohne Land«.[75] Das war von bezeichnender Verlogenheit; Zangwill wusste genau, dass es im fraglichen Land sehr wohl ein Volk gab: In seinen ehrlicheren Momenten erklärte er, die Juden müssten bereit sein, »die [arabischen] Stämme mit dem Schwert zu verjagen«.[76] Als Wladimir Jabotinsky Gewissensbisse bezüglich der Idee einer Vertreibung der Palästinenser äußerte, tat Zangwill sie als »großmütterliche Gefühlsduselei« ab.[77]

Nichtsdestotrotz blieben solche Umsiedlungsfantasien in der zionistischen Geschichte lange latent. Ben-Gurion schrieb während des Ersten Weltkriegs, wahrscheinlich aufrichtig, es sei nicht »unsere Absicht, die Araber zu verjagen, zu enteignen und ihr Land zu übernehmen«.[78] Der Ton änderte sich fast augenblicklich, als die Peel-Kommission vorschlug, dass sich Großbritannien von Palästina trennen und die Palästinenser aus einigen für Juden bestimmten Gegenden umsiedeln sollte. Von diesem Moment an wird Ben-Gurions Position in der Frage der – erzwungenen, nicht freiwilligen – Umsiedlung unzweideutig. »Die Zwangsumsiedlung der Araber aus den Tälern des vorgeschlagenen jüdischen Staates« – gemeint ist Galiläa – »könnte uns zu etwas verhelfen, was wir nie hatten. [...] Uns wird eine Gelegenheit geboten, von der wir in unseren kühnsten Fantasien nicht zu träumen wagten.« Und weiter:

Wir müssen diese Schlussfolgerung [also die Empfehlung der Peel-Kommission] beim Schopf packen, wie wir die Balfour-Deklaration beim Schopf gepackt haben, ja mehr noch – wie wir den Zionismus selbst beim Schopf gepackt haben. [...] Was in normalen Zeiten unvorstellbar wäre, ist in revolutionären Zeiten möglich. [...] Jeder Zweifel unsererseits an der Notwendigkeit dieser Umsiedlung, jeder Zweifel, den wir an der Möglichkeit ihrer Durchführung aufwerfen, jede Unsicherheit unsererseits über ihre Gerechtigkeit könnte [uns] um eine historische Chance bringen, die vielleicht nicht wiederkehren wird. [...] Falls es uns nicht gelingt, die Araber aus unserer Mitte zu entfernen, wenn eine königliche Kommission diesen Vorschlag England unterbreitet, und sie in arabisches Gebiet umzusiedeln – das wird nicht leicht (und vielleicht überhaupt nicht) zu erreichen sein, wenn der [jüdische] Staat erst einmal errichtet ist [...]. Das muss jetzt getan werden – und der erste Schritt – vielleicht der entscheidende – besteht darin, uns für [die] Durchführung zu rüsten.[79]

Und auf dem Zionistenkongress, der den Empfehlungen der Peel-Kommission zustimmte, führte Ben-Gurion aus:

In vielen Teilen des Landes wäre eine jüdische Ansiedlung nicht möglich, ohne die arabischen Bauern umzusiedeln. Das Komitee [Peel] hat diese Frage ernsthaft behandelt, und es ist wichtig, dass dieses Programm von dem Komitee kam und nicht von uns. [...] Es ist unser Glück, dass das arabische Volk über immense und unbewohnte Territorien verfügt. Die wachsende jüdische Macht im Land wird unsere

Fähigkeit, die Umsiedlung in großen Zahlen durchzuführen, zunehmend vergrößern.[80]

1944 sagte Mosche Schertok (Scharet), der spätere erste Außenminister Israels, bei einem Treffen der Jewish Agency for Israel: Eine »Umsiedlung kann der krönende Abschluss, das letzte Stadium der politischen Entwicklungen, aber keinesfalls der Ausgangspunkt sein. Indem man dies tut [zu früh über die Umsiedlung spricht], schürt man gewaltigen Widerstand und untergräbt die Sache komplett. [...] Was wird geschehen, wenn der jüdische Staat existieren wird – sehr wahrscheinlich wird das Resultat eine Umsiedlung von Arabern sein.«[81] Auch Ben-Gurion äußerte sich bei dieser Gelegenheit: »[W]ürde ich gefragt, was unser Plan ist, würde ich im Traum nicht sagen ›Umsiedlung‹ [...]. [D]ieses Gerede kann uns auf zweierlei Weise zum Nachteil gereichen: (a) Es kann uns in der internationalen öffentlichen Meinung schaden, weil es den Eindruck erwecken kann, es gebe keinen Platz [für mehr Juden] in Eretz Israel, ohne die Araber loszuwerden [...]. [D]er zweite Schaden [besteht darin, dass eine solche Ankündigung] die Araber [...] dazu bringen wird, sich auf die Hinterfüße zu stellen.«[82] Man könnte sagen, dass Israels Doktrin der strategischen Zweideutigkeit, die uns heute aus seiner Position zum Besitz von Nuklearwaffen bekannt ist – wir können die Araber und die Welt wissen lassen, dass wir sie haben, würden es aber nie offiziell zugeben –, erstmals im Hinblick auf die Vertreibung der Palästinenser entwickelt wurde: Die Politik sollte diese Option einkalkulieren, aber genügend Spielraum lassen, damit Israelis, Europäer und Amerikaner sie abstreiten können.

Unabhängig von der strategischen Zweideutigkeit wusste Ben-Gurion sehr wohl, dass ein jüdischer Staat inmitten einer arabischen Mehrheit keinen Bestand haben konnte und noch »kein Volk in der Geschichte [...] sein eigenes Land aus freien Stücken« aufgegeben hat. Er war daher für eine »Zwangsumsiedlung«, an der er jedoch »nichts Unmoralisches« fand.[83] Als Arendt 1944 davor warnte, dass das zionistische Schweigen über das Schicksal der Araber die Säuberung Palästinas implizierte, war das keine abstrakte philosophische Spekulation, sondern eine simple Lektüre der politischen Landkarte. Und das, worüber diese frühere Generation strategisch zu schweigen beschloss, wollten spätere Generationen lieber verdrängen.

II.

In der Vorstellung der israelischen Bevölkerung verschwanden Hunderttausende Palästinenser auf wundersame Weise einfach aus ihren Häusern, nachdem der Unabhängigkeitskrieg ausgebrochen war. In Wirklichkeit geschah natürlich kein solches Wunder. Die Hagana, jene paramilitärische Truppe, aus der die Israelischen Verteidigungsstreitkräfte (IDF) hervorgingen, setzte vielmehr ihren berüchtigten »Plan Dalet« um, der den Befehl einschloss, nach Ermessen der Kommandeure vor Ort arabische Dörfer zu »erobern, zu säubern oder zu zerstören«.[84] Offiziell hatte die Operation zum Ziel, im Vorfeld des bevorstehenden konventionellen Krieges zwischen dem winzigen angehenden Staat und seinen arabischen Nachbarländern jede tatsächliche und *potenzielle* arabische Feindseligkeit innerhalb Israels künftiger Grenzen im Keim zu ersticken. Da jedoch die arabische *Bevölkerung* insgesamt als potenziell feindliche Macht angesehen wurde, fielen die militärische und die demografische Zielsetzung – die Vertreibung der Palästinenser, um ein ethnisches jüdisches Übergewicht herzustellen – praktischerweise in eins. Das Resultat war ein systematischer, groß angelegter Angriff auf Zivilisten in Verbindung mit massiven Vertreibungen. Palästinenser, die nicht sofort flohen, erhielten freundliche Warnungen von Oberkommandeuren der Hagana beziehungsweise IDF, es sich anders zu überlegen. Diese Flüsterkampagne, eine beliebte Strategie der psychologischen Kriegsführung, erwies sich als äußerst effektiv, nicht aufgrund arabischer Feigheit, wie Israelis gern glauben, sondern weil der Einflüsterung durch reale Massaker Glaubwürdigkeit verliehen wurde.

Am 9. April 1948, nur wenige Tage nach dem halb offiziellen Beginn von Plan Dalet, stürmten die Irgun und die Lechi (die sogenannte Stern-Bande) – die terroristischen Zweige der revisionistisch-zionistischen Gruppierungen – mit Unterstützung von Hagana-Kräften das Dorf Deir Jassin am Rand von Jerusalem. Nachdem das Dorf erobert war, trieben die Kämpfer die verbliebene Bevölkerung zusammen, darunter Alte, Frauen und Kinder, verübten Massaker und vergewaltigten. Die Zahl der Todesopfer ist umstritten und liegt zwischen hundert und zweihundertfünfzig. Wer am Leben blieb, wurde verjagt.[85]

Der Vorfall löste Schockwellen nicht nur in ganz Palästina, sondern auch in der internationalen Gemeinschaft aus. Jüdische Führer verurteilten ihn, und die Jewish Agency entschuldigte sich bei Repräsentanten der arabischen Welt (während es Ben-Gurion selbst interessanterweise vorzog, zu schweigen).[86] Israelis sehen Deir Jassin heute als einen einmaligen Vorfall. Da er überwiegend von revisionistischen Kräften statt von der Hagana verübt wurde, kann er im nationalen Gedächtnis als schändliches Verbrechen gelten, das nicht hätte passieren dürfen. Diese scheinheilig pflichtbewusste Hervorhebung des Massakers ist bezeichnend für die israelische Verdrängung. Was in Deir Jassin geschah, war nämlich die Regel, nicht die Ausnahme.

Elf Tage nach dem Massaker, als die arabische Bevölkerung noch unter Schock stand, begann der Kampf um Haifa, der rasch damit endete, dass die palästinensischen Bewohner in Scharen aus der Stadt flüchteten. Von Haifas ursprünglich siebzigtausend palästinensischen Einwohnern blieben am Ende des Krieges noch dreitausend übrig. Zehntausende verließen ihre Häuser innerhalb von achtundvierzig Stunden. Wie sich zeigen sollte, war es einer der entscheidenden Momente des Krieges und der Nakba.

Es stimmt, dass einige der jüdischen Verantwortlichen in der Stadt ihre arabischen Nachbarn zum Bleiben aufforderten, doch waren auf der Führungsebene der Hagana ganz andere Töne zu hören. Soldaten erhielten den Befehl, »jeden Araber zu töten, dem man begegnet«, und mittels Brandbomben »alle Gegenstände« in Brand zu setzen, »die sich in Brand setzen lassen«.[87] Wie die zionistische Führung unmöglich übersehen konnte, verdankte sich die folgenreiche Flucht der palästinensischen Bevölkerung aus Haifa praktisch über Nacht einzig und allein dem Umstand, dass Deir Jassin nur wenige Tage zurücklag.

Weil sie gehört hatten, dass die Briten zusicherten, jeden Palästinenser zu beschützen, der am Hafen eintreffe und die Stadt räume, strömten Tausende fluchtartig aus den arabischen Vierteln, als die jüdischen Truppen näher kamen – mitunter ließen sie dabei nicht nur ihre Besitztümer, sondern warme Mahlzeiten auf dem Esstisch zurück. Zadok Eshel, ein Kombattant, der an den Kämpfen beteiligt war, berichtete, das Kommando der Hagana habe, nachdem es erfahren hatte, dass die Araber abzogen und »per Lautsprecher alle aufforderten, sich auf dem Marktplatz zu versammeln«, dem »Befehlshaber der Reservewaffen-Kompanie, Ehud Almog«, befohlen,

> die Drei-Zoll-Mörser einzusetzen, die in der Nähe des Rothschild-Krankenhauses stationiert waren, und sie eröffneten das Feuer auf den Marktplatz, wo sich eine große Menge [versammelt hatte]. Als das Mörserfeuer begann und Granaten auf sie [die Menge] fielen, brach eine große Panik aus. Die Masse strömte in den Hafen, drängte die Polizisten beiseite, stürmte die Boote und begann, aus der Stadt zu fliehen. Den ganzen Tag über beschossen Mörser abwechselnd die Stadt, und die Panik, die den Feind ergriff, endete in einem ungeordneten Rückzug.[88]

Es lässt sich nur schwer bezweifeln, dass die Furcht vor Massakern, die im »Vorfall« von Deir Jassin begründet war, gezielt zu einer Massenhysterie geschürt wurde und so in der Säuberung der Stadt mündete.[89] Auch britische Zeugen beobachteten, dass »im Laufe des Morgens [...]

[die Hagana] kontinuierlich auf alle Araber schoss, die sich in Wadi Nisnas und der Altstadt bewegten. Dazu gehörte auch völlig wahlloses und empörendes Maschinengewehrfeuer sowie Schüsse aus dem Hinterhalt auf Frauen und Kinder, [...] die versuchten, durch die Tore zu den Docks aus Haifa herauszukommen. [...] Vor dem Osttor [des Hafens] stauten sich hysterische und angsterfüllte arabische Frauen und Kinder und alte Menschen, auf die die Juden gnadenlos das Feuer eröffneten.[90]

Golda Meir (damals noch Meirson), die Haifa kurz nach seiner Räumung besichtigte, schrieb:

Die tote Stadt bietet einen entsetzlichen Anblick. In der Nähe des Hafens fand ich Kinder, die Alten, die auf eine Möglichkeit warteten, wegzukommen. Ich ging in die Häuser, es gab Häuser, in denen noch Kaffee und Pitabrot auf dem Tisch standen, und konnte mir [den Gedanken] nicht verkneifen, dass dies in der Tat das Bild in vielen jüdischen Städten [im Zweiten Weltkrieg in Europa] gewesen war.[91]

Auch wenn sich die Details unterscheiden, ist es eine Tatsache, dass die Bewohner aller anderen – rein arabischen oder gemischten – Städte ein ähnliches Schicksal erwartete: Jerusalem, Jaffa, Tiberias, Aschdod, Madschdal (Aschkelon), Be'er-Scheva, Safed, Lydda (Lod) und Ramla. Die letzten beiden Städte sind erwähnenswert, nicht so sehr, weil ihnen eine besondere strategische Bedeutung zukäme, sondern weil Ben-Gurion hier persönlich anwesend war und nach Berichten von Feldkommandeuren selbst den ungeschriebenen Befehl zur Vertreibung erteilte. Es handelt sich darüber hinaus um den einzigen Fall, in dem ein belastender Ausweisungsbefehl in schriftlicher Form überliefert ist, unterschrieben von der Führungsspitze der IDF: »1. Die Einwohner von Lydda sind schnell und ohne Rücksicht auf ihr Alter zu vertreiben. Sie sind nach Beit Naballa zu schicken. 2. Die Umsetzung hat sofort zu erfolgen.« Das Dokument ist von zwei jungen Offizieren unterzeichnet: Jigal Allon, einem künftigen israelischen Außenminister, und Jitzchak Rabin.[92]

Das Schicksal kleinerer Dörfer glich oft dem Deir Jassins. Ein Eintrag im Tagebuch von Yosef Nahmani, einem an der Säuberung Galiläas beteiligten Kommandeur, erlaubt einen Einblick in die Methoden, die Hunderttausende Araber in die Flucht schlugen:

> [Nachdem] die Einwohner [von Safsaf] eine weiße Fahne gehisst hatten, versammelten sie [die Soldaten] die Männer und Frauen getrennt, banden fünfzig bis sechzig Dorfbewohnern die Hände, erschossen und töteten sie, um sie dann in einer einzigen Grube zu begraben. Sie vergewaltigten auch mehrere der Dorfbewohnerinnen. In der Nähe des Dickichts sah er [Friedman?] mehrere tote Frauen, darunter eine Frau, die ihr totes Kind umklammert hielt. In Ilabun und Faradia begrüßten sie die Soldaten mit weißen Fahnen. […] [Die Soldaten] eröffneten das Feuer, und nachdem dreißig Menschen getötet worden waren, begannen sie, den Rest zu Fuß […] [gen] Libanon zu treiben. In Salha, das die weiße Fahne hisste, kam es zu einem wahren Massaker. Sie töteten Männer und Frauen, etwa 60–70. Wo haben sie eine so grausame Vorgehensweise wie die der Nazis gelernt? […]

Ein Offizier sagte mir, dass die Eifrigsten diejenigen waren, die aus den Lagern gekommen waren.[93]

Die israelische Gesellschaft hat sich dieser Geschichte nie gestellt. Uns wurde beigebracht, dass wir unsere Eltern und Großeltern nach ihren Erlebnissen im Holocaust fragen und uns selbst als Opfer verstehen sollten – die wir zweifellos waren –, nie aber als Täter, die wir auch waren. Es bot sich auch kaum je ein Anlass zu fragen. Die Überreste Hunderter arabischer Dörfer wurden unmittelbar nach dem Unabhängigkeitskrieg einplaniert oder gesprengt: Die Zerstörung sollte unmöglich machen, was gelegentlich als »rückwirkende Umsiedlung« bezeichnet wurde, also eine Rückkehr der Flüchtlinge, diente aber auch dazu, die Spuren zu verwischen und die Erinnerung auszulöschen. Nur wenige Israelis wissen, dass rund dreihundertfünfzig arabische Dörfer aufgegeben und zerstört wurden; dass beispielsweise der Campus der Universität Tel Aviv auf dem Schutt eines zerstörten Dorfes namens asch-Schaich Muwannis errichtet wurde; oder dass Städte wie Aschkelon, Aschdod oder Be'er-Scheva, die heute blühende jüdische Städte sind, bis 1948 arabisch waren. Die Dokumente, die über die Politik der Regierung Auskunft geben, unterliegen noch immer strenger Zensur; doch ist zum Beispiel bekannt, dass Josef Weitz, ein hoher Beamter im Jüdischen Nationalfonds, zum Vorsitzenden des »Umsiedlungsausschusses« ernannt wurde, um im Auftrag der Regierung Maßnahmen zu ersinnen, wie sich eine Rückkehr der Flüchtlinge verhindern ließe und wie man jene Araber, die noch nicht fort waren, systematisch vertreiben könnte.[94] Weitz, einer der glühendsten und frühesten Verfechter der Umsiedlung, formulierte seine Vision bereits 1940 und bestand dabei auf einer Idee, die Ben-Gurion nicht unbedingt teilte, nämlich dass nicht nur so viele Araber umgesiedelt werden müssten, bis eine jüdische Mehrheit sichergestellt wäre, sondern dass eine *vollständige* Umsiedlung erfolgen müsse:

Unter uns muss klar sein, dass es im Land keinen Platz für beide Völker gibt […]. Wenn die Araber es verlassen, wird das Land weit und geräumig für uns sein. […] Die einzige Lösung [nach dem Ende des Zweiten Weltkriegs] ist ein Land Israel, zumindest ein westliches Land Israel [gemeint ist: westlich des Jordan, O. B.], ohne Araber. Hier gibt es keinen Raum für Kompromisse. […] Es gibt keine andere Möglichkeit, als die Araber von hier in Nachbarländer umzusiedeln, sie alle umzusiedeln, aber vielleicht nicht [das überwiegend christliche] Bethlehem, Nazareth und Alt-Jerusalem. Nicht ein Dorf darf übrig bleiben, nicht ein Stamm. Die Umsiedlung muss in den Irak, nach Syrien und sogar nach Transjordanien erfolgen. Für dieses Ziel werden sich die finanziellen Mittel finden […]. Und erst nach dieser Umsiedlung wird das Land in der Lage sein, Millionen unserer Brüder aufzunehmen, und das jüdische Problem [in Europa] wird Geschichte sein. Es gibt keine andere Lösung.[95]

Ungeachtet solcher Worte erlaubten es die Zensur und die strategische Zweideutigkeit den Israelis, an dem Zweifel, ob es tatsächlich jemals eine Umsiedlungspolitik gab, festzuhalten. Wir wissen aber, dass der spätere Verteidigungsminister

Mosche Dajan 1950 in Übereinstimmung mit Weitz' Vision einer vollständigen Umsiedlung bemerkte, Israel müsse die im Land verbliebenen Araber »so betrachten, als ob über ihr Schicksal noch nicht entschieden ist. Ich hoffe, dass es in den nächsten Jahren eine *weitere* Möglichkeit geben wird, die Umsiedlung dieser Araber aus Israel durchzuführen.«[96] Der Militärzensor muss das Wörtchen »od«, zu Deutsch: »weitere«, übersehen haben. Es bestätigt zumindest, was der israelische Kriegsstratege schlechthin in seinen eigenen Augen als Hagana- und IDF-Kommandeur zwei Jahre zuvor betrieben hatte. Mit aller Wahrscheinlichkeit wäre das kleine Wort geschwärzt worden, hätte der Zensor es bemerkt. Die Erinnerung soll im jüdischen Staat eine heilige Pflicht sein, aber nur, wenn sie dem Holocaust gilt. Wenn es um die Nakba geht, besteht die Pflicht darin, zu leugnen, zu zensieren und zu vergessen.

III.

Die linken israelischen Intellektuellen und die amerikanischen liberalen Zionisten haben sich mehrheitlich an diesem verordneten Vergessen beteiligt. Schriftsteller wie Amos Oz oder David Grossman – beziehungsweise in den Vereinigten Staaten Denker wie Michael Walzer oder Peter Beinart – haben die Besetzung zu Israels Erbsünde erkoren; ein Unglücksfall, der dem jüdischen Staat widerfahren ist und den behoben werden muss, um zu Ben-Gurions gerechter, linkszionistischer Idee zurückzukehren. Über die Tatsache zu schreiben, dass der Aufbau eines jüdischen Staates politisch und historisch unauflöslich mit der Herstellung einer ethnischen Mehrheit und dementsprechend mit der Beseitigung der überwältigenden palästinensischen Bevölkerungsmehrheit in Palästina verbunden war, widersprach ihrer bequemen Version der Geschichte, also ließen sie es bleiben. Die Wahrheit – dass man die Geschichte der Besatzung von der Geschichte der Nakba nicht trennen kann, dass man die eine nicht verstehen kann, ohne auch von der anderen zu sprechen – wurde totgeschwiegen.

Nachdem der arabisch-israelische Abgeordnete Jamal Zahalka von der Rednertribüne der Knesset herab Israels zionistische Linke einmal der rassistischen Heuchelei bezichtigt und darauf gepocht hatte, dass Ben-Gurions Arbeitspartei für die Nakba verantwortlich gewesen sei, während die israelische Rechte in ihrer rassistischen Politik wenigstens ehrlich bleibe, erschien ein kurzer, gereizter Leserbrief in der *Haaretz*:

> In Wirklichkeit verstehe ich genau, warum der Abgeordnete Jamal Zahalka die israelische Linke hasst und die Rechte bevorzugt. [...] Hätte es 1948 die israelische Linke mit ihren Kibbuzen und Moschawim, der Hagana und dem Palmach nicht gegeben, dann hätten die Palästinenser keine Nakba erlebt. Kein Palästinenser hätte seine Wohnung verloren. Im Gegenteil: Die Palästinenser hätten die Viertelmillion jüdischer Wohnungen übernommen.
>
> Amos Oz, Tel Aviv, 8.9.2015

Soweit mir bekannt, ist diese typisch herablassende Äußerung die ausführlichste Stellungnahme, die Israels führender öffentlicher Intellektueller in den vergangenen fünfzig

Jahren je zur Zerstörung einer ganzen Kultur und Gesellschaft abgegeben hat. Zu der Tatsache also, dass Israel Palästina nicht nur zur Selbstverteidigung säubern musste, wie der verbreitete Mythos besagt, sondern offensichtlich auch, um die demografische Überlegenheit herzustellen, die für den Aufbau eines jüdischen Staates notwendig war.

Dieses Versäumnis ist umso bemerkenswerter, als sich eine frühere Generation führender israelischer Autoren – jene, die bereits vor 1948 geschrieben und den Unabhängigkeitskrieg miterlebt hatten – nicht in Stillschweigen hüllte. S. Yishars *Ein arabisches Dorf* von 1949 – ebenso wie sein (bislang nicht ins Deutsche übersetzter) Roman »Die Tage des Ziklag« von 1958, der allgemein als *das* israelische Epos über den Unabhängigkeitskrieg gilt – enthielt qualvolle Schilderungen von Kriegsverbrechen im Zuge der Nakba. Aus einer reflexiven Ich-Perspektive statt aus der des zionistischen Kollektivs erzählt – Yishars Prosa war in dieser Hinsicht im Hebräischen bahnbrechend –, schreckte er nicht davor zurück, seine Nakba-Beschreibungen mit Holocaust-Symbolik zu durchsetzen und im Bewusstsein seiner Protagonisten sowie damit auch seiner Leser Holocaust-Opfer und Nakba-Täter gezielt ineinanderzublenden. Dieses Vorgehen sollte in den Schriften der nachfolgenden Generation führender Literaten des Landes so gut wie kein Echo finden. Ihre Texte fielen deutlich ideologischer aus, ja wirkten mitunter wie die von Parteiintellektuellen.

1961 kamen Oz, Muki Tsur, Amnon Barzel und andere junge Vertreter der literarischen Elite der Kibbuz-Bewegung zweimal zu Treffen mit Ben-Gurion zusammen, um den Ministerpräsidenten darauf hinzuweisen, dass sich bei manchen Autoren der Nation neue, und unideologische Strömungen zeigten.[97] »Ich werde Ihnen ein Buch von Jehuda Amichai schicken«, sagt Barzel bei einer dieser Gelegenheiten zu Ben-Gurion und warnt den Ministerpräsidenten vor einem der künftig prominentesten Dichter des Landes: »Er ist ein ausgezeichneter Lyriker, aber extrem gefährlich.« Tsur ist derselben Meinung: »Es ist eine Tatsache, dass [Amichais Texte] für etwas stehen, das man bekämpfen muss.« Ben-Gurion fragt Oz: »Vergleichen Sie [Amichai] mit Yishar?« Darauf Oz: »Er hat eine gewisse Ähnlichkeit mit [Yishar] als Autor, aber nicht als Person.« Ben-Gurion: »Meinen Sie ›Die Tage des Ziklag‹?« Oz: »Vor allem ›Die Tage des Ziklag‹.« Und Tsur mahnt den Ministerpräsidenten: »Die Tatsache, dass Sie das ignorieren, ist gefährlich für uns.« Ben-Gurion aber will wissen: »Steht Amichai für Nihilismus? Ist er selbst ein Nihilist?« Tsur: »Selbstverständlich.« Ben-Gurion: »Ich kann Nihilismus nicht ausstehen.«

Wenn sich Ben-Gurion und die jungen Literaten über Nihilismus sorgten, dann nicht, weil sie Amichai oder Yishar im Verdacht hatten, Ideen zu propagieren, die von einer gleichsam postmodernen oder avantgardistischen Philosophie inspiriert sein könnten. Diese Autoren waren in ihren Augen vielmehr »gefährlich«, weil sie eine *Unsicherheit über den Weg* aufkommen ließen. Ihre Texte waren »nihilistisch«, weil sie eher moralischer als ideologischer Natur waren: Sie vermittelten schmerzhafte Zweifel am Sinn und Zweck des Lebens – verschärft durch die Erinnerungen an die Nakba-Verbrechen –, Sinn und Zweck aber sollte die zionistische Ideologie stiften. Diese anhaltende Bindung an die offizielle zionistische Parteilinie sollte Amos Oz zu einem scharfen

Kritiker der Besatzung machen, die den Zionismus angeblich korrumpiere, aber auch zu einem gewichtigen Gegner jeder Thematisierung der Nakba als eines integralen Bestandteils des israelischen Bewusstseins.

An einem Punkt des Gesprächs wendet sich Ben-Gurion direkt an Oz: »Ihre Schlussfolgerung, Amos, ist deshalb: eine Diktatur. Ja, ja.« – »Um Himmels willen«, wehrt dieser sofort ab. Ben-Gurion aber reagiert offensichtlich auf Zensurgedanken, die im Raum stehen. »Kann man Amichai zum Schweigen bringen?«, fragt er rhetorisch. »Was, glauben Sie, kann man tun?«, fragt ein anderer Kibbuznik. Ben-Gurion antwortet: »Eine Lösung wäre eine Diktatur. Die Leute zu zwingen. Diese Lösung taugt jedoch nicht für uns, weil wir es mit Juden zu tun haben … Man kann ihnen keine Diktatur aufzwingen.«

Die Frage der Zensur erinnert an einen wichtigen Wendepunkt in der literarisch-politischen Geschichte Israels; sie legt aber auch den Schluss nahe, dass diejenigen, die zur Verteidigung der zionistischen Ideologie von der Nakba schweigen, auch nicht ehrlich über den Sechstagekrieg oder die Besatzung sprechen würden. Nur Tage nach dem Ende des Krieges 1967 führten Oz, Avraham Shapira, Muki Tsur und andere eine Reihe von Gesprächen mit Soldaten, die gerade von der Front zurückgekehrt waren. Die aufgezeichneten Gespräche wurden rasch transkribiert und in Buchform veröffentlicht: *Siah Lohamim*, wörtlich »Gespräche mit Kämpfern«.[98] Das Buch, das den Israelis ein geschöntes Bild ihrer Söhne bot, wurde als Sensation gefeiert. Die zurückkehrenden jungen Soldaten traten zwischen den Zeilen nicht nur als Kriegshelden hervor, sondern auch als nachdenkliche und zutiefst dem Verlangen der Nation nach Frieden und moralischer Selbsthinterfragung verpflichtete Menschen. Das Buch demonstrierte somit den Triumph der zionistischen Erziehung: Israel war nicht nur als Militärmacht, sondern auch als moralische Kraft überlegen, ein Gefühl, das in einer Wendung zum Ausdruck kam, die inzwischen zu einem vertrauten Klischee geworden ist: *yorim ve'bochim*, »man schießt und weint«, wie auch der Titel der deutschen Übersetzung lautet. Für Golda Meir war es ein »heiliges Buch«, und für Chaim Gouri hatte es die Kraft, »die Seele und das Bewusstsein einer ganzen Generation zu formen«. Der Gedanke, dass israelische Soldaten »die Reinheit der Waffen« bewahren und dass die IDF »das moralischste Militär der Welt« sind, ist in Israel heute Gemeingut. Neben der Verdrängung der Nakba trug *Man schießt und weint* erheblich zur Entstehung dieses Mythos bei.[99]

2015 kam *Censored Voices* heraus, ein Dokumentarfilm mit Aufnahmen, die in »Gespräche mit Kämpfern« weggelassen worden waren. In der Dokumentation der Regisseurin Mor Loushy erinnert sich Amos Oz an die Zusammenstellung des Werks und schildert den »euphorischen« Jubel, der Israel nach dem Krieg erfasst hatte. Es gab allerdings auch ganz andere, nicht euphorische Gefühle, sagt Oz, die jedoch unterdrückt wurden und nun im Buch Ausdruck finden sollten. Der Film zeigt auch eine Aufnahme von 1967, in der der junge Oz die Idee des Buchs erklärt: »Vielleicht werden wir nicht viel zu dem beitragen, was die Leute als ›nationale Moral‹ bezeichnen«, sagt er. »Aber wir werden einen kleinen Beitrag zur Wahrheit leisten.«[100]

In Wirklichkeit taten sie das genaue Gegenteil. Wie Tom

Segev auf der Grundlage einer Dissertationsschrift von Alon Gan dokumentiert hat, wurden die Soldatengespräche stark zensiert – mitunter sogar rundweg umgeschrieben –, und zwar nicht nur von der militärischen Zensur, die sich überraschend zurückhielt, sondern vor allem von den Herausgebern selbst. Sie ließen Äußerungen weg, in denen Zweifel am Kriegsgrund laut wurden, sowie ganz allgemein Informationen, die dem Kampfgeist der Nation und der zionistischen Wunscherzählung abträglich waren. Sorgfältig wurden auch sämtliche Bemerkungen über Vertreibungen von Dorfbewohnern gestrichen, Bemerkungen, die womöglich nahegelegt hätten, dass sich die israelischen Streitkräfte nicht nur 1948, sondern auch 1967 an einer Umsiedlung versuchten. Ein Gesprächspartner wurde im Buch mit den Worten zitiert: »Einige fürchterlich negative Dinge zeigen sich [im Krieg].« In der Tonaufnahme lauteten seine Worte: »Einige fürchterlich negative Dinge zeigen sich. Wenn man sieht, wie Soldaten auf wehrlose Zivilisten schießen […] auf alte Leute.« Ein anderer Soldat berichtet von dem Befehl, jeden zu »töten«, der den Jordan in westlicher Richtung überqueren will. Im Buch wurde das Wort »töten« durch die Wendung »an der Überquerung zu hindern« ersetzt. Ein weiterer Interviewpartner erwähnt einen verwundeten feindlichen Soldaten, der seiner Einheit in die Hände fiel. Die Soldaten diskutierten darüber, ob sie ihn töten sollten, als einer von ihnen den Mann plötzlich per Kopfschuss exekutierte. In »Gespräche mit Kämpfern« heißt es an der entsprechenden Stelle: »Ein Kamerad schlug vor, ihn zu töten. Natürlich erlaubten wir das nicht.« Ein anderer IDF-Soldat erinnerte sich, er sei sich »vorgekommen wie ein Gestapo-Mann«, und manche Kibbuzniks erwähnten ähnliche Gefühle bei der Räumung ganzer palästinensischer Dörfer: Sie hätten sich gefühlt wie »SS-Angehörige« – nichts von alldem wurde veröffentlicht.[101] Dies sind nur Beispiele des Materials, das zensiert oder verändert wurde. Sie sind aber bezeichnend für das systematische Bild, für die Art von Eingriffen, die vorgenommen werden mussten, um ein Buch herauszubringen, das Golda Meir dann als »heilig« ansehen sollte.

Censored Voices wurde überwiegend positiv aufgenommen, doch bleibt der Verdacht, dass auch der Film – wie »Gespräche mit Kämpfern« – vor allem dazu diente, einen Mythos zu pflegen, statt die Wahrheit zu berichten. Der Film beginnt mit der Feststellung, dass die israelische Armee »die Aufnahmen zensierte und den Kibbuzniks lediglich die Veröffentlichung von einem Drittel der Gespräche erlaubte«. Wie schon erwähnt, griff das Militär relativ wenig ein: Die Zensur war überwiegend eine Selbstzensur von Israels aufstrebenden linkszionistischen Intellektuellen. Verblüffenderweise wird die Frage der Zensur in *Censored Voices* gar nicht thematisiert. Oz wird in dem Film als intellektueller Held der Besatzungsgegner gefeiert, aber nicht einmal mit der Tatsache konfrontiert, dass er daran mitwirkte, statt eines authentischen ein ideologisch gefälschtes Dokument zu erzeugen. Ihm wird nicht eine Frage dazu gestellt, welchen Regeln die Herausgeber folgten: wie sie entschieden, was gedruckt werden sollte und was nicht, was sie im ursprünglichen Wortlaut belassen wollten und was sie umschreiben zu müssen glaubten.

Die Antwort findet sich in Oz' und Tsurs' früheren Gesprächen mit Ben-Gurion. Unzensierte »Gespräche mit Kämpfern« hätten die tief sitzenden Zweifel von Israelis am zionistischen Weg publik gemacht – das Gefühl, das Ziel aus den Augen verloren zu haben, verschärft durch die brutale Erfahrung von Kriegsverbrechen, die denen der Nakba glichen. Authentische »Gespräche mit Kämpfern« hätten keinen Beitrag zur ideologischen Mythenbildung geleistet, sondern jenem »nihilistischen« Genre angehört, das sich mit Amichais Lyrik und Yishars *Ein arabisches Dorf* und »Die Tage des Ziklag« herausbildete. Der Dokumentarfilm schließt mit der Frage an Oz, was er empfinde, wenn er sich die zensierten Aufnahmen heute anhöre. »Ich habe das Gefühl, dass wir die Wahrheit gesagt haben«, antwortet Oz. »Eine Wahrheit, zu der ich bis zu diesem Tag stehe.«

IV.

Ari Shavits 2013 veröffentlichtes Buch *My Promised Land. The Triumph and Tragedy of Israel* bedeutete eine signifikante Abkehr von dieser vertrauten liberalzionistischen Besatzungserzählung und Nakba-Verdrängung.[102] In den USA, wo es sich lange auf der Bestsellerliste hielt, sprach man ihm das Potenzial zu, den Diskurs über Israel zu verändern. Der *New Yorker* druckte vorab Auszüge aus dem Buch, während die *New York Times* ihm nach Erscheinen drei enthusiastische Besprechungen und Diskussionen widmete.[103]

Shavits zentrale These lautet, dass die Besatzung – so beklagenswert und unheilvoll sie auch sei – nicht Israels Erbsünde oder Hauptproblem ist; für ihn entwickeln sich andere Aspekte zu viel tieferen historischen und existenziellen Bedrohungen. Zunächst einmal müsse die historische Vertreibung der Palästinenser offen eingeräumt werden – die Tatsache, dass eine »Unvereinbarkeit« zwischen dem jüdischen Staat und der Existenz einer palästinensischen Bevölkerung innerhalb der palästinensischen Territorien bestand. Damit verbunden bleibe das sogenannte demografische Problem Israels Hauptbedrohung. »46 Prozent aller Einwohner Israels sind aktuell Palästinenser«, so Shavit im Jahr 2013. »Ihr Anteil an der Gesamtbevölkerung wird wohl 2020 bei 50 Prozent und 2040 bei 55 Prozent liegen. Hält der gegenwärtige Trend an, wird Zions Zukunft nichtzionistisch sein.«[104] Schließlich warnt Shavit vor der Gefahr, »von Political Correctness geblendet« zu werden.[105] Die Tel Aviver Elite, so sein Argument, »bläute allen die Notwendigkeit strenger politischer Korrektheit ein und verwandelte dabei konstruktive Selbstkritik in eine um ihrer selbst willen obsessiv betriebene Dekonstruktion«.[106] Durch eine derart zwanghafte Selbstkritik hätten die Israelis seiner Meinung nach ihre nationale Einheit und das Gefühl verloren, eine gerechtfertigte Sache zu vertreten. Amerikaner und Europäer könnten sich vielleicht den Luxus »politischer Korrektheit« leisten, behauptet Shavit, Israelis aber nicht: Wenn Juden im Nahen Osten überleben wollen, werden sie immer mit dem Schwert in der Hand leben und sich die Finger schmutzig machen müssen.

Auch wenn er dies in seinem Buch nicht mit wünschenswerter Klarheit herausstellt, hängen die Bedrohungen durch die Demografie und durch die politische Korrektheit in Shavits Denken doch eng zusammen. Deutlich wird dies im Subtext des Kapitels über die Stadt Lydda, dem das Werk seine überschwängliche Aufnahme verdankt. Shavit schildert hier die von Massakern begleitete Räumung des Ortes und kommt zu dem Schluss:

Am Abend findet der Exodus von Tausenden von palästinensischen Arabern aus Lydda statt: In langer Reihe ziehen sie aus der Stadt aus [...] und verschwinden schließlich hinter dem Horizont. Die Zionisten haben Lydda ausgelöscht. Die Stadt ist unsere Blackbox: Lydda birgt das düstere Geheimnis des Zionismus. Die Wahrheit ist, dass der Zionismus Lydda nicht ertragen konnte; von Beginn an lag die Stadt im Widerspruch zu ihm. Wollte sich der Zionismus durchsetzen, durfte er nicht zulassen, dass es Lydda gab. [...] [Man hätte wissen müssen, dass] Lydda ein Hindernis auf dem Weg zur Erschaffung eines jüdischen Staates war und der Zionismus eines Tages gezwungen sein würde, es wegzuräumen.[107]

Mit der Beschreibung Lyddas als »Blackbox« und als das »düstere Geheimnis« des Zionismus schien Shavits Buch einen neuen Weg einzuschlagen, mit begrüßenswertem Ergebnis: Er brachte dem etablierten linksliberalen zionistischen Milieu die Nakba-Erzählung zu Bewusstsein. Auf den ersten Blick gelang ihm damit etwas, das Israels renommierteste liberale Intellektuelle wie Amos Oz und seinesgleichen nicht einmal versucht hatten.

Besonders vor diesem Hintergrund ist es dann allerdings bemerkenswert, dass der Ausdruck »Nakba« in seinem Buch gar nicht vorkommt. Zweifellos muss Shavit hier zum Mittel der Selbstzensur gegriffen haben: Ein Israeli, der endlich über die Massaker und Vertreibungen von 1947/48 schreibt, kann nicht einfach zufällig vergessen, diesen Terminus zu gebrauchen. Mitunter muss Shavit auch seine Gesprächspartner zensiert haben. Wenn er etwa mit seinem arabischen Freund Mohammed Dahla spricht, beschreibt dieser eindeutig eine Nakba-Gedenkzeremonie tief in einem Wald in Galiläa, und noch immer fällt das Wort nicht. Es ist höchst unwahrscheinlich, dass Dahla es nicht in den Mund genommen hat. Dies lässt Zweifel daran aufkommen, ob wir von Shavit wirklich die »glaubhaften Einblicke« erhalten, die der Journalist Franklin Foer auf dem Buchdeckel zur Lektüre empfahl. Wenn sich die nordamerikanische Leserschaft von *Mein gelobtes Land* den Einblick eines Insiders in die israelischen Verhältnisse verspricht, dann wird ihr in Wirklichkeit einer der heikelsten, wichtigsten und umstrittensten Begriffe zur Benennung der fraglichen Ereignisse vorenthalten, den es im gegenwärtigen israelischen Diskurs gibt. Wenn Leon Wieseltier dies für »das am wenigsten tendenziöse Buch über Israel« hält, das er »je gelesen« hat, wie er in seinem Aufmacher für die *New York Times Book Review* schrieb, dann wurde er womöglich erfolgreich in die Irre geführt.

Schlimmer aber ist, worauf Shavit, wie aus den namenlosen Nakba-Beschreibungen deutlicher als aus irgendeinem anderen Teil des Buches hervorgeht, mit seiner Ablehnung der politischen Korrektheit eigentlich hinauswill. »In der Not – wenn sie verdammt werden – werde ich ihnen zur Seite stehen«, verkündet er hinsichtlich der israelischen Kriegsverbrecher, die für Lydda verantwortlich zeichneten. Denn »wenn es sie nicht gegeben hätte«, so seine Begründung, »wäre der Staat Israel nicht geboren worden. […] Sie haben die schmutzige Arbeit erledigt, die es meinem Volk, mir selbst, meiner Tochter und meinen Söhnen ermöglicht, zu leben.«[108]

Allem Anschein zum Trotz ist dies kein mutiges Eingeständnis von Israels existenzieller Tragödie, im Gegenteil: Der beabsichtigte Effekt solcher Erklärungen besteht darin, den Einfluss ebenjener Tragödie auf das israelische Bewusstsein zu relativieren – und es als exzessive politische Korrektheit abzutun, wenn man der Vertreibung der Palästinenser eine besondere Relevanz für das gegenwärtige israelische Denken und den künftigen liberalen Zionismus zuspricht. Während ein liberaler Zionist wie Oz einfach nicht über die Nakba sprach, tut Shavit genau das – und billigt das Verbrechen. So gesehen wird die Nakba gar nicht zum Bestandteil des liberalzionistischen Bewusstseins gemacht. Vielmehr wird dieses dem Bewusstsein der Rechten angeglichen, die in Sachen Nakba ohnehin nie etwas zu verdrängen hatte.

Das Verhältnis der Linken zu Erinnerung und Historie ist relativ leicht von dem der Rechten zu unterscheiden. Auf der linken Seite des politischen Spektrums teilt man die Einsicht, dass sich ein Volk ändern muss, und zwar manchmal radikal, wenn es seine Vergangenheit aufarbeitet – wenn es lernt, seine Geschichte als tragisch zu begreifen. Auf der rechten Seite dagegen nimmt und bejaht man die Geschichte und Tragödie des eigenen Volkes als gegeben – man akzeptiert sie als unvermeidliche, notwendige Bedingung der eigenen gegenwärtigen Identität und Werte. Shavits *Triumph und Tragödie Israels*, das von liberalen Zionisten so begeistert begrüßt wurde, tat genau Letzteres, wurde aber so gelesen, als hätte es Ersteres getan. Shavit gelangt zu dem Schluss, dass ihm »nur die Wahl zwischen zwei Alternativen bleibt: entweder den Zionismus wegen Lydda abzulehnen oder ihn einschließlich Lyddas zu akzeptieren«.[109] Die einzig vernünftige Möglichkeit kommt nicht einmal zur Sprache: dass der Zionismus niemals wegen Lydda abgelehnt und auch niemals, absolut niemals einschließlich Lyddas akzeptiert werden darf; dass sich der Zionismus, wenn er Lydda und Haifa und Deir Jassin und Safsaf – und so viele andere Orte in unserem Land und unserer Vergangenheit – nicht ignoriert, *wandeln* muss.

Vielleicht lässt sich Shavits Verwirrspiel um den Linksliberalismus am besten verstehen, wenn man einen Hinweis in Betracht zieht, den Susie Linfield gab, als sie ihn für das New Yorker Magazin *Guernica* interviewte. Shavit behaupte, »dass sogar im Zuge eines gerechten Krieges Kriegsverbrechen begangen werden können«. Die Gerechtigkeit des Krieges »wird ihm durch solche Verbrechen nicht genommen; umgekehrt mindert die Gerechtigkeit der Sache auch nicht die Kriminalität – die Barbarei – der fraglichen Taten«.[110] Dies scheint sehr gut auf den Punkt zu bringen, wofür Shavit tatsächlich eintritt; doch sollten wir uns im Klaren darüber sein, was für ihn als gerechter Krieg durchgeht. Shavit stellt die Nakba so dar, als wäre sie eine Überlebensfrage für Israel gewesen, aber das ist irreführend – genauso irreführend wie die Nichterwähnung der Palästinenser im Beschluss von Atlantic City 1944. Wie Arendt schon damals wusste, stand nicht das *bloße* Überleben auf dem Spiel, sondern die Sicherstellung der für eine jüdische Demokratie erforderlichen jüdischen Mehrheit. Anders gesagt, und Shavit lässt keinen Zweifel daran, dass dies das »düstere Geheimnis« des Zionismus ist: Zu den gewaltsamen Massenvertreibungen von Palästinensern kam es nicht einfach im Zuge des Krieges. Sie waren Teil des Kriegsgrunds – und werden dennoch für gerecht erachtet. Man kann nur hoffen, dass die liberalen Zionisten der Zukunft diese Argumentation genau auf den Prüfstand stellen und in einem Punkt keinen Millimeter nachgeben: Wenn man bereit ist, eine ethnische Säuberung als gerechten Kriegsgrund zu akzeptieren, dann wird man am Ende auch glauben, dass die »Gerechtigkeit« des eigenen Krieges nicht von Kriegsverbrechen geschmälert wird, zu denen es im Kampfgetümmel kam. Logisch ist das stimmig, doch ist es die Logik der Rechten – der gewaltbereiten extremen Rechten sogar – und als Position einer liberaldemokratischen linken Mitte in keiner Weise zu akzeptieren.

Shavits Buch hat natürlich eine Antwort auf diesen Einwand parat, und hierin besteht sein schädlicher, gefährlicher Einfluss, wenn es um die Zukunft des liberalen Zionismus geht: Es tut solche Besorgnisse als »politische Korrektheit« ab. Wenn man ehrlich ist, heißt es, musste jemand die »schmutzige Arbeit« tun; sonst wären Hunderttausende Palästinenser nicht verschwunden. Mit dieser Antwort schließt sich der Kreis: Was Shavit als »politische Korrektheit« verwirft, hatte Zangwill hundert Jahre vor ihm als »großmütterliche Gefühlsduselei« abgetan. Das Problem mit diesen Schlagworten ist, dass die moralischen und politischen Grundsätze, um die es hier geht, angesichts des Niedergangs der Zweistaatenlösung nicht nur unsere Beurteilung der Vergangenheit, sondern auch unser künftiges Handeln bestimmen werden. Die chauvinistische Bereitschaft, das menschliche Gewissen als großmütterliche Gefühlsduselei abzutun, droht die zionistische Politik zu einer Form von Barbarei herabzuwürdigen.

V.

Viele Jahre lang blieb die Umsiedlungspolitik in Israel mehr oder weniger ein schlafender Hund. Und zwar nicht, weil eine gewaltsame ethnische Politik ihre Legitimation verloren hätte, sondern weil sie erfolgreich durchgeführt worden war. 1947 lebten in Palästina sechshunderttausend Juden unter 1,2 Millionen Palästinensern. 1948, am Ende des Unabhängigkeitskriegs, waren es noch rund fünfhunderttausend Palästinenser, und Wellen jüdischer Einwanderer strömten ins Land. Bei den Wahlen im September 2019 machten Juden 77 Prozent der wahlberechtigten Bevölkerung aus, doch ist diese Zahl höchst irreführend: Innerhalb der Grenzen, in denen sie wählen dürfen, also inklusive der besetzten Gebiete, bilden Juden kaum fünfzig Prozent der Bevölkerung. Und da uns die Zweistaatenlösung zwischen den Fingern zerrinnt, kehrt Israels verdrängte Umsiedlungspolitik mit Macht auf die Tagesordnung zurück.

Zwei Parteien, die bei den Wahlen antraten, befürworteten ausdrücklich eine Umsiedlung. Die erste war Avigdor Liebermans »Unser Haus Israel«. In diesem Jahr hatte die Partei kein offizielles Wahlprogramm, ihr letztes von 2014 jedoch widmete seinen einzigen detaillierten Teil der arabischen Bevölkerung und enthielt unter anderem die Idee, dass Arabern aus »Jaffa oder Akkon«, also israelischen Bürgern, die unter einer »gespaltenen Identität« litten, Geld und Unterstützung für die Auswanderung angeboten werden sollten. Der ehemalige Verteidigungs- und Außenminister setzt sich mit neuen Worten explizit für die alte Idee einer »freiwilligen Umsiedlung« ein. Lieberman, gegenwärtig als Feind Netanjahus ein Favorit von Israels linker Mitte, ist in Wirklichkeit ein unverhohlen rassistischer Politiker, der öffentlich zu einem jüdischen Boykott arabischer Geschäfte aufgerufen hat. Dass er auch für weniger »zivilisierte« Vertreibungsmethoden offen wäre, ist keine allzu gewagte Spekulation.

Die zweite Partei war Tkuma und gehörte zur gemeinsamen Liste der »Union der rechten Parteien«. Im September 2017 erklärte die Partei den sogenannten »Unterwerfungsplan« ihres heutigen Vorsitzenden Bezalel Smotrich zum Programm. Der Plan sieht die Annexion der Westbank vor und stellt die Palästinenser vor drei Alternativen. Die erste besteht darin, die Apartheid zu akzeptieren, das heißt alle »nationalen Bestrebungen« aufzugeben, ihre Loyalität zum jüdischen Staat zu erklären und dafür mit einem Aufenthaltsstatus, aber ohne Staatsangehörigkeit auf ihrem Territorium verbleiben zu dürfen. Die zweite Option ist eine freiwillige Umsiedlung, also die Emigration aus dem Westjordanland in eines der arabischen Nachbarländer mit finanzieller und diplomatischer Unterstützung Israels. Die dritte Möglichkeit für all jene, die sich den ersten beiden verweigern, bestünde darin, Widerstand zu leisten, »und dann wird die israelische Armee schon wissen, was zu tun ist«.[111] Zweifellos würden sich die meisten Palästinenser für diese letzte »Option« entscheiden. Als Smotrich, der gegenwärtig Verkehrsminister im Kabinett Netanjahu ist, gefragt wurde, worauf diese dritte Option konkret hinauslaufe, antwortete er: »im Krieg, wie im Krieg«. Und er fügte hinzu, der Plan beruhe auf der biblischen Geschichte Josuas. All jenen, die mit talmudischen Diskussionen weniger vertraut sind, sei gesagt, dass die Tradition hinter Josua für Heiden im Heiligen Land in der Tat drei Wahlmöglichkeiten vorsieht: sich der jüdischen Herrschaft zu beugen, das Land zu verlassen oder getötet zu werden.

Dem Parteitag, auf dem dieser Unterwerfungsplan diskutiert und angenommen wurde, übermittelte Netanjahu per Videobotschaft seine Sympathie: »Ich war hocherfreut zu hören, dass Sie Ihre Diskussionen der Frage nach der Zukunft von Eretz Israel widmen«, ließ sich der Ministerpräsident auf dem Bildschirm vernehmen. Er zitierte Zangwills alte Losung, dass der Zionismus »ein Volk ohne Land« mit einem »Land ohne Volk« zusammenbrachte, und ergänzte: »Bis vor Kurzem lag dieses Land leer und brach. Aber seit wir nach Jahren des Exils nach Zion zurückgekehrt sind, blüht es wieder.« Netanjahu ist mit Zangwill und dem Umsiedlungsgedanken wohlvertraut. Sein Vater, der revisionistische Historiker Ben-Zion Netanjahu, gab einen Band mit Reden Zangwills heraus, in dem er sich als begeisterter Verfechter einer palästinensischen Umsiedlung darüber beklagte, dass diese nicht bereits in den Wirren des Ersten Weltkriegs vollzogen worden war.[112] Mit Benjamin Netanjahus Segen setzte die Union der rechten Parteien auch Politiker der »Jüdischen Macht« auf ihre Liste, einer explizit faschistischen Partei, die Israels Oberster Gerichtshof bislang von der Teilnahme an Wahlen ausgeschlossen hatte. Die Partei spricht sich nicht nur für die Zwangsumsiedlung sämtlicher Araber aus; auf dem Höhepunkt des Oslo-Prozesses rechtfertigte sie zudem die Ermordung Rabins.

Auch Netanjahus Likud-Partei tritt inzwischen offiziell für die Annexion des Westjordanlands ein. Man sollte diesen neuen Tönen, die in der gegenwärtigen politischen Atmosphäre die Rede von einer Zweistaatenlösung rasch als fast schon moderat klingende Alternative ablösen, aufmerksam lauschen. Denn wer das Westjordanland übernehmen will, muss Pläne für seine drei Millionen palästinensischen Bewohner haben. Likud-Vertreter sprechen manchmal von einer Variante, die man als »Apartheid mit menschlichem Antlitz« bezeichnen könnte: Man lässt die Palästinenser unter israelischem Gesetz statt unter dem Militärregime der Besatzung leben, ohne ihnen den Status von Staatsbürgern zu gewähren. Doch fußt dieses Gerede auf der trügerischen Prämisse, dass sich die Palästinenser solchen Programmen stillschweigend fügen würden, wovon natürlich nicht auszugehen ist. Es stellt sich also die dringende Frage, wie sich Israel nach Meinung der Annexionsbefürworter verteidigen solle – so würde man es zweifellos nennen –, wenn die Hälfte seiner Bevölkerung gewaltsam Widerstand gegen den Entzug ihrer Menschen-, Bürger- und Staatsangehörigkeitsrechte leistet.

Der Fall der Golanhöhen ist hier lehrreich; schließlich verlieh Trumps Entscheidung, Israels Annexion der Golanhöhen anzuerkennen, den Einverleibungsfantasien jüngst neuen Auftrieb. Für gewöhnlich gilt die Übernahme dieser von einer Handvoll Drusen dünn besiedelten Gegend im

Verhältnis zu der des Westjordanlands mit seiner hohen arabischen Bevölkerungsdichte als moralisch weniger problematisch. Doch auch dies ist eine bequeme Illusion, die sich der Zensur und dem Vergessen verdankt: Mehr als hunderttausend Araber wurden während des Sechstagekrieges und unmittelbar danach aus dem Golan vertrieben, einem Gebiet, das wesentlich kleiner ist als das Westjordanland.[113] Eine Übernahme arabischen Territoriums durch den jüdischen Staat ist unweigerlich mit Vertreibungen verbunden. Möglich gemacht werden sie durch bequemes Schweigen, Verdrängung und Lügen.

VI.

Shavit, der natürlich um die Bedeutung solcher demografischen Fragen weiß, verkniff sich jeden Hinweis auf ihren Zusammenhang mit der künftigen Entwicklung. Sein politisch korrektes Schweigen ist umso alarmierender, als es das eines Buches ist, das verspricht, die politische Korrektheit durch israelischen Klartext zu überwinden. Der Grund für dieses Schweigen ist nicht schwer zu erraten: Im Hinblick auf die Zukunft sind Shavits Grundsätze politisch verheerend unkorrekt – und zwar in einem entsetzlichen Ausmaß. Auf die Realität angewandt, sind seine – von den Liberalen in Nordamerika so freudig begrüßten – romantisch-zionistischen Prinzipien nicht zu unterscheiden von der Idee der Umsiedlung, wie sie sich gerade im Herzen der israelischen Politik breitmacht. Am 8. Januar 2004 druckte die *Haaretz* ein Interview mit Benny Morris, Israels führendem Experten für die Geschichte der Vertreibung von Palästinensern.[114] Die Fragen stellte Ari Shavit. Dieses Gespräch lohnt noch heute die Lektüre, nicht nur, weil es Shavit offensichtlich zu seiner Beschreibung des »düsteren Geheimnisses« des Zionismus anregte – fast möchte man meinen, dass das Interview das Buch vorwegnahm –, sondern vor allem auch, weil aus ihm klar hervorgeht, dass das tiefere, düsterere Geheimnis die Zukunft betrifft und nicht die Vergangenheit. In seinem Bestseller war davon dann freilich nicht mehr die Rede.

Shavit: War Ben-Gurion ein »Umsiedlungsanhänger«?

Morris: Natürlich. Ben-Gurion war ein »Umsiedlungsanhänger«. Er verstand, dass es keinen jüdischen Staat mit einer großen und feindlichen arabischen Minderheit in seiner Mitte geben konnte. […]

Shavit: Sie scheinen ihn nicht zu verurteilen.

Morris: Ben-Gurion hatte recht. Hätte er nicht das getan, was er getan hat, wäre kein jüdischer Staat geboren worden. Das muss einem klar sein. […] Ohne die Palästinenser zu entwurzeln, wäre hier kein jüdischer Staat entstanden.

Shavit: […] Rechtfertigen Sie all dies am Ende? Sind Sie ein Befürworter der Umsiedlung von 1948?

Morris: Es gibt keine Rechtfertigung für Vergewaltigungen. Es gibt keine Rechtfertigung für Massaker. Das sind Kriegsverbrechen. Unter bestimmten Umständen aber ist eine

Vertreibung kein Kriegsverbrechen. Ich glaube nicht, dass die Vertreibungen von 1948 Kriegsverbrechen waren. Man kann kein Omelett machen, ohne Eier zu zerschlagen. Man muss sich die Hände schmutzig machen.

[...]

Shavit: Wenn also die Kommandeure der Operation Dani da stehen und die schreckliche lange Kolonne der 50 000 Vertriebenen aus Lydda ostwärts vorbeiziehen sehen, dann stehen Sie an Ihrer Seite? Sie rechtfertigen sie?

Morris: Ich verstehe sie definitiv. [...] Ich glaube nicht, dass sie die geringsten Gewissensbisse verspürten, und hätte das an ihrer Stelle auch nicht getan. [...]

Shavit: Sie verurteilen sie nicht moralisch?

Morris: Nein.

Shavit: Sie betrieben eine ethnische Säuberung.

Morris: Es gibt historische Umstände, die eine ethnische Säuberung rechtfertigen. [...]

[...] Aus meiner Sicht wog die Notwendigkeit, diesen Staat an diesem Ort zu gründen, schwerer als das Unrecht, das den Palästinensern durch ihre Entwurzelung angetan wurde.

Shavit: Und moralisch gesehen haben Sie kein Problem mit dieser Tat?

Morris: Das ist richtig. Sogar die große amerikanische Demokratie hätte ohne die Vernichtung der Indianer nicht geschaffen werden können. Es gibt Fälle, in denen das große Ziel, das Endprodukt, die brutalen und grausamen Akte rechtfertigt, die im historischen Vollzug begangen werden.

Shavit: Und in unserem Fall rechtfertigt es effektiv eine Umsiedlung der Bevölkerung.

Morris: So erweist es sich. […]

[…] Ich glaube, dass [Ben-Gurion] 1948 einen schwerwiegenden, historischen Fehler beging. Obwohl er die demografische Frage und die Notwendigkeit, einen jüdischen Staat ohne große arabische Minderheit zu gründen, verstand, bekam er im Laufe des Krieges kalte Füße. Am Ende begann er zu schwanken.

Shavit: Ich bin mir nicht sicher, ob ich das verstehe. Wollen Sie damit sagen, dass Ben-Gurion den Fehler beging, zu wenige Araber zu vertreiben?

Morris: Wenn er schon dabei war, Vertreibungen zu begehen, dann hätte er die Sache vielleicht zu Ende bringen sollen. Mir ist klar, dass das die Araber und *die Liberalen und die politisch korrekten Typen* schockiert. Ich habe aber das Gefühl, dass diese Gegend ruhiger wäre und weniger Leid erleben würde, wenn die Angelegenheit ein für alle Mal gelöst worden wäre, wenn Ben-Gurion eine große Vertreibung durchgeführt und das ganze Land Israel gesäubert hätte, bis zum Jordan. Das könnte sich noch als sein fataler

Fehler erweisen. Wenn er eine vollständige Vertreibung durchgeführt hätte – statt einer teilweisen –, hätte er den Staat Israel auf Generationen hinaus stabilisiert.

[…]

Shavit: Und heute? Plädieren Sie heute für eine Umsiedlung?

Morris: Wenn Sie mich fragen, ob ich die Umsiedlung und Vertreibung von Arabern aus dem Westjordanland, dem Gazastreifen und vielleicht sogar aus Galiläa und dem [christlichen] Dreieck unterstütze, so sage ich, nicht zum jetzigen Zeitpunkt. An dieser Tat möchte ich nicht beteiligt sein. *Unter den gegenwärtigen Umständen* ist sie weder moralisch noch realistisch. […] (Meine Hervorhebungen, O. B.)

Morris' Position lässt sich so zusammenfassen, dass er sich nicht zu Ben-Gurions Vorstellung einer Umsiedlung bekennt, sondern zu der von Josef Weitz: Allem Anschein nach hätte eine Umsiedlung der Palästinenser zur Stabilisierung des jüdischen Staates nicht nur zum Teil, um eine jüdische Mehrheit herzustellen, sondern vollständig erfolgen sollen. Shavits *Mein gelobtes Land* befürwortet weitgehend Morris' Position, bleibt aber in dieser Frage genauso verschwommen wie in der nach der Zukunft: Ben-Gurion war ein Anhänger von Umsiedlungen, und das war notwendig und gerechtfertigt, denn die Israelis sind nicht in der bequemen Lage, auf die »politisch korrekten Typen« zu hören. (Die amerikanischen liberalen Zionisten, die diese Auffassung womöglich attraktiv oder vertretbar finden, sollten ihre politische Korrektheit auch im Hinblick auf die angeblich gerechtfertigte »Vernichtung« – Morris' Wort – der amerikanischen Ureinwohner überprüfen.) Im Interview versteht Shavit noch ganz genau, was er in seinem Buch übergehen wird, was aber das *wahrhaft* düsterste Geheimnis des Zionismus birgt. Sorgfältig spart er dort die Frage aus, die er Morris Jahre zuvor gestellt hatte: Beging Ben-Gurion einen Fehler, als er die Sache nicht zu Ende brachte? Und da sie nicht zu Ende gebracht wurde, sollte das in Zukunft nachgeholt werden?

Höchst aufschlussreich ist in diesem Zusammenhang eine Kontroverse um Shimon Gapso, einen Politiker vom rechten Rand, der einige Jahre lang Bürgermeister von Nazareth-Illit war, einer Kleinstadt in Galiläa (Ober-Nazareth, inzwischen umbenannt in Nof Hagalil, »Blick auf Galiläa«). Gapso griff im Wahlkampf zu Parolen wie »Ober-Nazareth: für immer jüdisch« oder führte aus: »Schluss damit, die Augen zu verschließen, und damit, sich auf das Gesetz zu berufen, das es jedem erlaubt, zu leben, wo er will. Jetzt ist es an der Zeit, unsere Heimat zu verteidigen!« Seine Hauptaufgabe im Falle eines Wahlsiegs, kündigte Gapso an, würde darin bestehen, »den demografischen Rückschritt zu stoppen«. Die *Haaretz* verurteilte dies als rassistische Propaganda. Gapso reagierte darauf mit einem Artikel, den die Zeitung unter der Überschrift »Wenn Sie glauben, dass ich ein Rassist bin, dann ist Israel ein rassistischer Staat« abdruckte. Gapso schrieb mit Blick auf Israels linksliberale Gründerväter: Sollten ihn die erwähnten Wahlkampfaussagen »zu einem Rassisten machen, dann bin ich ein stolzer Abkömmling einer glorreichen Dynastie von ›Rassisten«». Und weiter: »Der Rassist Ben-Gurion kündigte die Gründung eines jüdischen Staates in Eretz Israel an und sorgte im Unabhängigkeitskrieg dafür, dass […] Hunderttausende von Arabern vertrieben wurden, die dort gelebt hatten – um ihn mit dem gewünschten rassistischen Charakter gründen zu können.« Selbst unsere »rassistische Nationalhymne«, fährt Gapso fort, »übergeht die Existenz der arabischen Minderheit – also all jener, die Ben-Gurion im Krieg von 1948 nicht zu vertreiben vermochte«.[115]

So verwirrend scheint die israelische Lage, dass man sich fragen kann, ob man Gapso – wie mit Shavit geschehen – dafür loben sollte, dass er offen über das »düstere Geheimnis« des Zionismus spricht und damit den Israelis die Nakba ins Bewusstsein ruft. Und natürlich, man ahnt es, läuft auch sein Artikel auf die inzwischen vertraute Schlussfolgerung hinaus, dass sich die Tel Aviver ihre »scheinheilige« politische Korrektheit abschminken sollten, ihre »sentimentale […] Realitätsferne«. Wenn die Juden als eine jüdische Mehrheit überleben wollen, dürften sie nicht zimperlich sein. Zweifellos klingt all das bei Shavit viel netter als bei Gapso – an seinen eigenen Standards gemessen, ist er einfach politisch korrekter. Aber Gapsos Standpunkt ist klar. Auf seine Weise formuliert er dieselbe Einsicht, die Hannah Arendt bereits 1944 hatte: In der wirklichen Politik unterscheidet allein das Stillschweigen einen liberalen Zionismus à la Shavit von einer offenen Umsiedlungspolitik à la Gapso.

VII.

Auf einer Kundgebung der israelischen Friedensbewegung »Peace Now« rief Amos Oz 1989 zum Schulterschluss gegen Israels extreme Rechte auf, die damals noch am politischen Rand statt an der Regierung war: »[G]egen die Idee, die Araber zu vertreiben und hinauszujagen, die hier hinterlistig als ›Umsiedlung‹ bezeichnet wird […], müssen wir uns erheben und einfach und klar sagen: Das ist eine unmögliche Idee. Wir werden euch nicht erlauben, die Araber zu vertreiben. Israels Rechte muss wissen, dass es Taten gibt, die in Angriff zu nehmen zur Teilung des Staates führen werden.«[116]

Das ist eine mutige moralische Proklamation, die indes auf einem gewollten Missverständnis der israelischen Geschichte beruht. Man kann die Wiederkehr der Idee einer Umsiedlung nicht bekämpfen, wenn man die Israelis nicht an das erinnert, was Arendt 1944 voraussah und was spätere liberalzionistische Intellektuelle zu vergessen vorzogen. Eine ethnische Säuberung ist keine »unmögliche Idee«. Israel betrieb eine solche Politik in der Vergangenheit mit beunruhigendem Erfolg. Genauso wenig ist es eine Idee der extremen Rechten: Es hat seinen Grund, warum der Architekt der Umsiedlung Ben-Gurion war, der pragmatische Gründervater von Israels zionistischer Mitte. Heute, nach dem Ende der Zweistaatenlösung, sind überhaupt nur noch zwei politische Programme ernsthaft im Angebot. Das eine besteht in einem ethnisch-jüdischen Nationalismus inmitten einer arabischen Mehrheit. Dieses Programm führt zu Vertreibungen, nicht nur zu Annexionen und Apartheid, und wird derzeit im Herzen der israelischen Politik rehabilitiert.

Die liberalen Zionisten sind hin- und hergerissen: Sollen sie dieses Programm billigen? Sich in Doppeldeutigkeiten flüchten und es stillschweigend hinnehmen? Sollen sie sich der Ansicht anschließen, dass Ben-Gurion doch im Unrecht war, als er die Sache nicht zu Ende brachte, und dies von ihren Töchtern und Söhnen nachholen lassen?

Das zweite Programm besteht darin, von der Erinnerung an die Nakba auszugehen, statt sie zu verdrängen oder gar gutzuheißen: also in der Entwicklung einer wirklich demokratischen, arabisch-jüdischen Zusammenarbeit, die auf einem völlig gleichen Staatsbürgerstatus beruht. Dies bedeutet *nicht*, das zionistische Ziel nationaler Selbstbestimmung aufzugeben, es verlangt jedoch eine Transformation des Zionismus über die heute vorherrschende Festlegung auf einen jüdischen Staat hinaus. Dieser Übergang kann nur mit einem Bewusstseinswandel beginnen; einer Entscheidung für ein gemeinsames Leben und eine gemeinsame Staatsbürgerschaft, die durch ein Bekenntnis zur israelischen Geschichte begründet wäre. Dies ist die einzige Alternative zur Verdrängung oder Billigung – und damit künftigen Wiederholung – unserer Verbrechen. Wir werden uns eine dialektische Politik des Erinnerns und Vergessens zu eigen machen müssen – nicht nur in Bezug auf den Holocaust, sondern auch auf die Nakba. Eine solche Politik aber muss sich jeder Zensur, Leugnung und Verdrängung verweigern.

In einem Essay mit dem Titel »Euer Holocaust, unsere Katastrophe« kommentierte der verstorbene arabisch-israelische Autor und Knesset-Abgeordnete Emile Habibi die Verknüpfung beider Dimensionen:

Ich kann mir nicht vorstellen, dass in einer Welt, in der es keinen Holocaust gegeben hätte, die Brüder von Heinrich Heine und Maimonides, Bertolt Brecht und Stefan Zweig, Albert Einstein und dem unsterblichen arabisch-jüdischen Dichter Shlomo Ben Ovadia es einem jüdischen Staat erlaubt hätten, ein anderes semitisches Volk aus seiner Heimat zu vertreiben. [...] Tatsächlich lässt sich das entsetzliche Leid, das den Juden von der Nazibestie angetan wurde, nicht nur durch die sechs Millionen in den Konzentrationslagern und durch andere Formen von Massenmord Vernichteten ermessen. Es lässt sich auch durch den schrecklichen Preis ermessen, den das jüdische Volk dadurch bezahlt hat, dass es seine glorreiche jüdische Tradition verloren und sein sogenanntes jüdisches Herz so schwer beschädigt hat.[117]

Ein Vergleich zwischen Habibis Worten und Ahmad Tibis Rede zum Holocaust-Gedenktag lohnt sich. In seiner Ansprache enthielt sich Tibi jeder Erwähnung der Nakba und zeigte damit, dass es möglich ist, die eigenen Erinnerungen beiseitezuschieben, um als Staatsbürger zu gedenken, solidarisch zur Geschichte seiner Landsleute. Er erinnerte die Israelis nicht an den inneren Zusammenhang zwischen Holocaust und Nakba – an die Tatsache etwa, dass Holocaust-Überlebende daran beteiligt waren, sein Volk zu vertreiben oder dass jüdische Flüchtlinge aus Europa dauerhaft in den verlassenen Häusern von Palästinensern angesiedelt wurden, die ins Exil gegangen und damit selbst zu Flüchtlingen geworden waren. Israels Vergangenheit ist mit der schmerzlichen Vermischung von Holocaust und Nakba belastet. Seine Zukunft hängt, wie Renan wusste, am Vergessen dieser Vergangenheit. Die jüdischen Anführer einer arabisch-jüdischen Allianz würden darauf bestehen müssen, dass ihr Land endlich die Verantwortung für die Nakba übernimmt: sie in der Forschung thematisiert, nachwachsenden Generationen ihre Geschichte vermittelt, ihrer institutionell gedenkt und darauf pocht, dass Vertreibung ein Verbrechen ist, das niemals wiederholt werden darf – im vollen Bewusstsein, dass dies durchaus geschehen könnte. Bislang aber haben weder Israels bekannte öffentliche Intellektuelle noch die führenden linksliberalen Politiker des Landes den Mut gefunden, dieser Anforderung gerecht zu werden. Noch nicht einmal zu einer ersten, performativen Nakba-Rede, dem Gegenstück zu Tibis Geste zum Holocaust-Gedenken, war bislang jemand bereit. Ein solcher performativer Akt wäre nicht lediglich eine Geste politischer Korrektheit: Eine gemeinsame Staatsbürgerschaft wird davon abhängen, dass sich die Juden endlich daran erinnern, sich der Nakba zu erinnern. Und wenn wir das tun, könnten wir von unseren palästinensischen Landsleuten auch erwarten, dass sie sie eines Tages vergessen.

3.

DER LIBERALE ZIONISMUS DER ZUKUNFT

Die Zukunft Palästinas muss, rechtlich gesprochen, auf einem »binationalen Staat« begründet werden.
WLADIMIR JABOTINSKY

I.

Im Oktober 2013 lehnte Israels Oberstes Gericht das Adjektiv »israelisch« als offizielle amtliche Bezeichnung in Israel ab. Die Antragsteller, die auf ihren Personalausweisen nicht als »jüdisch«, sondern als »israelisch« bezeichnet werden wollten, hätten die Existenz einer »israelischen Nation« nicht »hinreichend bewiesen«, so die Richter. Auf absehbare Zeit bleibt die amtliche Bezeichnung der Bevölkerungsmehrheit in Israel somit »jüdisch«. Arabische Staatsbürger werden oft als »arabisch«, gelegentlich auch als »Minderheit« bezeichnet. Wenn wir einmal von der ironischen Pointe absehen, dass ein *israelisches* Gericht diese Entscheidung traf, so brachte das Urteil zweifellos einen lagerübergreifenden Konsens in Israels jüdischer Gesellschaft zum Ausdruck: Das Land ist jüdisch und soll jüdisch bleiben. Tatsächlich gehen Zionisten heute selbstverständlich davon aus, dass die Existenz eines jüdischen Staates in Palästina der ganze Sinn und Zweck des Zionismus ist.

Kann ein Land aber jüdisch und demokratisch zugleich sein? Und ist es wahr, dass Zionismus zwangsläufig darin besteht, die Idee eines jüdischen Staats zu unterstützen? Eine lebenswerte Zukunft für Israel hängt davon ab, ob sich die Erkenntnis durchsetzt, dass beide Fragen verneint werden müssen. Ein jüdischer Staat kann keine liberale Demokratie sein; dem zionistischen Streben nach jüdischer nationaler Selbstbestimmung hingegen lässt sich am besten in einem Staat Rechnung tragen, der nichtjüdisch ist. Diese Tatsache war den frühen Zionistenführern von Herzl bis Ben-Gurion sehr wohl bewusst, heutige zionistische Denker aber haben sie erfolgreich verdrängt.

Eine der klarsten Formulierungen der zeitgenössischen liberalzionistischen Überzeugungen stammt aus der Feder des israelischen Philosophen Moshe Halbertal. In einem einflussreichen Artikel für die Zeitung *Haaretz* wischte er die Diskussion, ob ein jüdischer Staat eine liberale Demokratie sein könne, einfach vom Tisch. Eine politisch-intellektuell ernsthafte Debatte solle sich lieber der Frage widmen, »*welche Art jüdischen Staat* wir [in Israel] haben wollen« (meine Hervorhebung).[118] Es lohnt sich, Halbertals Essay aufmerksam zu lesen. Er enthält die überzeugendste Begründung eines liberalen Zionismus, die momentan zu haben ist. Zugleich müssen wir endlich einsehen, dass auch diese Begründung mehr als mangelhaft ist.

Um herauszufinden, ob die Idee einer jüdischen liberalen Demokratie ein Widerspruch in sich ist, schreibt Halbertal, müsse man erst einmal »herausfinden, was ein jüdischer Staat ist«. Wie er ausführt, »ist es natürlich möglich, dem Adjektiv ›jüdisch‹ eine nationalistische oder eine religiösfundamentalistische Bedeutung beizulegen und dann zu argumentieren, eine [jüdisch-demokratische] Kombination sei unmöglich, aber dies wäre ein Zirkelschluss und ziemlich fruchtlos«. Der Vorwurf des Zirkelschlusses trifft zwar zu, führt aber dennoch in die Irre. Die Frage ist nämlich, ob überhaupt eine Definition des Adjektivs »jüdisch« und überhaupt eine Definition dessen, wer jüdisch ist und wer nicht, die Voraussetzung für einen zugleich jüdischen und liberaldemokratischen Staat erfüllen könnte. Diese Frage wird in Halbertals Essay jedoch nicht mit wünschenswerter Klarheit gestellt, wenngleich seine Antwort aus dem Text hervorgeht. Diese Antwort ist uns hinlänglich vertraut: Das Judentum muss (selbstverständlich) weder als fundamentalistische Religion noch als nationalistische Ideologie, sondern kann auch als eine pluralistische kulturelle Identität verstanden werden. Da Halbertal an die Existenz eines »Rechts auf Kultur« glaubt und ein demokratischer Liberalismus für ihn keine kulturelle Neutralität seitens des Staates erfordert, gebe es folglich keinen grundsätzlichen Widerspruch in seiner Konzeption eines liberalen jüdischen Staates.

In einem älteren Aufsatz, den Halbertal zusammen mit Avishai Margalit unter dem Titel »Liberalismus und das Recht auf Kultur« veröffentlicht hat, argumentieren die beiden Philosophen: »Menschliche Lebewesen haben ein Recht auf Kultur – nicht nur auf *irgendeine, sondern auf ihre eigene Kultur*« (meine Hervorhebung).[119] Da die Persönlichkeit eines Menschen unter anderem durch seine besondere Kultur bestimmt sei, habe dieser das Recht, seine Kultur zu bewahren und für ihr Gedeihen zu sorgen. Angesichts dieses Rechts sei es zudem die Pflicht des Souveräns, nicht nur die Kultur in irgendeinem kosmopolitischen Sinn zu verteidigen; der Souverän muss vielmehr die Samthandschuhe der kulturellen Neutralität ablegen, durch die sich liberale Demokratien mitunter auszeichnen, und die Rechte seiner Bürgerinnen auf ihre jeweiligen Kulturen aktiv verteidigen. Wie Margalit und Halbertal schreiben: »Das Recht auf Kultur in einem liberalen Staat erlaubt es dem Staat, [kulturell] neutral (wenn überhaupt) nur gegenüber der Leitkultur der Mehrheit zu sein, und dies nur unter der Voraussetzung, dass die Leitkultur für sich selbst sorgen kann.«[120] In seinem *Haaretz*-Artikel wendet Halbertal diese Logik auf die Frage des Zionismus an: Wohl ist Israel verpflichtet, das Recht seiner Minderheiten auf ihre je eigenen Kulturen zu schützen, doch ist es zugleich sein Recht, ja sogar seine Pflicht, das Recht der Mehrheit auf ihr Judentum zu schützen. So gesehen besteht für Halbertal kein Unterschied zwischen dem jüdischen Staat und anderen nicht neutralen Demokratien wie etwa »Dänemark, Finnland, Norwegen, Deutschland, der Tschechischen Republik«.

Obwohl das Judentum zweifellos eine Kultur darstellt, bedarf es gleichsam des Gegenteils von Kultur, um ihm anzugehören, nämlich der Natur oder des »Blutes«. Religiöse Juden billigen diese ethnische Bedingung für gewöhnlich, aber auch säkulare Juden tun dies, selbst jene, für die der religiöse Judaismus ein für alle Mal der Vergangenheit angehört. Aus diesem Grund ist der Vergleich zwischen einem jüdischen und beispielsweise einem finnischen Staat müßig. Während es in der Idee einer finnischen oder einer deutschen Demokratie keinen Widerspruch gibt, besteht doch einer im Begriff einer jüdischen Demokratie; denn selbst wenn ein demokratischer Liberalismus keine kulturelle Neutralität erfordert, so setzt er doch zweifellos ethnische Neutralität voraus. Es ist ganz einfach möglich, ein finnischer oder ein norwegischer Jude zu sein, so wie man auch eine deutsche Jüdin oder eine christliche Palästinenserin sein kann. Aus logischen, nicht aus politischen Gründen ist es aber unmöglich, ein christlicher oder muslimischer Jude zu werden. (Natürlich könnte man zum Judentum übertreten. Aber selbst wenn Israel die fortschrittlichen Konversionspraktiken des Reformjudentums anerkannt hätte, dürfte ein religiöser Übertritt wohl kaum ausreichen, um die ethnischen Bedingungen der Staatsbürgerschaft zu umgehen, die der jüdische Staat aufstellt.)

Genauso wenig ist es möglich, eine muslimische oder christliche *Israelin* zu sein, und zwar nicht nur, weil Israels Oberster Gerichtshof die Existenz einer israelischen Nation bestreitet. Solange Israel im Wesentlichen ein jüdischer Staat ist, ist jüdisch zu sein auch wesentlich dafür, Israeli zu sein. Ein Nicht-Jude kann natürlich israelischer Staatsangehöriger sein und einen blauen Personalausweis und Reisepass besitzen, wäre aber trotz allem *kein* Israeli; der Staat würde ihm nicht *gehören*. Liberale zionistische Autoren sind versucht, diese Unterscheidung einfach als eine »fehlgeleitete« Subtilität und die Vorstellung, dass ein Staat einem Volk »gehört«, als »unklar« abzutun[121], doch ist hier nichts fehlgeleitet, subtil oder besonders erklärungsbedürftig. Als sich Abraham Lincoln in Gettysburg zur Demokratie als einer »Regierung des Volkes, durch das Volk und für das Volk« bekannte, brachte er den grundlegenden Gedanken zum Ausdruck, dass eine Demokratie Besitz ihres Volkes ist. Oder genauer: dass die Souveränität in einer Demokratie in der Hand des Volkes liegt. In einem jüdischen Staat bezeichnet »das Volk« die Juden und nicht die Staatsbürgerinnen unabhängig von ihrem Glauben und ihrer ethnischen Zugehörigkeit. Man kommt um die Tatsache nicht herum, dass eine jüdische Demokratie deshalb eine »Regierung der Juden, durch die Juden und für die Juden« ist. Es ist nur schwer vorstellbar, dass irgendein heutiger Zionist, ob liberal oder nicht, bestreiten würde, dass der Zionismus, wie wir ihn kennen, mit der Vorstellung des Rechts der Juden auf ihre eigene Souveränität verbunden ist.

In diesem Licht gesehen ist die Analogie zwischen der politischen Stellung etwa einer jüdischen Minderheit in Italien und einer arabischen Minderheit in Israel hinfällig. Juden in Italien sind Teil der politischen Identität ihres Staates und wären empört, wenn jemand ihre Zugehörigkeit zum souveränen italienischen Volk infrage stellte. Araber in Israel aber sind – einfach gesagt – nichtjüdisch. Aufgrund ihrer ethnischen Zugehörigkeit sind sie kein Teil des Souveräns. Kurzum: Wenn es keinen Widerspruch im Begriff einer jüdischen liberalen Demokratie gibt, dann gibt es auch keinen im Begriff einer liberaldemokratischen Ethnokratie. Es ist sinnlos, sich an der Quadratur des Kreises zu versuchen, auch wenn Generationen israelischer Philosophen und öffentlicher Intellektueller so getan haben, als würde sie ihnen gelingen.

Nehmen wir etwa David Grossmans viel gelobte Rede zum alternativen israelischen Gedenktag 2018.[122] Grossman beschreibt Israels Tragödie mit den Worten, die Israelis seien »noch nicht heimisch«. Der Staat »Israel wurde gegründet«, heißt es weiter, »damit das jüdische Volk, das sich fast nie irgendwo auf der Welt heimisch gefühlt hat, endlich ein Heim hat. Doch heute, 70 Jahre später, mag das starke Israel eine Festung sein – ein Heim ist es nicht.« Und Grossman fährt fort:

Wenn israelische Scharfschützen mehrere Dutzend palästinensische Demonstranten töten, die meisten von ihnen Zivilisten, dann hat Israel weniger von einem Heim. [...] Wenn es 1,5 Millionen palästinensische Bürger Israels vernachlässigt und diskriminiert, wenn es das große Potenzial, das das gemeinsame Leben hier birgt, schlicht brachliegen lässt, hat es weniger von einem Heim, sowohl für die Mehrheit als auch für die Minderheit. Und wenn Israel Millionen konservativen und Reformjuden ihr Jüdischsein abspricht, hat Israel ebenfalls weniger von einem Heim.

Die Lösung »für die komplexen israelisch-palästinensischen Beziehungen« kann für Grossman »auf eine kurze Formel gebracht werden: Solange die Palästinenser kein Heim haben, werden auch die Israelis keines haben.«[123]

Vor fünfzehn Jahren mag die Rede von einer »kurzen Formel« noch einen Sinn gehabt haben. Aber die Zeiten ändern sich, und was einst schöne Worte waren, wird zur leeren Wiederholung irrelevanter Ideen, die gefährlich in den Kitsch abgleitet.

Die größere Gefahr zeigt sich an Grossmans Verwendung der Metapher des Heims. Es mag einnehmend sein, vom Staat Israel als einem »Heim« der Juden zu sprechen.

Ein Heim ist privat und gemütlich, gehört der Familie und beruht auf Verwandtschafts- und Liebesbeziehungen. Genauso nämlich denken die Israelis auch von ihrem Staat; liberale Demokratien aber sind in Wirklichkeit alles andere als ein solches Heim. Der Liberalismus besteht in der Idee, dass Staaten öffentlich sein sollen und nicht privat, dass sie den Bürgern als solchen gehören sollen und nicht einem als Familie verstandenen Volk und dass sie auf einem neutralen, nichtdiskriminierenden Rechtssystem fußen, das die Rechtsstaatlichkeit wahrt, statt auf Bluts- oder Liebesbanden. Oft ist man geneigt, sich Israel als das *eigene* Heim der Juden zu denken – in diesem Sinne als ihren Privatstaat –, doch ist diese Vorstellung nicht von der Überzeugung zu trennen, dass sie das Recht haben, all jene, die nicht zur Familie gehören, zu vertreiben, zu besetzen und zu diskriminieren. Wenn Grossman sagt, »solange die Palästinenser kein Heim haben, werden auch die Israelis keines haben«, dann meint er mit »Israelis« ganz klar israelische *Juden*. Aus dem gleichen Grund wäre, wenn die in Israel lebenden Palästinenser jemals ein Zuhause hätten, dieses offensichtlich in einem palästinensischen Staat. Es ist höchste Zeit, dass Intellektuelle von Grossmans und Halbertals Statur den Israelis dabei helfen, die simplifizierende Idee vom eigenen Heim der Juden zu überwinden, und es ihnen ermöglichen, sich die jüdische Selbstbestimmung – und nicht Souveränität – in einer Republik vorzustellen: einem Staat, der all seinen Bürgerinnen als solchen gehört.

II.

Tatsächlich ist es im Zeitalter Trumps nahezu unmöglich, ernsthaft die Idee einer ethnischen liberalen Demokratie zu verteidigen – wenn nicht in Israel, dann für die nächste Generation liberaler amerikanischer Juden. In den vergangenen Jahrzehnten haben sich viele jüdische Gemeinschaften in Amerika daran gewöhnt, in einem politischen Widerspruch zu leben. Auf der einen Seite konnte eine große Mehrheit dieser Gemeinschaften zu Recht stolz auf eine mächtige liberale Tradition sein, die auf Vorbilder wie Louis Brandeis – ein Verteidiger der sozialen Gerechtigkeit und erster jüdischer Richter am Supreme Court – oder Rabbi Abraham Joshua Heschel zurückreicht, der in Selma mit Martin Luther King Jr. marschierte. Auf der anderen Seite identifizierten sich oft dieselben Gemeinschaften mit einem Zionismus, der in ethnischer und religiöser Trennung besteht. Um ein Gefühl für diese innere Spannung zu bekommen, hilft eine Bemerkung Hillary Clintons aus der zweiten Präsidentschaftsdebatte des letzten US-Wahlkampfs: »Es ist ein wichtiger Grundsatz für uns, nicht wie Donald zu sagen, wir werden Leute aufgrund ihrer Religion ausschließen. Wie soll das gehen? Wir sind ein Land, das auf Religionsfreiheit und Freiheit gegründet ist«.[124] Hier legt Clinton einen Mindeststandard liberaler Sittlichkeit fest, den wohl nur wenige amerikanische Juden ablehnen würden. Nicht sie aber wurde gewählt. Trumps Bereitschaft, sich über diesen Standard hinwegzusetzen, bot jüdischen Gemeinschaften, wie auch anderen amerikanischen Minderheiten, berechtigten Grund zur Sorge.

Wenn es hingegen um Israel geht, hat noch jede liberale Zionistin die Absage an diesen liberalen Minimalstandard nicht nur toleriert, sondern zum Kern ihrer innersten Überzeugungen gemacht. Beruht der Liberalismus auf der Idee, dass der Staat in Fragen der Religion und der ethnischen Zugehörigkeit neutral bleiben muss, so besteht der Zionismus, wie wir gesehen haben, in der Idee, dass der Staat Israel dem jüdischen Volk gehört. Solange der Liberalismus in Amerika unangefochten war und seine Verweigerung auf den israelischen Schauplatz beschränkt blieb, ließ sich diese Spannung womöglich ausgleichen. Da sie nun aber in der sich rasant verändernden Landschaft der amerikanischen Politik offen zutage tritt, ist eine solche Doppelmoral nur noch schwer zu rechtfertigen.

Symbolisch sichtbar wurde diese Problematik in einer Szene an der Texas A&M University, als Richard Spencer, der ideologische Vordenker der nationalistischen weißen »Alt-Right«-Bewegung – die er als »eine Art weißen Zionismus« bezeichnet hat – von dem Hillel-Rabbiner der Universität, Matt Rosenberg, bei einer Veranstaltung öffentlich aufgefordert wurde, mit ihm gemeinsam die jüdische Botschaft von Liebe und »radikaler Einbeziehung« zu studieren – im Gegensatz zu Spencers Botschaft des »radikalen Ausschlusses«. »Wollen Sie wirklich eine radikale Einbeziehung in den Staat Israel?«, entgegnete ihm Spencer. »Vielleicht kann der gesamte Nahe Osten in Tel Aviv oder Jerusalem einziehen. Wäre das wirklich in Ihrem Sinne?« Israels ethnisch begründete Politik, fuhr Spencer fort, sei der Grund dafür, dass die Juden über eine starke, einheitliche Identität verfügten, wofür er selbst sie bewundere. Der Rabbiner wusste darauf nichts zu erwidern, und sein Schweigen hallte in Tausenden von YouTube-Klicks und Zeitungskommentaren nach. Rosenberg rechtfertigte sich später damit, er habe sich nicht in einem »schulischen Debattierklub« befunden[125]; mangelnde Schlagfertigkeit aber kann sein Schweigen kaum erklären. Ein David Grossman, Moshe Halbertal oder Peter Beinart hätten nicht besser als Rosenberg auf Spencer antworten können (so wenig wie in Deutschland ein Michel Friedman), weil es eine Antwort, die keine Doppelmoral voraussetzt, nicht gibt.

In den Vereinigten Staaten testen rechte Politiker und Kommentatorinnen seit Jahren die Belastbarkeit dieser Doppelmoral. So schrieb die Kolumnistin Ann Coulter 2015 in ihrem Buch *¡Adios, America!*:

> Die Palästinenser fordern ein Recht auf Rückkehr in ihre Heimat vor 1967, Israel aber sagt völlig zutreffend, dass eine Veränderung von Israels ethnischer Zusammensetzung die Idee Israels verändern würde. Eine Veränderung der ethnischen Zusammensetzung Amerikas verändert aber auch die Idee Amerikas. Ich möchte einen nachvollziehbaren Grund dafür hören, warum wir nicht tun können, was Israel tut. Ist Israel etwas Besonderes? Für einige von uns ist auch Amerika etwas Besonderes.[126]

Coulter irrt sich in den Daten. In Wirklichkeit fordern die Palästinenser kein »Rückkehrrecht« in ihre Heimat vor 1967, sondern in ihre Heimat vor 1948. Anders gesagt: Der Streitpunkt ist nicht die Besatzung, die auch viele liberale Zionisten für ein Verbrechen halten, sondern die Nakba, die

die liberalen Zionisten nach Kräften verdrängt haben. Der Widerstand gegen die Rückkehr der Palästinenser in jene Dörfer, aus denen sie vor und nach der Staatsgründung vertrieben worden waren, ist Konsens unter linken und rechten Zionisten, aber auch liberale Zionisten bestehen auf Israels Recht, sicherzustellen, dass Juden die ethnische Mehrheit in *ihrem* Land sind. Folglich werden zwar Juden weltweit dazu ermutigt, nach Israel »zurückzukehren«, um dort unverzüglich eingebürgert zu werden, während eine Rückkehr der Palästinenser in ihre ureigenen Gebiete ein Tabu ist.

Man begegnet gelegentlich dem Gedanken, das ethnisch begründete Rückkehrrecht der Juden sei in liberalen Nationalstaaten nichts Ungewöhnliches. Andrew Pessin zum Beispiel behauptet: »[V]iele Länder haben vergleichbare Gesetze, die eine Staatsangehörigkeit für Nachkommen von Menschen, die ursprünglich aus diesen Ländern kamen, begünstigen oder beschleunigen, darunter viele europäische Länder wie Deutschland, Ungarn und Italien.«[127] Das ist ein ungeschicktes Argument, offen gesagt, ein heilloser Vergleich. Hätte Israel ein Gesetz der Art verabschiedet, wie man sie aus Europa kennt, dann hätte dieses Gesetz zumindest *auch*, wenn nicht *besonders* das Recht der Palästinenser auf Rückkehr in die Territorien beschleunigt, aus denen sie vertrieben wurden. Die europäischen Gesetze, auf die sich Pessin bezieht, sind genau jener Art, der sich liberale Zionisten vehement widersetzen, weil sie die jüdische Demografie des jüdischen Staates bedrohen würde. Es hatte schließlich seinen Grund, warum die Palästinenser überhaupt vertrieben werden mussten. Darauf läuft am Ende das Recht der Juden auf eine »Kultur« hinaus. Das erklärt auch, warum Rabbiner Rosenberg keine Antwort auf Richard Spencer fand. Misst man hier aber nicht nach zweierlei Maß, dann wird man von Organisationen wie dem American Israel Public Affairs Committee oder den Jewish Federations of North America als Antisemit verunglimpft.

Diese Haltung ist umso verhängnisvoller, als ein Zionismus, der sich liberalen Grundsätzen verweigert, keinen Gegensatz zu der antisemitischen Politik mehr bilden kann, wie sie die rechtsextreme Alt-Right-Bewegung propagiert. Er gerät vielmehr in eine gefährliche Kontinuität zu ihr. Die Vorstellung, dass Israel der eigene ethnische Staat der Juden ist, impliziert, dass sich Juden, die außerhalb Israels leben – in Amerika etwa oder in Deutschland oder Frankreich –, einer bloß diasporischen Existenz erfreuen. Man könnte auch gleich sagen, sie lebten dort in einem Land, das nicht wirklich ihres ist. Angesichts einer solchen Logik ist es nur natürlich, dass Zionisten und antisemitische Politiker gemeinsame Grundsätze und Interessen entdecken. Jeder Amerikaner, der einmal mit der Organisation Birthright Israel auf einer kostenlosen, von Sheldon Adelson finanzierten Bildungsreise durch Israel war, dürfte wissen, dass sogar eher linke Israelis mit Amerikas Rechtsextremen und europäischen Antisemiten darin übereinstimmen, dass im Idealfall »Juden in ihrem eigenen Land leben sollten«.

Da diese Kontinuität so natürlich ist, hat sie eine lange und bezeichnende Geschichte. Als Heinz-Christian Strache, seinerzeit Vorsitzender der rechtspopulistischen Freiheitlichen Partei Österreichs, 2016 Israel besuchte, geschah dies offensichtlich auf Einladung von Netanjahus Likud.[128] Straches Partei vertritt heute vor allem islam- und einwanderungsfeindliche Positionen, wurde aber ursprünglich von österreichischen Nazis gegründet. Ihr früherer Parteichef Jörg Haider war berüchtigt dafür, Sympathien für den Nationalsozialismus zu hegen. Ein weiteres typisches Beispiel ist der fremdenfeindliche niederländische Rechtsaußen-Politiker Geert Wilders. Im Dezember 2016 kam heraus, dass die Häufigkeit seiner Israelbesuche und seiner Treffen mit israelischen Staatsvertretern den niederländischen Geheimdienst bereits dazu veranlasst hatte, seine »Verbindungen zu Israel und ihren möglichen Einfluss auf seine Loyalität« zu überprüfen.[129]

Dieses Phänomen ist uns in gewissem Maße auch aus den Vereinigten Staaten vertraut, wo enge Beziehungen zwischen fundamentalistischen evangelikalen Christen – deren Auffassungen über die Rolle der Juden im Erlösungszusammenhang rundheraus antisemitisch sind – und dem Staat Israel bestehen. Mit Trump rückt diese Art der Zusammenarbeit ins Zentrum der amerikanischen Politik. So kritisierten seinerzeit weder Israel noch amerikanische Zionistenführer Stephen K. Bannon als Chefstrategen des Weißen Hauses. Sie begrüßten vielmehr öffentlich und unmissverständlich die künftige Zusammenarbeit mit einem der einflussreichsten Ideologen der neuen Rechten. Alan Dershowitz, jener Harvard-Emeritus für Rechtswissenschaften, der selten ein Blatt vor den Mund nimmt und regelmäßig Antizionisten als Antisemiten verunglimpft, wandte sich in diesem Fall nicht gegen Bannon, sondern gegen dessen Kritiker: »Es ist nicht gerechtfertigt, jemanden als Antisemiten zu bezeichnen, weil man womöglich mit seiner Politik nicht übereinstimmt«, betonte er.[130]

Dass all dies nicht bloß symbolisch ist, wurde 2017 nach dem Großaufmarsch der Rechtsextremen in Charlottesville deutlich, bei dem Parolen wie »Die Juden werden uns nicht ersetzen« skandiert wurden: Der amerikanische Präsident reagierte auf diese – mit Nazifahnen geschmückte – offene Bekundung von Antisemitismus mit den Worten, »sehr anständige Menschen« hätten daran teilgenommen, und gab der »Alt-Left«, wie er sie nannte, eine Mitschuld an den tödlichen Ausschreitungen, zu denen es dort kam. Ministerpräsident Netanjahu enthielt sich jeglichen Kommentars. Nach dem Attentat in der Tree-of-Life-Synagoge in Pittsburgh mit elf Toten – der schwersten antisemitischen Gewalttat in der Geschichte der Vereinigten Staaten – stellte Israels Botschafter in Washington, Ron Dermer, offensichtlich auf Weisung Netanjahus eine ähnliche Behauptung auf. Er bezichtigte »beide Seiten« – mit anderen Worten, liberale Kritiker Israels, zu denen unweigerlich liberale Juden wie die in der Synagoge ermordeten gehören – des Antisemitismus.

Wie weit diese Kontinuität noch gehen kann, lässt sich einem Brief aus dem Jahr 1941 entnehmen, den Avraham (»Yair«) Stern, der Anführer der revisionistischen paramilitärischen Gruppierung Lechi, an hohe Nazi-Vertreter schickte. In seinem Schreiben schlägt Stern »Herr[n] Hitler« eine Zusammenarbeit zur »Loesung der juedischen Frage« mit dem Ziel eines »›judenreine[n] Europa‹« vor. Die Lösung sei nur durch die »Uebersiedlung dieser Massen in die Heimat des juedischen Volkes, nach Palästina«, zu erreichen. Zu diesem Zweck unterbreitet er das Angebot einer »aktiven Teilnahme am Kriege an der Seite Deutschlands« und der »Errichtung des historischen Judenstaates auf nationaler und totalitaerer Grundlage, der in einem Vertragsverhaeltnis mit dem Deutschen Reiche stuende«.[131] Bequemerweise hat man die Existenz dieses Briefes ebenso ignoriert wie die begrifflichen Voraussetzungen, die ihn möglich machten. Wie wir gesehen haben, widmet Yad Vashems Holocaust-Enzyklopädie dem palästinensischen Großmufti dieselbe Aufmerksamkeit wie Hitler; für Stern aber hat sie keinen Eintrag. Zwar wussten die Herausgeber sehr wohl, dass auch Juden mit den Nazis kollaborierten: Es gibt zahlreiche Beiträge zu Kapos, die mit den Nazis zusammenarbeiteten, um ihre Haut zu retten. Die Enzyklopädie unterschlägt jedoch lieber, dass Zionistenführer den Nazis ihre Zusammenarbeit auch im deutlichen Bewusstsein einer ideologischen Kontinuität anbieten konnten. Stern ist einer der ideologischen Väter von Netanjahus Likud-Partei. Vor allem heute muss man dem Bestreben, diesen Brief zu ignorieren, entgegentreten, weil eine solche Ignoranz genau die Logik stärkt, aus der heraus er geschrieben wurde: die Glorifizierung des Zionismus bis zu dem Punkt, an dem man eine nationalistische, antisemitische Politik toleriert. Das ist die Logik, die die liberalen Zionisten der Zukunft mit der Wurzel werden ausreißen müssen.

III.

Moshe Halbertal führt zwei Kriterien an, um zu beurteilen, ob ein Nationalstaat »liberaldemokratisch« oder »faschistisch-nationalistisch« ist. Das erste besteht in der Frage, ob der Nationalstaatscharakter »die politischen, wirtschaftlichen oder kulturellen Rechte« von Minderheiten »verletzt«. Das zweite besteht in der Frage, ob der Staat »das Recht anderer Volksgruppen, die in ihm leben, auf ihr eigenes Selbstverständnis und auf Selbstbestimmung unterstützen und gewähren würde«. So wichtig diese Kriterien sind, ist es doch irreführend, sie im vorliegenden Zusammenhang anzubringen. Zwar ist es richtig, dass die Liberalität von Nationalstaaten daran gemessen werden kann, wie sie Minderheiten behandeln, doch ist der jüdische Staat, wie wir gesehen haben, kein liberaldemokratischer Nationalstaat nach europäischem Modell. Italien mag Minderheiten mehr oder weniger erfolgreich Rechte einräumen: Diese Minderheiten sind *italienisch*; ihnen Rechte zu gewähren, bedroht nicht die Idee einer italienischen Demokratie. Da Araber im jüdischen Staat zweifellos keine jüdische Minderheit darstellen, bedroht ihre Existenz die Idee einer jüdischen Demokratie sehr wohl. Dies zeigt allein die Tatsache, dass sie überhaupt eine Minderheit sind.

Die Vorstellung, dass ein jüdischer Staat liberal sein *könnte*, wenn er nur Nichtjuden ihre vollen Rechte einräumte, ist gleichbedeutend mit der Behauptung, dass sich ein jüdischer Staat anders zu den Arabern hätte verhalten können, als er es in den vergangenen siebzig Jahren getan hat. Und dass er dies – im Prinzip – in Zukunft tun könnte. Er könnte es aber nicht. Und in gewisser Weise stellt die Behauptung, dass er es könnte, den tiefsten Verrat des liberalen Zionismus an den Grundsätzen des Liberalismus dar. Es ist wichtig zu verstehen, warum das so ist.

Liberale Politik beruht grundsätzlich auf der Annahme, dass politische Macht zum Schutz der Bürgerrechte in

Grenzen gehalten werden muss: Wo die Macht des Staates missbraucht werden kann, werde dies über kurz oder lang auch geschehen. Gewaltenteilung, gegenseitige Kontrolle, die Trennung von Kirche und Staat sowie bindende Verfassungen gelten als *notwendig*, um Einzelpersonen, Gruppen und Klassen daran zu hindern, ihre Macht zu missbrauchen und den Staat unter ihre Kontrolle zu bringen – und damit der Bevölkerung die Souveränität zu rauben. Da eine jüdische Demokratie jedoch Ausdruck jüdischer Souveränität ist, ist die Idee, dass Juden in einem solchen Staat Nichtjuden mit vollen Rechten ausstatten würden, was in der Praxis eindeutig nicht funktioniert, noch nicht einmal in der Theorie plausibel. Wäre sie es, dann bräuchte man überhaupt keine liberalen Demokratien. Es wäre dann viel sinnvoller, die Regierungsgewalt einem weisen, gerechten Souverän anzuvertrauen und darauf zu hoffen, dass er besser für das Wohl aller Menschen sorgt als wahlberechtigte Massen. Diese Logik ist natürlich spätestens seit dem Philosophenkönig aus Platons Republik bekannt, jedoch kaum als liberal zu bezeichnen. Man sollte endlich eingestehen, dass das jüdische Volk in seinem eigenen Staat Nichtjuden ihre Rechte genauso wenig gewähren würde wie der »wohlwollende Tyrann« den Untertanen im seinigen. In einer liberalen Demokratie räumt sich das Volk selbst Rechte ein, und die einzige Frage ist, wer zum Volk gehört. Bedenken wir noch einmal Halbertals Behauptung, es sei »keine Frage«, ob ein Staat jüdisch und demokratisch sein kann; die einzige Frage sei, »welche Art jüdischen Staat wir [in Israel] haben wollen«. Das verräterische Wörtchen hier ist *wir*. Es bezeichnet offensichtlich die Juden; die Araber sind an der Beratschlagung, *welche Art jüdischen Staat wir in unserem Land haben wollen*, gar nicht beteiligt. Eine lebenswerte Zukunft in Israel nicht nur für Araber, sondern auch für Juden – denn wie Platon wusste, ist es nicht gut für die Seele, über andere zu herrschen – setzt voraus, dass wir endlich den Selbstbetrug überwinden, die Halbertal'sche Logik für liberaldemokratisch zu halten.

Nichts veranschaulicht diese Entwicklung besser als die Verabschiedung des neuen verfassungsanalogen Grundgesetzartikels über Israel, den Nationalstaat des jüdischen Volkes, und sein Verhältnis zur Unabhängigkeitserklärung des Landes. In den ersten siebzig Jahren seines Bestehens war Israels gleichermaßen jüdische und demokratische Identität durch die Unabhängigkeitserklärung gesichert, in der es hieß, der Staat werde »all seinen Bürgern ohne Unterschied von Religion, Rasse und Geschlecht, soziale und politische Gleichberechtigung verbürgen«.[132] Dieser Gründungstext ließ auch die Möglichkeit einer nationalen Selbstbestimmung der Palästinenser offen: »Gleich allen anderen Völkern« habe das jüdische Volk das Recht, seine Geschichte selbst zu bestimmen; auch stellte er fest, dass der jüdische Staat »im Lande Israel« errichtet werde – von einer jüdischen Herrschaft *über Eretz Israel* war nicht die Rede.

Während dieses Dokument oft als Leuchtturm liberalzionistischer Politik gefeiert wurde, sah die Wahrheit schon immer ein wenig unangenehmer aus. Dass die Erklärung auf der einen Seite für eine nationale Selbstbestimmung der Palästinenser offen ist und auf der anderen die individuelle Gleichheit der Palästinenser zusichert, implizierte immer ein bedingtes Verhältnis, ein Quidproquo. Araber können im jüdischen Staat (rechtlich) gleichgestellt sein, solange Juden (zahlenmäßig) überlegen sind. Sollte eine palästinensische Selbstbestimmung außerhalb Israels dazu beitragen, die demografische Überlegenheit der Juden in Israel zu bewahren, wäre sie einzuräumen. Das ist – oder war jedenfalls – das Hauptargument für die Zweistaatenlösung unter linken und gemäßigten Zionisten (zumindest in Israel findet man kaum noch jemanden, der die Zweistaatenlösung explizit verteidigt).

So gesehen widerspricht das neue Nationalstaatsgesetz allem Anschein zum Trotz der Unabhängigkeitserklärung nicht. Es ist vielmehr die natürliche Folge des Umstands, dass die Bedingungen, unter denen die Rechte der Araber mit den jüdischen Interessen zur Deckung zu bringen wären, nicht mehr gegeben sind. Seit einiger Zeit schon ist es ein offenes Geheimnis, dass es keine Zweistaatenlösung geben wird und dass Israel das gesamte palästinensische Territorium für sich beansprucht. Dementsprechend stellt das Gesetz fest, dass die »Verwirklichung des Rechts auf nationale Selbstbestimmung [...] im Staat Israel einzig für das jüdische Volk« vorgesehen ist, und setzt sich mithin über die Zusicherung universeller Gleichheit hinweg. Zudem erklärt das Gesetz die »Weiterentwicklung der jüdischen Besiedlung« von nun an zum »nationalen Wert«.[133] Nachdem die Verpflichtung auf eine Teilung Palästinas und die palästinensische Selbstbestimmung außerhalb Israels explizit aufgegeben worden ist, machen die Palästinenser wieder rund die Hälfte der Bevölkerung Israels aus. Die Zusicherung individueller Gleichheit »ohne Unterschied von

Religion, Rasse und Geschlecht«, die die Unabhängigkeitserklärung enthalten hatte, muss somit ebenfalls entfallen. Das Nationalstaatsgesetz schafft die rechtliche Infrastruktur für künftige Annexionen.

Vor allem im Hinblick auf Annexionen sind die Konsequenzen der diskriminierenden Klausel, die die »jüdische Besiedlung« zum »nationalen Wert« erklärt, gewaltig. Die Entwicklung jüdischer Siedlungen war in Israel nie darauf beschränkt, »lediglich« jüdische Interessen zu begünstigen. Im anhaltenden Konflikt um Territorium und Demografie wird sie vom Staat systematisch als Waffe eingesetzt, um Araber – sowohl in Israel als auch in der Westbank – zu enteignen. Der Einsatz dieser Waffe ist uns heutzutage aus dem blühenden Siedlungsprojekt im Westjordanland vertraut, doch wurden dieselben Methoden auch innerhalb der anerkannten Grenzen Israels angewandt. In den Achtzigerjahren entstanden im Zuge eines großzügig ausgestatteten staatlichen Programms namens »Galiläa judaisieren« zahlreiche jüdische Dörfer im Norden des Landes. (Anders als Zentral- und Südisrael war Galiläa auch nach 1948 noch relativ dicht von Arabern bevölkert.) Die Gründung der jüdischen Gemeinschaftsdörfer in Galiläa – ich bin in einem von ihnen aufgewachsen – ermöglichte es der Regierung, das Land arabischer Israelis zu konfiszieren, das natürliche Wachstum ihrer Dörfer zu hemmen und den territorialen Zusammenhang zwischen arabisch-israelischen Städten zu unterbrechen. Da es sich um Gemeinschaftsdörfer handelt, ist Arabern der Zuzug offiziell verwehrt. Annexionsstrategen werden sich auf das Nationalstaatsgesetz berufen können, um solchen Methoden Auftrieb zu verleihen und sie gegen Israels Obersten Gerichtshof zu verteidigen, vor dem sie immer wieder angefochten wurden.

Die Verteidiger des neuen Gesetzes heben manchmal hervor, dass die im Gegensatz zu früheren Formulierungen letztlich verabschiedete Fassung Israels jüdischer Identität nicht ausdrücklich Priorität vor seinem demokratischen Charakter einräumt. Das ist reine Augenwischerei. Das neue Nationalstaatsgesetz musste Israels Jüdischsein nicht offen Vorrang vor seiner demokratischen Verfasstheit einräumen, weil ein anderes Grundgesetz, jenes zum Wahlsystem des Landes, genau das bereits tut.

Artikel 7(a) des Grundgesetzes: »Die Knesset« legt fest, dass »jede Person oder Partei«, die »in Wort oder Tat« Israels »jüdischen und demokratischen Charakter« abstreitet, von der Teilnahme an Wahlen auszuschließen ist. Der Geist hinter dieser Klausel ist der des bekannten Grundsatzes einer »streitbaren« oder »wehrhaften Demokratie« – grob gesagt der Gedanke, dass Demokratien extremistische Akteure, die Wahlen missbrauchen wollen, um die Demokratie von innen zu zersetzen, berechtigterweise von der demokratischen Teilnahme ausschließen können. Wie Goebbels einmal gesagt haben soll, wird es »immer einer der besten Witze der Demokratie bleiben, dass sie ihren Todfeinden die Mittel selber stellte, durch die sie vernichtet wurde«. Hitler kam bekanntlich durch Wahlen an die Macht. Das Prinzip der wehrhaften Demokratie soll diesen »Witz« verderben.[134]

Während es jedoch legitim sein kann, demokratiefeindliche Volksvertreterinnen auszuschließen, um die Demokratie selbst zu verteidigen, untergräbt die Ausweitung dieses Prinzips auf den jüdischen Charakter Israels die Demokratie an der Wurzel. Sie unterminiert das Recht auf demokratische Vertretung, nicht um die Demokratie, sondern um die Ethnokratie und eine bestimmte Staatsideologie, nämlich den Zionismus, zu sichern.

Der Schaden, den dieses Grundgesetz an Israels Demokratie anrichtet, kann gar nicht hoch genug eingeschätzt werden, wird in Wirklichkeit aber oft so gut wie ignoriert. Unter jüdischen Israelis ist der Glaube verbreitet, dass arabische Israelis selbstverständlich wahlberechtigt sind, aber angesichts dieses Gesetzes ist das alles andere als selbstverständlich. Man wird von den arabischen Israelis, die zweiundzwanzig Prozent der Staatsbürger ausmachen, nicht erwarten dürfen, dass sie den jüdischen Charakter des Landes befürworten, genauso wenig wie man von schwarzen US-Bürgern erwarten dürfte, dass sie einen offiziell weißen Charakter des Landes befürworten würden. Arabisch-israelische Volksvertreter werden zumeist toleriert, allerdings unter Vorbehalt – und die rechtliche Grundlage für ihren Ausschluss ist bereits geschaffen –, und sie *können* sich rein rechtlich ohnehin nicht für die Politik einsetzen, die ihrer Wählerschaft am wichtigsten ist. Derselbe Grund, der den jüdischen Staat dazu veranlasste, seine große arabische Mehrheit zu vertreiben, muss ihn zwangsläufig dazu führen, die Stimmen der Araber, die nicht geflohen sind, als potenziell subversiv zu erachten: Sie könnten die Demokratie »missbrauchen«, um sich dem jüdischen Charakter des Staates zu widersetzen. Es sollte klar sein, dass dieser potenzielle »Missbrauch« keine Einschränkung des Wahlrechts von Arabern rechtfertigen kann: Selbstverständlich sollten Araber das Recht haben, für Parteien zu stimmen, die ihr innerstes, dringlichstes Anliegen vertreten, in einem nichtjüdischen Staat zu leben. Dieser »Missbrauch« stellt vielmehr, und das ist noch sehr zurückhaltend formuliert, die Kohärenz der bekannten Formel »jüdisch und demokratisch« infrage. Wie der wortgewandte arabisch-israelische Knesset-Abgeordnete Ahmad Tibi einmal anmerkte, ist Israel in der Tat jüdisch und demokratisch: »demokratisch für die Juden und jüdisch für die Araber«.

Einen Monat vor der Verabschiedung des israelischen Nationalstaatsgesetzes im Juli 2018 legte die »Vereinte Liste«, eine überwiegend arabisch-israelische Fraktion in der Knesset, einen eigenen Gesetzesentwurf vor: »Grundgesetz: Der Staat all seiner Bürgerinnen und Bürger«. Er schlug vor, Israel von einem jüdischen Staat in eine neutrale liberale Republik umzuwandeln. Im Unterschied zum Nationalstaatsgesetz der Regierung war dies ein denkbar legitimer demokratischer Vorschlag, doch zog die Knesset es vor, ihn ohne Diskussion abzulehnen. Stattdessen machte sie von ihrem durch den erwähnten Artikel 7(a) gegebenen Recht Gebrauch, jeden Vorschlag zu untersagen, der Israels jüdischen Charakter bedroht. Anders als das neue Nationalstaatsgesetz, das von Liberalen als Angriff auf die Unabhängigkeitserklärung verstanden und kritisiert wurde, hinterfragt niemand das Grundgesetz über die Knesset, einschließlich Artikel 7(a). Und warum auch: Das Gesetz zementiert ja nur rechtlich die Verpflichtung der Unabhängigkeitserklärung auf einen jüdischen und demokratischen Staat.

IV.

Halbertals Ansatz, die Liberalität eines Nationalstaats daran zu bemessen, wie er mit seinen Minderheiten umgeht, ist noch aus einem anderen Grund unbefriedigend. Er übersieht nämlich die Gefahren, die den Rechten der Mehrheit drohen. Man kann sich leicht eine Situation vorstellen, in der ein staatlicher Verstoß gegen den Grundsatz religiöser und ethnischer Neutralität der Mehrheit nicht weniger – und womöglich sogar noch stärker – schadet als der Minderheit. Gerade weil die Persönlichkeit eines Menschen, wie Margalit und Halbertal sagen, durch seine Kultur bestimmt ist, ist die staatliche Neutralität so wichtig, um diese Kultur vor der zerstörerischen Macht des Staates zu bewahren. Ein jüdischer Staat ist kaum das richtige politische Gebilde, um das Recht der Juden auf ihre eigene Kultur zu gewährleisten. Es ist kein Zufall, dass ihre kulturellen und religiösen Freiheiten im Staat Israel heftigen Angriffen ausgesetzt sind.

Es ist ein offenes Geheimnis, dass das liberale oder Reformjudentum und das konservative Judentum in Israel nicht als »koscher« gelten. Ihre religiösen Praktiken unterliegen starken Einschränkungen. Liberale und konservative Rabbiner können keine rechtsgültigen Eheschließungen vornehmen oder Gläubige zum Judaismus ihrer Konfession bekehren: Der Staat bevorzugt offiziell die orthodoxe Interpretation des Judentums und behindert systematisch die anderen Glaubensströmungen. Die religiösen Freiheiten von Juden sind deshalb nicht nur in Amerika, sondern beispielsweise auch in Deutschland, Italien oder Polen besser geschützt als im jüdischen Staat. Würde irgendeines dieser

Länder die religiösen und kulturellen Freiheiten von Juden so massiv einschränken, wie Israel dies tut, dann würde es mit gutem Grund als antisemitisch gebrandmarkt. Man muss hier betonen, dass die Angriffe auf die Rechte von Juden im jüdischen Staat so wenig überraschend oder zufällig erfolgen wie die auf die Rechte der Palästinenser. Es ist allgemein bekannt, dass staatliche Neutralität und die Trennung von Kirche und Staat eine Voraussetzung dafür sind, nicht nur den Staat vor der Macht der Religion, sondern auch Religion und Kultur vor der Macht des Staates zu schützen.

Wie im Fall des Wahlrechts arabischer Israelis ist der Verstoß gegen die Rechte von Juden gewaltig, wird aber gern unterschätzt. Anders als in nichtjüdischen liberalen Ländern könnte ein Reformrabbiner in Israel nicht arbeiten, und Reformgemeinschaften dürfen im Land nicht nach ihrem Glauben leben. Liberale zionistische Juden in den Vereinigten Staaten wissen das genau, hängen es aber lieber nicht an die große Glocke. Um das Bild Israels als einer liberalen Demokratie zu bewahren, sind sie nicht nur bereit, den Angriff auf die Grundrechte der Palästinenser, sondern auch den Angriff auf Grundrechte von Juden zu tolerieren.

Während der jüdische Staat beim Schutz der Rechte von Juden auf ihre eigene Kultur schlecht abschneidet, ist seine Bilanz beim Schutz ihres »Rechts auf ihr eigenes Blut« hervorragend. Wir Israelis halten Assimilation üblicherweise für ein »Problem« von Juden in der Diaspora oder von Israelis, die im Ausland leben, als ob Nichtjuden nicht auch einen erheblichen Anteil an der israelischen Bevölkerung ausmachten. Assimilation ist in Israel aber kaum ein Thema, weil seine Gesetzgebung und seine Institutionen eine ethnische Trennung ohnehin sicherstellen. Liberale Zionisten, die Grundsätze ähnlich dem der amerikanischen Segregation – »getrennt, aber gleich« – befürworten, geben allerdings kein schönes Bild ab.

Ein Staat kann sich also nicht nur dadurch, wie er die Kulturen seiner Minderheiten, sondern auch dadurch, wie er die Kultur seiner Mehrheit behandelt, als nationalistisch erweisen. Besonders wo die kulturelle Identität der Mehrheit in erster Linie blutsbestimmt ist, steht das Beharren auf dem Recht des Staates – faktisch seiner Pflicht –, das Recht der Mehrheit auf ihre eigene »Kultur« zu schützen, in scharfem Widerspruch zu einer liberalen Politik.

An Israels öffentlichem jüdischem Bildungswesen treten die Widersprüche in der Idee einer jüdischen liberalen Demokratie am deutlichsten zutage. Moshe Halbertal weist zu Recht darauf hin, dass das Bildungssystem eines Staates seine bedeutendste politische Institution ist, insistiert dann aber, dass ein offiziell jüdisches öffentliches Bildungssystem – also eines, das nicht staatsbürgerlich neutral ist – an sich unproblematisch sei. Die Situation, schreibt er,

> unterscheidet sich nicht von der vieler anderer moderner Länder; ihre öffentlichen Bildungssysteme vermitteln ihre eigene einzigartige kulturelle Identität […]. [E]in Jude, der deutscher, amerikanischer oder französischer Staatsbürger ist, wird die private jüdische Bildung seiner Kinder aus eigener Tasche zahlen müssen. In Israel als einem jüdischen Staat ist eine solche Bildung staatlich finanziert.

Dieser Vergleich ist einigermaßen irreführend. Es stimmt, dass Juden, die an einer jüdischen Bildung ihrer Kinder interessiert sind, in den Vereinigten Staaten oder in Frankreich selbst für diese aufkommen müssen. Man hätte allerdings hinzufügen müssen, dass das für Christen in jenen Ländern genauso gilt. Die öffentlichen Bildungssysteme in Deutschland, Frankreich und den Vereinigten Staaten sind deutsch, französisch und amerikanisch – nicht christlich. Es gibt keinen Grund, warum jüdische Kinder nicht auf eine staatliche amerikanische, französische oder deutsche Schule gehen sollten, da sie amerikanisch, französisch oder deutsch sind (oder sein können). Zweifellos können Eltern jedoch Kinder, die nichtjüdisch sind, kaum Israels jüdischem Bildungssystem anvertrauen.

Solange Israel als jüdischer Staat betrachtet wird, wird es sein jüdisches Bildungssystem nicht ersetzen, wobei der Haupthinderungsgrund nichts mit dem Lehrplan zu tun hat. Ein gesundes Gleichgewicht zwischen Homer, der Bibel und dem Koran, zwischen Bialik und Darwisch, zwischen der Geschichte des Holocausts und der der Nakba zu finden ist machbar, und alle, die daran interessiert sind, könnten für ihre Kinder zusätzlichen jüdischen, muslimischen oder christlichen Unterricht privat finanzieren. Das wird jedoch nicht geschehen, solange es in Wirklichkeit gar nicht um das Recht einer Person oder eines Volks auf die eigene Kultur geht, sondern um das Recht aufs eigene Blut. Wie meine bildungsdeutsche jüdische Großmutter und mein traditioneller, iranischer jüdischer Großvater erkannt haben müssen, schützt Israels Bildungssystem nicht ihre so vielfältigen und unterschiedlichen jüdischen Kulturen, sondern lediglich ihre gemeinsame ethnische Zugehörigkeit zum Judentum. Ein staatsbürgerliches öffentliches Schulsystem könnte dieses sogenannte Recht nicht schützen, weil sich jüdische und arabische Kinder, gingen sie zusammen zur Schule, bald ineinander verlieben würden. Binnen einer Generation hätten sie selbst Kinder. Und wahrlich, wie sollte ein jüdischer Staat mit den ethnisch gemischten Söhnen und Töchtern eines humanistischen Bildungssystems umgehen? Würde der Oberste Gerichtshof ihre amtliche Bezeichnung als israelisch statt als jüdisch oder arabisch billigen? Es ist das eine, wenn sich beispielsweise amerikanische Juden im Privaten Sorgen um eine Assimilation oder um Mischehen machen, ja dies sogar, wie Peter Beinart, für ein vorrangiges soziales und politisches Problem des jüdischen Lebens halten.[135] Ob wir sie teilen oder nicht, können wir diese Sorge verstehen und dulden, solange sie eine Privatangelegenheit bleibt. Doch es ist etwas anderes, wenn ein Staat durch sein Bildungssystem und andere öffentliche Institutionen eine ethnische Segregation erzwingt. Liberale Zionisten sollten darin übereinstimmen, dass dies nicht die Lösung des »Problems« von Mischehen und Assimilation sein kann.

V.

Aus diesen Gründen ist der jüdische Staat keine liberale Demokratie und kann auch keine sein. Folgt daraus, dass die zionistische Politik aufgegeben werden muss?

Dieser Schluss scheint durchaus nahezuliegen, wenn man sich die vorherrschende Annahme vor Augen führt, dass die Essenz des Zionismus in der Existenz eines jüdischen Staats bestehe und dass die zionistische Vorstellung davon, wie das Recht der Juden auf nationale Selbstbestimmung zu gewährleisten sei, gleichbedeutend mit jüdischer Souveränität sei, kurzum, dass der jüdische Staat, der am 14. Mai 1948 gegründet wurde, das Telos der politischen Bestrebungen des Zionismus darstelle. Dieselbe Annahme leitet auch das sture Beharren auf einer Quadratur des Kreises: jene allen Tatsachen widersprechende Behauptung, es sei keine »Frage, ob ein Staat sowohl jüdisch als auch eine liberale Demokratie sein kann«.

Es ist an der Zeit, dass liberale Zionisten dieses geheiligte falsche Axiom aufgeben. Juden haben ganz bestimmt das Recht auf nationale Selbstbestimmung, die Annahme aber, dieses Recht sei nur oder am besten in einem souveränen jüdischen Staat zu verteidigen, ist, gelinde gesagt, fragwürdig und höchstwahrscheinlich falsch. Die Idee, dass sich Nationen angeblich nur als souveräne politische Gemeinwesen verkörpern können, ist in Wirklichkeit *keine* nationale, sondern eine nationalistische Idee: Sie entspringt nicht dem Drang, nationale Rechte zu verteidigen, sondern dem Wunsch, die Nation zur höchsten Instanz zu erheben – zum obersten Richter über Identität, Bedeutung und Macht. Die Verteidigung der tatsächlichen nationalen und kulturellen Rechte der Juden allerdings – im Unterschied zur Sakralisierung des jüdischen Nationalismus – könnte eine subsouveräne politische Autonomie innerhalb einer verfassungsrechtlichen föderativen Struktur besser leisten. Sie könnte die jüdische Bildung, Kunst und Religion schützen und das Studium sowie den Status des Hebräischen erhalten. Eine solche föderative Konstellation würde auch die nationalen

Rechte der Palästinenser parallel zu denen der Juden besser schützen.

Ein subsouveränes politisches Gemeinwesen mag wie eine post- oder antizionistische Utopie klingen und in der Tat utopisch sein. Theodor Herzls utopischer Roman *Altneuland* von 1902 malt sich schließlich das sozioökonomische, kulturelle und politische Leben im Staat der Juden als eine kulturell-politische Autonomie aus, die Seite an Seite mit anderen Autonomien dieser Art unter osmanischer Souveränität bestehen würde.[136] Die Idee einer vollständigen jüdischen Souveränität war Herzls Denken und Träumen völlig fremd, aber darum war er um keinen Deut weniger ein Zionist.

Die meisten Interpreten haben sich zu der These hinreißen lassen, das Autonomiemodell von *Altneuland* stelle einen Bruch mit Herzls zionistischem Manifest *Der Judenstaat* von 1896 dar, das, wie sein Titel nahezulegen scheint, für die jüdische Souveränität steht. Entweder ein radikaler Wandel in Herzls Denken, so die Argumentation, oder der Versuch, seine Bestrebungen gegenüber den osmanischen Herrschern Palästinas zu verschleiern, seien für das im Roman gezeichnete Bild des jüdischen Staates als einer »bloßen« Autonomiezone in Palästina verantwortlich.[137] Doch ist der Glaube, dass beide Bücher für unterschiedliche zionistische Visionen stehen, ein reiner Mythos; ein Mythos, der aller Wahrscheinlichkeit nach durch die ideologische (Fehl-) Interpretation von Herzls Werk aus der rückblickenden Perspektive des schließlich gegründeten jüdischen Staates geschaffen wurde: um diesen als das von Anfang an verfolgte offensichtliche und notwendige Ziel der zionistischen

Politik darzustellen.[138] Wir haben vielmehr allen Grund zu der Annahme, dass es keinen Bruch in Herzls Denken gab. Als zu seiner Zeit andere europäische Nationen – die Tschechen etwa oder die Ungarn – davon sprachen, ihren eigenen »Staat« gründen zu wollen, dachten sie an eine nationale territoriale Autonomie, nationale Selbstbestimmung unter kaiserlicher Souveränität. Der »Staat« in *Der Judenstaat* ist dasselbe nichtsouveräne politische Gebilde, das Herzl später in *Altneuland* beschreiben sollte.

Zudem war Herzl wohlvertraut mit dem griechischen Präzedenzfall der Idee einer nationalen Befreiung und der Erlangung voller Souveränität in einem kulturell und sprachlich homogenen Staat. 1821 hatten die Griechen einen Volksaufstand gegen die Osmanen begonnen, 1822 ihre Unabhängigkeit erklärt und 1832 ihre Souveränität gesichert. Herzl missbilligte die Vorstellung, der Zionismus könnte diesem Vorbild folgen und den Judenstaat zu etwas machen, das er spöttisch als »Neugriechenland« abtat.[139] Bekanntlich war der Vater des politischen Zionismus eher utopisch als messianisch gesinnt: Er teilte die Ansicht nicht, dass die Juden in ihr altes biblisches Heimatland zurückkehren müssten, hat sich einen Judenstaat bekanntlich auch in anderen Weltgegenden vorgestellt und war gegen die Wiederbelebung des Hebräischen als historischer Nationalsprache der Juden. Auch nationalistisch war sein Zionismus nicht, wie man endlich zur Kenntnis nehmen sollte; das Streben nach jüdischer Souveränität galt ihm als ein goldenes Kalb. An den falschen zionistischen Maximen gemessen, die inzwischen aufgestellt worden sind, war Herzl ein Antizionist.

Und nicht nur er. Dieselbe ideologische Verzerrung ist dafür verantwortlich, dass der Zionismus eines Achad Ha'am in der Regel abgelehnt wird, weil er kein »politischer«, sondern lediglich ein »Kulturzionismus« gewesen sei. Doch in Wirklichkeit war sein Zionismus hochpolitisch: Im vollen Bewusstsein der Existenz eines palästinensischen Volkes trat er für eine jüdische kulturelle Autonomie in Palästina ein, die Seite an Seite mit einer palästinensischen Autonomie in einer binationalen Föderation bestehen sollte. Nur eine rückwirkende Ideologie kann eine binationale zionistische Politik als unpolitisch abtun. Anders als Herzl unterstützte Achad Ha'am die Wiederbelebung des Hebräischen als jüdische Nationalsprache vehement. Anders als Herzl war er mit keinem bestehenden Reich verbunden. Anders als Herzl maß er der Anwesenheit eines palästinensischen Volkes auf dem Territorium großes Gewicht bei. Anders als Herzl war er für die wichtigsten *politischen* Fragen empfänglich, die den Zionismus auf Jahre hinweg beschäftigen sollten. In der Frage eines subsouveränen Status des jüdischen Staats hingegen stimmten Achad Ha'am und Herzl überein. Achad Ha'am schrieb:

Die Verhältnisse machen Palästina zur gemeinsamen Heimat verschiedener Völker, von denen jedes versucht, seine eigene traditionelle Heimstätte einzurichten. Unter solchen Bedingungen ist es nicht mehr möglich, dass die »nationale Heimstätte« eines von ihnen vollständig sein und jeden Aspekt dieses Terminus [d.h. der Souveränität – O. B.] umfassen kann. Wenn man sein Heim nicht in einem menschenleeren Feld aufbaut, sondern an einem Ort, an dem es andere Heimstätten und Bewohner gibt, dann kann man natürlich nur der Alleinherrscher innerhalb der eigenen Tore sein. Dort, im Innern, kann man seine Dinge einrichten, wie man es für richtig hält. Jenseits der eigenen Tore aber müssen alle Bewohner der Gegend zusammenarbeiten, und die Gesamtleitung muss zum Nutzen aller vereinbart werden.[140]

Während Herzl fälschlich zum Befürworter einer Souveränität gemacht wurde, war eine solche Verzerrung mit Achad Ha'am nicht möglich. Da man ihn aber auch nicht zum Antizionisten abstempeln konnte, nannte man ihn einen »unpolitischen« Zionisten. Im öffentlichen Bewusstsein wie auch bei manchen Experten ist der Glaube verbreitet, der binationale Zionismus in Achad Ha'ams »kultureller« statt »politischer« Variante sei nicht von Dauer gewesen. Oder allenfalls unter der vermeintlich radikal progressiven Brit-Schalom-Bewegung, die von Intellektuellen wie Martin Buber, Arthur Ruppin und Judah Magnes ins Leben gerufen wurde. Doch Brit Schaloms Übereinstimmung mit Achad Ha'am bezog sich auf die Bedeutung, die sie der Renaissance des Hebräischen und der jüdischen Kultur beimaßen, nicht ihrer – angeblich postzionistischen – binationalen Politik, die ohnehin noch lange Konsens unter den zionistischen Gründervätern blieb. 1926 kritisierte Jabotinsky Brit Schalom für ihren seiner Meinung nach voreiligen Wunsch, einen jüdischen Staat anzukündigen, während die jüdische Bevölkerung in Palästina noch eine winzige Minderheit darstellte. In der Frage ihres binationalen Plans gebe es keine Uneinigkeit, betonte

Jabotinsky eigens; dieser sollte eine Selbstverständlichkeit sein:

Die Zukunft Palästinas muss, rechtlich gesprochen, als ein »binationaler Staat« begründet werden. Und nicht nur Palästinas. Jedes Land, das eine ethnische Minderheit hat, selbst kleinster Art, würde schließlich nach unserer tiefsten Überzeugung sein Rechtssystem an diese Tatsache anpassen und zu einem bi-, tri- oder quatranationalen Staat werden müssen.[141]

Sein ganzes Leben lang unterstützte Jabotinsky die Idee eines »Nationalitätenstaats« im Gegensatz zu einem Nationalstaat, also die Idee einer multinationalen Föderation. Von dieser Vorstellung rückte er auch nicht ab, als der Erste Weltkrieg zu Ende war, die bisherige Weltordnung zerbrach und er begann, sich für die Schaffung eines jüdischen Staates westlich und östlich des Jordans einzusetzen. Tatsächlich stand hinter Jabotinskys scharfem Widerstand gegen jeden territorialen Kompromiss sein Beharren, dass das Territorium künftig multinational sein und nicht in souveräne Nationalstaaten aufgeteilt werden würde. Wie er in seinem Buch *The Jewish War Front* von 1940, seinem letzten und besonnensten politischen Leitfaden, erläutert:

Die jüdische und die arabische Volksgemeinschaft sollen als autonome politische Körperschaften mit gleichem Status vor dem Gesetz anerkannt werden. […] Jede Volksgemeinschaft soll ihr nationales Parlament wählen, das das Recht hat, in den Grenzen seiner Autonomie Rechtsverordnungen zu erlassen und Steuern zu erheben und eine nationale Exekutive zu ernennen, die dem Parlament verantwortlich ist.[142]

Wüssten wir nicht, dass dies Jabotinskys Worte sind, könnte man meinen, sie stammten aus der Feder von Hannah Arendt, die heute üblicherweise für eine Antizionistin gehalten wird. Ähnlich wie Herzl und Jabotinsky engagierte sich ursprünglich auch Ben-Gurion für ein autonomes nationales Gebiet unter osmanischer Herrschaft. Nach dem Ersten Weltkrieg propagierte er einen souveränen jüdischen Staat, ohne aber seine Vision einer »dezentralisierten« Regierungsform – vergleichbar mit Jabotinskys Nationalitätenstaat im Gegensatz zum Nationalstaat – auch nur im Ansatz aufzugeben, einer Regierungsform, bei der Juden und Palästinenser ihre jeweilige nationale Selbstbestimmung in kultureller Autonomie ausüben würden. (Unter Souveränität verstand Ben-Gurion überwiegend Selbstbestimmung.) 1926 verkündete er in einer programmatischen Rede:

Welche Art Regierung es auch immer in Palästina geben wird, ist es in einem solchen Land mit einer so großen Vielfalt an Rassen, Volkszugehörigkeiten, Religionen, internationalen politischen Verbindungen und soziokulturellen Lehren unmöglich, dass es nur ein Gesetz und eine Ordnung geben könnte. […] Welche Art Regierung es auch immer in Palästina geben wird, ob es eine Mandatsregierung ist oder eines Tages eine Regierung der Einwohner Palästinas werden könnte, erfordert dieser Umstand es, dass sich die zentrale nationale Regierung lediglich auf solche staatlichen Funktionen beschränkt, die naturgemäß in einer nationalen Verwaltung zusammengefasst sein müssen. [...] Und die Schlussfolgerung ist, dass die Situation im Land eine Autonomieregelung für jeden der vielen Lebensräume notwendig macht, einschließlich der für uns wichtigsten, nämlich der Autonomieregelung für die jüdische Jischuw in Palästina.[143]

Und er fährt fort:

Wir werden keine *autonome* Territorialnation sein können – ich glaube, dass das zu unserem Ziel geworden ist –, weil es uns nicht darum geht, über andere zu herrschen, eine Herrschernation zu sein wie all die anderen Herrschernationen; unser Ziel ist, dass wir Herren unseres eigenen Schicksals sind, nicht mehr und nicht weniger – wir werden dieses Streben nicht verwirklichen, wenn wir es nicht auf der Ebene unseres täglichen Lebens verwirklichen. [...] Es macht keinen Unterschied, ob wir eine Minderheit und andere in der Mehrheit sind oder ob wir die Mehrheit und andere in der Minderheit sind. Gerechte Verhältnisse zwischen Nationen können davon nicht abhängen [...]. Das ist die Grundannahme, die die Verhältnisse zwischen uns und unseren arabischen Nachbarn prägt und bestimmt. Und all unsere praktischen Schlüsse müssen wir aus dieser Grundannahme ziehen [...]. Und diese Grundannahme, die wir für uns selbst treffen, kann nicht allein für uns gelten, sie muss vielmehr eine allgemeine Annahme für die gesamte Bevölkerung Palästinas sein, ob sie eine Mehrheit und wir eine Minderheit oder ob wir eine Mehrheit und sie eine

Minderheit sind. Alle anderen Vorstellungen untergraben unsere Existenz in Palästina.[144]

Wenn Ben-Gurion, der passionierte Platon-Leser, betont, dass es nicht unser Ziel sei, »über andere zu herrschen« wie eine »Herrschernation«, dann spricht er nicht von einem Regime wie der militärischen Besatzung des Westjordanlands, die er 1926 nicht voraussehen konnte. Er spricht von Palästinensern, die unter jüdischer Souveränität in einem jüdischen Staat leben. Autonomie sei somit das geeignetste Modell sowohl für die jüdische als auch für die palästinensische Selbstbestimmung – die Juden könnten ihr Leben selbst verwalten, ohne sich dabei als Herrschernation selbst zu verderben. Und da autonome Gebiete Selbstbestimmung sicherten, mache es »keinen Unterschied«, ob die Juden oder die Palästinenser in der Überzahl seien. Keine hundert Jahre sind vergangen, seit Ben-Gurion diese Rede hielt: Seine Prophezeiung, dass jede andere Art von Politik »unsere Existenz in Palästina [...] untergraben« würde, kann sich durchaus noch bewahrheiten.

In den frühen Dreißigerjahren arbeitete Ben-Gurion die in dieser Rede umrissenen Grundsätze zu einem verfassungsähnlichen Dokument mit der Überschrift »Grundlagen einer staatlichen Regierungsordnung in Palästina« aus, in dem er seine Vision näher beschrieb:

Palästina würde ein Bundesstaat werden, der untergliedert ist in: 1) die [jeweilige] kommunale Regierung des Dorfs und der Stadt, die vollkommen unabhängig ist; 2) Kantone, die aus autonomen Staaten innerhalb des palästinensischen

Bundesstaates bestehen. Jedes zusammenhängende Siedlungsgebiet mit nicht weniger als 25 000 Einwohnern kann ein freier Kanton werden. Jeder Kanton kann seine eigene Verfassung schreiben. Kein Kanton kann ein Gesetz verabschieden, das die Rechte und die Gleichheit der Bewohner eines anderen Kantons einschränkt oder verletzt. Jeder Staatsbürger hat in allen Kantonen gleiche Rechte; 3) nach der Verfassung, die von der Gründungsversammlung verabschiedet werden würde, wäre die nationale Autonomie mit sämtlichen Vollmachten in den Bereichen Bildung, Kultur und Sprache verbunden.[145]

Auch hier könnte man leicht zu der Überzeugung gelangen, einen Text von Hannah Arendt vor sich zu haben, wüsste man nicht, dass er von Ben-Gurion stammt. Arendts Aufsatz »Zur Rettung der jüdischen Heimstätte ist es noch nicht zu spät« schließt mit folgender Feststellung:

Örtliche Selbstverwaltung und gemischte jüdisch-arabische Gemeinderäte in Stadt und Land, in kleinem Rahmen, aber doch so zahlreich wie möglich, sind die einzigen realistischen politischen Maßnahmen, die schließlich zur politischen Emanzipation Palästinas führen können.

Es ist noch nicht zu spät.[146]

Für Moshe Halbertal ist es »keine Frage«, ob ein jüdischer Staat eine liberale Demokratie sein kann, sondern lediglich, »welche Art jüdischen Staat wir haben wollen«. Der liberale Zionismus der Zukunft sollte sich allerdings an einem anderen Manöver versuchen: Die Frage wird nicht lauten, welche Art *jüdischen* Staat wir Juden haben wollen, sondern welche Art *Staat* wir als Staatsbürger zu entwickeln uns zutrauen würden. Amos Oz, der für eine Beendigung der Besatzung und eine Rückkehr zu dem in seinen Augen ursprünglichen, gerechten zionistischen Konzept eintrat, lehnte die Idee einer multinationalen Föderation als dogmatische, moralistische postzionistische Vorstellung ab. Es gebe nur »sechs multinationale Staaten« weltweit, betonte er: »die Schweiz, die Schweiz, die Schweiz, die Schweiz, die Schweiz und, nicht zu vergessen, die Schweiz«.[147] Ben-Gurion und die anderen Väter der Nation waren weniger zynisch. Wenn es in der Zukunft einen liberalen Zionismus geben soll, wird er der ursprünglichen, allzu oft vergessenen zionistischen Konzeption sehr ähnlich sein müssen.

VI.

Zwei Faktoren beförderten die sehr späte Idee, dass die nationale Selbstbestimmung der Juden in einem souveränen Nationalstaat von der Art, die Herzl als »Neugriechenland« verwarf, erfolgen kann und erfolgen muss. Beide Faktoren begannen erst zwölf Jahre vor der Gründung Israels das zionistische Denken zu beeinflussen, in den späten Dreißigerjahren, und verfestigten sich in den Vierzigern. Der erste war die Veröffentlichung der Ergebnisse von Peels British Palestine Royal Commission, besser bekannt als Peel-Kommission. Sie forderte die Teilung Palästinas in zwei separate Staaten und sah vor, dass die Briten Teile der palästinensischen Bevölkerung aus den Territorien, die für den jüdischen Staat vorgesehen waren, umsiedeln würden. Umsiedlungsfantasien hatte es unter Zionisten immer gegeben, aber nie wirklich als politische oder praktische Möglichkeit. Ein unmittelbarer, radikaler Sinneswandel wird an Ben-Gurions Reaktion auf den Befund der Kommission ersichtlich – der Idee der Umsiedlung in Verbindung mit jüdischer Souveränität. Seinem Tagebuch vertraut er an:

Die Zwangsumsiedlung der Araber aus den Tälern des vorgeschlagenen jüdischen Staates könnte uns zu etwas verhelfen, was wir nie hatten. […] Uns wird eine Gelegenheit eröffnet, von der wir in unseren kühnsten Fantasien nicht zu träumen wagten. Das ist etwas mehr als ein Staat, als eine Herrschaft, als eine Souveränität – es ist eine nationale Vereinigung in einem befreiten Heimatland.[148]

Wenn Ben-Gurion von etwas spricht, das er in seinen »kühnsten Fantasien nicht zu träumen« wagte, sollten wir aufhorchen, hatten die Zionistenführer kühnes Fantasieren doch zum Programm erhoben. Und Ben-Gurion hatte sich immer schon gestattet, von einem jüdischen *Staat* zu träumen, und diesen Staat auch als *souverän* bezeichnet, damit aber eine jüdische Selbstbestimmung innerhalb einer binationalen Föderation gemeint. Wovon Ben-Gurion in seinen »kühnsten Fantasien« nicht geträumt hatte – nicht bevor Großbritannien vorschlug, eine palästinensische Umsiedlung anzuleiten –, war eine vollständige Souveränität, nicht Selbstbestimmung, in einem ethnischen Nationalstaat. Nur wenige Jahre zuvor, in seinen »Grundlagen einer staatlichen Regierungsordnung in Palästina«, war Ben-Gurion selbstverständlich davon ausgegangen, dass das Grundprinzip eines jüdischen Staates eine binationale Republik sein müsse. Damals machte es noch »keinen Unterschied, ob wir eine Minderheit und andere in der Mehrheit sind«, oder umgekehrt. Die Erkenntnis, dass eine Umsiedlung möglich sein könnte, gab den Anstoß zu einem neuen Traum.

Der zweite Faktor war natürlich der Holocaust. Die systematische Ausrottung der europäischen Juden bereitete die internationale Öffentlichkeit auf einen ausschließlich jüdischen Staat vor; die Notwendigkeit, jüdische Flüchtlinge rasch wieder anzusiedeln, und das wachsende Verlangen der Juden, nicht nur über ihr eigenes kulturelles Gedeihen, sondern auch über den Schutz ihres Lebens selbst zu bestimmen, bewirkten einen mächtigen Umschwung – hin zu der Überzeugung, dass es jüdischer Souveränität bedurfte und nicht nur Autonomie.

Nicht weniger bedeutsam ist, dass die bisherige Überzeugung, das Verhältnis von Juden zu Nichtjuden in Palästina sollte dem von Nichtjuden zu Juden in der Diaspora gleichen, aufgegeben wurde. Wobei sie eigentlich nicht aufgegeben, sondern auf den Kopf gestellt wurde: Wenn Juden unter Nichtjuden in der Diaspora nicht leben können, dann sollten sie ihren eigenen Nationalstaat bekommen. Das Band einer zivilisierten Politik zwischen Juden und Nichtjuden war in Europa zerschnitten worden; jetzt akzeptierte man die Notwendigkeit einer souveränen jüdischen Macht statt einer föderativen Republik – und die Verwandlung der Juden in eine Herrschernation. Binnen Kurzem sollte dieser politische Wandel die Logik des *mi'shoa le 'tquma* hervorbringen: vom Holocaust zur Wiederauferstehung. Der Holocaust-Messianismus sollte schließlich die wesenhafte Verbindung zwischen Zionismus und souveränem jüdischem Staat festschreiben und sanktionieren.

Die Vorstellung einer binationalen Föderation, einst urzionistischer Konsens, wurde aus dem zionistischen Denken ausgelöscht – begraben unter dem Holocaust und der Umsiedlungspolitik. Eine zivilisierte liberale Politik kann sich weder auf Ersteren noch auf Letztere stützen. Der zukünftige zionistische Traum ist nur lohnenswert, wenn diese beiden Prinzipien mit der Wurzel ausgerissen werden können – nur wenn wir uns daran erinnern können, sie beide zu vergessen. Ben-Gurion sagte einmal, »›nur so‹ ist ein antizionistischer Ausdruck«.[149] Im 21. Jahrhundert sollten sich die Zionisten auf diese Weisheit zurückbesinnen: Sie sollten das holocaustbasierte Nationalstaatsaxiom aufgeben, das heute zu einer weiteren Nakba führt, und damit beginnen, eine kompromisslose gemeinsame jüdisch-palästinensische Föderation aufzubauen.

4.

REPUBLIK HAIFA

Die Krise besteht gerade in der Tatsache, daß das Alte stirbt und das Neue nicht zur Welt kommen kann.

ANTONIO GRAMSCI

I.

Der Palästinenserpräsident Mahmud Abbas machte im September 2015 Schlagzeilen, als er vor der UN-Vollversammlung verkündete, dass sich die Palästinenser »nicht länger« an das Oslo-Abkommen »gebunden« fühlten. Schon vorher hatte Abbas gewarnt, er werde in seiner Rede eine »Bombe« platzen lassen. Doch angesichts der Tatsache, dass der Oslo-Prozess seit Jahren zur Fassade verkommen war, blieb unklar, welches Gewicht seine dramatische Ankündigung hatte. Die *New York Times* berichtete mit einer großen Schlagzeile über die Rede, tat Abbas' Proklamation jedoch als einen »sehr, sehr, sehr alten Hut« ab. Auch die israelische *Haaretz* stellte nüchtern fest, Abbas habe zwar womöglich eine Bombe fallen lassen, »geplatzt« sei sie anscheinend aber nicht.[150]

Doch obwohl das Ende des Friedensprozesses 2015 nichts Neues war, kommt Abbas' Erklärung rückblickend ganz erhebliche Bedeutung zu. Während seit Langem alle gewusst hatten, dass Oslo tot war, schaute man lieber weg und war froh darüber, eine bequeme Illusion am Leben zu erhalten. So wurde Oslo zu »Oslo« – einem Codewort zur Wahrung des Status quo –, wobei »Wahrung des Status quo« seinerseits ein Codewort für den unwiderruflichen Ausbau von Israels Besatzungsprojekt ist. »In Zeiten der universellen Täuschung«, soll George Orwell einmal festgestellt haben, »wird das Aussprechen der Wahrheit zur revolutionären Tat.« Dementsprechend hätte Abbas' performative Ankündigung eine kleine Revolution auslösen müssen. Dass kein radikaler Bewusstseinswandel eintrat, lag vor allem daran, dass nichts, was ein Palästinenserführer sagt oder nicht sagt, sehr viel zählt.

Ironischerweise trug daher nichts so sehr zu einer ehrlichen Diskussion über die Oslo-Illusion bei wie die Wahl Donald Trumps zum Präsidenten der Vereinigten Staaten. Er, der Bullshit-Künstler, interessiert sich so wenig für die Wahrheit, dass er im Unterschied zu seriöseren Staatenlenkern auch einmal zu lügen vergisst. Auf einer Pressekonferenz kurz nach Amtsantritt zur Zweistaatenlösung befragt, antwortete Trump, der neben Netanjahu stand, er schaue sich das Zwei- und das Einstaatenmodell an und möge »das, was beide Seiten mögen«, leben könne er mit beidem. Im Grunde sagte der amerikanische Präsident *was auch immer*, und Netanjahu, der vermutlich überrascht, wenn auch angenehm überrascht darüber war, dass Amerikas jahrzehntealte Festlegung auf einen territorialen Kompromiss soeben kurzerhand ad acta gelegt worden war, gluckste überlaut im Hintergrund.[151] Tatsächlich war Trumps *Was auch immer* aufrichtiger – und insofern von erheblichem Gewicht – als die über Jahre lakonisch wiederholten Mahnungen von Kerry, Obama, Clinton, Merkel und Co., bald werde sich das Zeitfenster für die Zweistaatenlösung schließen. Als Trump im Mai 2018 die Verlegung der US-Botschaft nach Jerusalem ankündigte und anschließend Israels Annexion der Golanhöhen anerkannte, bewirkte das am unmittelbaren Ort des Geschehens keinen großen Unterschied, in den Köpfen aber sehr wohl: Der vorherrschenden Unehrlichkeit wurde ein schwerer Schlag versetzt. Mittlerweile sind Israels Annexionsprogramme im Westjordanland offiziell – mit Billigung beider Seiten des politischen Spektrums –, und sie werden mit Trumps »Deal of the Century« auch offiziell von der US-Regierung unterstützt. So gefährlich diese Entwicklungen sind, bergen sie doch auch eine Chance. Die Wahrheit zu sagen kann am Ende wichtig, wenn nicht geradezu revolutionär sein: Es wird keine Zweistaatenlösung geben, und es ist an der Zeit, für die erstrebenswerte Alternative eines einzigen gemeinsamen Staates zu kämpfen. Der eine Staat wird, nein, er ist schon Realität. Die Frage ist nur, was für eine Art Staat er werden wird.

In den Neunzigerjahren war das Oslo-Abkommen keine Illusion, sondern der Traum einer Zweistaatenlösung auf dem Weg zu seiner konkreten politischen Verwirklichung. Es war ein Traum, der von links und von rechts scharf kritisiert wurde, und nicht immer nur aus den falschen Gründen. Von den Palästinensern, die einmal eine Mehrheit in ihrem Territorium gebildet hatten, wurden massive Zugeständnisse erwartet. Dazu zählten die Aufgabe privater und politischer Ansprüche auf Landstriche, aus denen sie 1948 vertrieben worden waren, und die Bereitschaft, sich dauerhaft mit zweiundzwanzig Prozent des Territoriums zufriedenzugeben, das Palästina unter dem Völkerbundsmandat umfasst hatte. Die Israelis hingegen hätten Tausende von Siedlern evakuieren müssen, eine Aufgabe, die die israelische Gesellschaft zu zerreißen drohte. Vor allem hätten sie auch daran glauben wollen müssen, dass sie damit dem palästinensischen Terror ein Ende setzen und einer ernst gemeinten arabischen Anerkennung von Israels Existenzrecht den Weg bereiten würden. Doch trotz großer Skepsis hielten viele Israelis, selbst ideologische Einstaatenlösungs-Befürworter, Oslo für einen annehmbaren Kompromiss – denn genau das war es, ein *Kompromiss* im besten Sinne des Wortes.[152] Ungeachtet aller ideologischen und Gerechtigkeitsfragen hatte der Nahostkonflikt nie eine ehrgeizigere Friedensbemühung erlebt und auch keine, die so konkret wurde. In manchen Kreisen gehört zwar heute der Zweifel, ob Oslo jemals ernsthaft beabsichtigt war, zum guten Ton, doch kommt die Tatsache, dass ein israelischer Ministerpräsident für diesen Versuch ermordet wurde, einem Gegenbeweis recht nahe. Jitzchak Rabin kämpfte nicht für eine Illusion, so wenig wie sein Mörder, Jigal Amir, gegen eine. Vor fünfundzwanzig Jahren war Oslo eine reale Möglichkeit.

Ob es uns gefällt oder nicht, hat sich Amirs Vermächtnis in Israel durchgesetzt, nicht das von Rabin. Schon bei den Neuwahlen sieben Monate nach dem Attentat wurde mit Benjamin Netanjahu einer der entschiedensten Gegner des Oslo-Prozesses zum neuen Ministerpräsidenten gewählt. Nur wenige Monate vor dem Mord hatte er Rabin als »Verräter« beschimpft, und bei einer stramm rechten Demonstration war er neben einem schwarzen Sarg fotografiert worden, auf dem in großen Buchstaben »Rabin tötet den Zionismus« stand. Schimon Peres, Rabins Außenminister, trat bei derselben Wahl mit dem Ziel an, das Oslo-Abkommen umzusetzen, und scheiterte kläglich. Natürlich demontierte Netanjahu den Friedensprozess nicht unmittelbar oder im Alleingang. Das war ein Gemeinschaftsprojekt, das von den einflussreichen israelischen und palästinensischen Gegnern der Einigung eingefädelt wurde – am maßgeblichsten von der israelischen Rechten mit Unterstützung der fundamentalistisch-religiösen Zionistenbewegung und ihren natürlichen Verbündeten auf der palästinensischen Seite, muslimischen Fundamentalistengruppen wie Hamas und Islamischer Dschihad. Auch gemäßigte Befürworter der Zweistaatenlösung wie Ehud Barak und Jassir Arafat machten einige ernsthafte Fehler. Die Feinde eines Kompromisses waren so erfolgreich, dass lange Zeit die beste Strategie, um die Zweistaatenlösung garantiert zu begraben, darin bestand, »Oslo« als Illusion am Leben zu erhalten: Das Abkommen diente nationalistischen und fundamentalistischen Kräften als Tarnung, hinter der sie relativ ungestört ihre Ziele verfolgen konnten. Nachdem Trump nun aber von der Festlegung der US-Politik auf die Zweistaatenpolitik abgerückt ist, ein »Recht« Israels auf Annexionen anerkennt und im Rahmen seines »Deals« faule Kompromissangebote unterbreitet, braucht die Rechte diese Illusion nicht mehr. Heute, im Übergang zur Einstaatenpolitik, lautet die entscheidende Frage, ob sich die Linken – und die internationalen politischen Akteure wie Deutschland und die Europäische Union – an ihre eigenen Zweistaatenlügen klammern oder eine Alternative zu dem Kurs anzubieten haben, auf dem sich das Land gegenwärtig befindet. An dem Punkt, an dem wir heute sind, war die Reaktion der EU auf den Trump-Plan, nämlich ihr lakonisches Festhalten an der Zweistaatenlösung, die erwartbare verheerende Lüge; eine so alte Lüge indessen, dass sie von dem Bullshit à la Trump kaum noch zu unterscheiden ist.

Bereits 2013 warnte Juval Diskin, vormals Chef des israelischen Inlandsgeheimdienstes Schin Bet, davor, dass man mit der Zerstörung der Zweistaatenlösung einen Punkt überschreite, an dem es kein Zurück mehr gebe.[153] Wahrscheinlich war dieser Punkt bereits überschritten, als er sich zu seiner Warnung durchrang. Bei der Unterzeichnung des ersten Oslo-Abkommens 1993 lebten im Westjordanland etwa hunderttausend Siedler sowie 146 000 weitere in besetzten Gebieten rund um Jerusalem. Unter dem Deckmantel eines angeblich immer noch ernst gemeinten Friedensprozesses sind diese Zahlen auf unumkehrbare vierhunderttausend Siedler im Westjordanland und dreihunderttausend im besetzten Jerusalemer Umland gestiegen.[154] Israel hat in der Westbank nicht nur Siedlungen, Straßen und Infrastruktur errichtet, sondern auch Banken, Fabriken, Unternehmen und eine Universität. 2017 jährte sich Israels Militärregime über Millionen von Palästinensern zum fünfzigsten Mal, doch noch immer spricht man von einer »Besatzung« – also offiziell einem vorübergehenden Zustand – und sorgt sich um die Zukunft der Zweistaatenlösung. Die Tatsachen vor Ort weisen allerdings darauf hin, dass es sich längst um eine Einstaatenrealität handelt und wir nicht von Besatzung, sondern von Apartheid sprechen sollten. Anders als es die Apologeten Israels oft behaupten, zielt die Rede von der

Apartheid nicht nur darauf, Israel zu »delegitimieren«. Vor allem geht es darum, Alternativen zu entwickeln. Solange eine angemessene, sachgerechte Beschreibung der Realität jedoch ein Tabu ist, wird das unmöglich bleiben.

Nach einem aktuellen Bericht von Israels Zentralem Statistikamt beträgt die Bevölkerung des Landes insgesamt 8,84 Millionen Menschen, von denen 74,5 Prozent jüdisch und 20,9 Prozent arabisch sind. Diese Statistik bezieht die rund siebenhunderttausend Siedler ein, und es gibt auch keinen guten Grund, sie nicht einzubeziehen: Die offiziellen Landkarten des israelischen Staats verzeichnen das Westjordanland als integralen Bestandteil des Landes, ohne jede Spur der Grenzen von 1967. Dasselbe gilt für die Karten in den Lehrbüchern des israelischen Bildungsministeriums.[155] Nicht in dieser Zählung enthalten sind hingegen rund drei Millionen Palästinenser, die auf dem selben Territorium leben. Und während die israelischen Siedlungen auf den Karten verzeichnet sind, fehlen die palästinensischen Städte und Dörfer komplett.[156] Anders gesagt: Die offiziellen »Fakten«, die Israels Statistikamt bereitstellt, haben mit Fakten nichts zu tun; sie sind keine wissenschaftliche Beschreibung der Realität, sondern ein Paradebeispiel dafür, wie »Wissenschaft« einer ideologischen Staatspropaganda dienen kann. Innerhalb der Grenzen, auf die sich die Zahlen des Statistikamts beziehen, leben nicht 8,84, sondern rund 11,84 Millionen Menschen, von denen etwa fünfundfünfzig Prozent Juden und fünfundvierzig Prozent Araber sind.

Um die politische Bedeutung dieser Zahlen zu verstehen, muss man sich vor Augen halten, dass das israelische Recht (im Unterschied zum deutschen) keine Stimmabgabe in absentia kennt. Um zu wählen, müssen die Bürgerinnen unter einer Adresse in Israel gemeldet sein und auch dort leben, wenn sie zur Wahlurne gehen. Bezeichnenderweise *ist* die offizielle israelische Adresse der jüdischen Siedler im Westjordanland ihre Adresse im Westjordanland, und selbstverständlich wählen sie genau dort. Nicht nur aus der Perspektive der bloßen Statistik, sondern auch aus der des Wahlrechts ist das Westjordanland bereits ein Bestandteil des israelischen Staatsgebiets. Man fragt sich, welche andere Perspektive noch bleibt.

Tatsächlich nehmen die im Westjordanland lebenden Jüdinnen nicht nur an den israelischen Wahlen teil; sie sind auch den Gesetzen unterworfen, die die Knesset verabschiedet. Israelisches Recht wird ihnen gegenüber von der israelischen Polizei durchgesetzt, und wenn sie es verletzen, werden sie vor israelische Gerichte gezogen. Für Palästinenserinnen, die in diesem Territorium leben, gilt all das nicht. Die israelische Armee unterwirft sie dem Militärrecht, und sie werden von Militärtribunalen belangt. Diese Situation besteht seit nunmehr einem halben Jahrhundert, und doch betrachten die meisten Menschen sie als eine »Besatzung« und halten es für extremistisch, sie »Apartheid« zu nennen.

Unverbesserliche Optimisten behaupten oft, dass die Mehrzahl der israelischen Siedlungen in der Nähe der Grenzen von 1967 liegt. Mit geringfügigen Änderungen des Grenzverlaufs, so meinen sie, könnte man sie israelischem Staatsgebiet zuschlagen und die Palästinenser mit anderen grenznahen Gebieten gleicher Größe entschädigen. Leider verträgt sich dieser Optimismus nicht mit einem Blick auf die Landkarte. Mit ihren sechzigtausend Einwohnern liegt eine der größten Siedlungen, Ariel, mitten im Westjordanland. Wer auch immer sie in den Siebzigerjahren gründete, wusste, was er tat: Kein israelischer Politiker wäre in der Lage, sie evakuieren zu lassen, und kein Palästinenserführer könnte eine große israelische Stadt, die jede territoriale Geschlossenheit seines Landes zerreißt, inmitten eines winzigen palästinensischen Staates wachsen und gedeihen lassen.

In den Jahren seit Rabins Tod aber haben sich der politische Diskurs und die Machtstrukturen in Israel auf geradezu revolutionäre Weise verändert. Am 4. November 1995, am Abend des Attentats, war der Chef von Schin Bet Karmi Gilon: ein linker Zionist aus der alten aschkenasischen Elite, der gewiss keine Taube war – so wenig wie Rabin –, der den Oslo-Prozess und die Gründung eines palästinensischen Staats aber von ganzem Herzen unterstützte. (Nach seinem Amtsverzicht diente Gilon unter anderem als Vorsitzender des Peres Center for Peace.) Auf ihn folgte 1996 Ami Ajalon, wie sein Vorgänger ein Spross der linksliberalen Elite. Der frühere Oberbefehlshaber der israelischen Marine begann seine Laufbahn genauso wenig als Friedensaktivist wie Rabin oder Gilon, aber auch er war ein engagierter Befürworter eines Palästinenserstaates. Bald nachdem er den Schin-Bet-Chefposten aufgegeben hatte, wandte sich Ajalon an den bekannten palästinensischen Philosophie-Professor Sari Nusseibeh und überzeugte ihn davon, gemeinsam »The People's Voice« zu unterstützen, eine israelisch-palästinensische Friedensinitiative.[157] Aller Wahrscheinlichkeit nach sahen diese Geheimdienstleiter das Siedlungsprojekt ähnlich wie Rabin. In einer inoffiziellen Tonaufnahme aus dem Jahr 1976 spricht dieser vom Westjordanland als einem »beschissenen Ort ohne echte Bedeutung«, wirft den Siedlern vor, Israel in einen »mystischen Streit« zu verwickeln, der seine »existenziellen Fragen« verdrängt, und bezeichnet das Siedlungsprojekt als ein »Krebsgeschwür« in der israelischen Gesellschaft.[158]

Joram Cohen hingegen, Leiter des Schin Bet bis 2016, ist ein religiöser Zionist, der auf besetztem Land am Rande Jerusalems lebt. Roni Alscheich, damals sein Stellvertreter, ist ebenfalls ein religiöser Zionist, der in Kochav Ha'Shahar lebte, einer radikalen Siedlung mitten im Westjordanland. (Als Faustregel ist die geografische Lage einer Siedlung ein gutes Indiz für ihre politische Einstellung: je tiefer im Westjordanland, desto extremer.) Alscheich wäre fast sicher auf den Chefsessel des Schin Bet gelangt, wenn er nicht als Leiter der israelischen Polizei wegen der Korruptionsermittlungen gegen diesen mit Ministerpräsident Netanjahu aneinandergeraten wäre. Jossi Cohen, der gegenwärtige Direktor des Mossad, kommt aus denselben religiös-zionistischen Kreisen.

Unwillkürlich sinnt man darüber nach, wie ein Cohen oder ein Alscheich vor einem Vierteljahrhundert wohl über die Ermordung Rabins dachte. Oder wie sie aus dem Abstand von vierundzwanzig Jahren darauf zurückblicken: Erschreckt sie die Vorstellung, dass sich der Tod des Ministerpräsidenten langfristig als vorteilhaft für ein politisch-theologisches Anliegen von größter Bedeutung erwies – nämlich die Zerstörung des Oslo-Abkommens?[159] Eine weitere Frage, die einen noch in den Neunzigerjahren quasi zum Staatsfeind gestempelt hätte, die in jüngster Zeit jedoch zentral für die israelische Politik geworden ist: Was halten Leute wie Cohen und Alscheich von der erklärten Vision vieler religiöser Zionisten – darunter Bildungsminister Peretz –, nämlich von der Errichtung des dritten jüdischen Tempels auf dem Tempelberg, der Juden wie Moslems heilig ist? So schnell werden wir die Antwort nicht erfahren, aber das ist auch gar nicht nötig. Was wir wissen, ist beunruhigend genug, und das ist, dass eine solche Frage heute sinnvoll gestellt werden kann. Anders gesagt: Wir wissen, dass ein radikal neuer Bedeutungsrahmen – ein neuer Möglichkeitsrahmen – in der israelischen Politik entstanden ist. Wie Gilon oder Ajalon über Rabins Ermordung oder den Bau des dritten Tempels in Jerusalem dachten, wären absurde Fragen für Verschwörungstheoretiker gewesen.

Das Aufkommen solcher radikal neuer Fragen in Bezug auf Israels empfindlichste Sicherheitsorganisation ist ein Indiz dafür, dass eine Revolution stattgefunden hat, und nicht nur in der Sicherheitselite. In seiner Amtszeit als israelischer Bildungsminister beschäftigte Naftali Bennett einen verurteilten Terroristen des »Jüdischen Untergrunds«, Natan Natanzon, als Spitzenberater. In den Achtzigerjahren beging der Untergrund Sprengstoffanschläge auf Fahrzeuge führender Palästinenservertreter und griff eine palästinensische Schule mit Schusswaffen an; darüber hinaus plante er, die Al-Aqsa-Moschee auf dem Tempelberg in die Luft zu sprengen. Als der Schin Bet die Mitglieder des Untergrunds 1984 verhaftete, hatten sie gerade mächtige Sprengsätze in fünf Bussen deponiert, die palästinensische Gottesdienstbesucher von Jerusalem ins Westjordanland zurückbringen sollten. (Im Moment, da ich diese Zeilen schreibe, amtiert Bennett als Verteidigungsminister.) Haggai Segal, ein weiterer verurteilter Terrorist des Jüdischen Untergrunds, arbeitet heute als Talkshow-Moderator bei Arutz Ha'Knesset, dem offiziellen israelischen Parlamentsfernsehen. Auch ist er Chefredakteur von *Makor Rishon*, Israels führender rechter Zeitung, die sich im Besitz von Netanjahu und dem Trump-Sponsor Sheldon Adelson befindet. Zeev »Zambish« Hever, ein dritter verurteilter Terrorist des Untergrunds und wohl der gefährlichste von allen, ist ein prominenter Siedlerführer und gern gesehener Gast im Büro des Ministerpräsidenten. Jeder, der vor diesem Hintergrund noch darauf hofft, die Oslo-Illusion könne sich in ein Oslo-Abkommen zurückverwandeln, hängt einem überholten gedanklichen Rahmen an.

Hingegen erfreut sich die Idee einer *jüdischen* Einstaatenlösung in Israel wie im Ausland zunehmender Legitimität. Das erste Indiz dafür ist das Ansehen, das der israelische Staatspräsident Reuven »Ruby« Rivlin genießt. Rivlin, ein freundlicher Mann und langjähriger politischer Gegner Netanjahus in den Reihen der israelischen Rechten, konnte sich erfolgreich als letzte Bastion der demokratischen Rechtsstaatlichkeit und des liberalen Humanismus im Land inszenieren. Der englische *Guardian* kürte ihn zu »Israels Gewissen« und zu einem »Helden des Jahres 2014«.[160] Eine bezeichnende Entwicklung, denn Rivlin hatte sich dem Oslo-Prozess nicht nur zu Rabins Zeiten vehement widersetzt; im Unterschied zu Netanjahu blieb er ein ausdrücklicher und beredter Gegner jedes territorialen Kompromisses oder gar der Gründung eines palästinensischen Staates. Als revisionistischer Zionist alter Schule lehnte er Netanjahus berüchtigte Rede an der Bar-Ilan-Universität von 2009 ab, in der sich der Ministerpräsident scheinbar zu der Vorstellung bekannte, Israelis und Palästinenser sollten »Seite an Seite« leben … jeder mit »seiner eigenen Fahne, seiner eigenen Nationalhymne, seiner eigenen Regierung«.[161] Darüber hinaus tritt Rivlin offen für die Einverleibung des Westjordanlandes in den *jüdischen* Staat ein, ohne dass er sich je zu einer Erklärung bequemt hätte, wie dies mit demokratischen und liberalen Vorstellungen zu vereinbaren sein sollte.

Man muss sich Rivlins Rolle als Israels »Gewissen« also genau anschauen. Sosehr er in Israel auch von links bis rechts geschätzt wird und sosehr liberale Zionisten auf der ganzen Welt in ihm die demokratische Alternative zu Netanjahu, der Likud-Partei und Israels militanter Mitte erblicken: Man sieht doch die Zukunft einer Illusion. Das Siedlungsprojekt blüht und gedeiht mittlerweile in einer Weise, die jede trügerische Zweistaatenhoffnung unmöglich und unnötig werden lässt. Und so richten sich Zionisten auf beiden Seiten bereits mit einer neuen Illusion ein, der »Ruby-Rivlin-Illusion«. Sie besagt, dass ein jüdischer Staat, der das Westjordanland annektiert hat und zur Hälfte von Palästinensern bewohnt wird, irgendwie immer noch eine liberale jüdische Demokratie bleiben kann.

II.

Der erste Schritt zur Befreiung von der Oslo-Illusion könnte in der Einsicht bestehen, dass Netanjahu nicht ganz unrecht hatte, als er sich zu der Behauptung bekannte, Rabins Oslo-Abkommen »tötet den Zionismus«. In gewisser Weise schickte es sich genau dazu an. Zwar war nichts antizionistisch an dem, was Rabin *tat* – territoriale Kompromisse und die Bemühung um die Aufrechterhaltung der jüdischen demografischen Überlegenheit folgen alter zionistischer Tradition. Die Art und Weise jedoch, wie er das Abkommen im Parlament durchbrachte, war beispiellos, ja subversiv. Das hatte nichts mit territorialen Kompromissen, den Palästinensern oder der PLO zu tun, sondern ausschließlich mit Rabins Verhältnis zu den arabisch-israelischen Staatsbürgern.

Zwar können arabische Israelis bei israelischen Wahlen kandidieren, doch hat man sie trotzdem nie als legitime politische Subjekte akzeptiert. Der unmissverständlichste Ausdruck ihrer Ausgrenzung besteht in der Tatsache, dass arabische Parteien zwar in die Knesset gewählt werden können, aber noch nie eingeladen wurden, sich an einer Regierung zu beteiligen. Die breite Masse der israelischen Parteien sichert ihren Wählerinnen vielmehr ausdrücklich zu, keine Koalitionen ohne »jüdische Mehrheit« einzugehen. Auf diese Weise bleibt die Souveränität trotz der demokratischen Verfahren des Landes nicht in der Hand der Staatsbürger, sondern in der des jüdischen Volkes: Das schließlich ist das zentrale Ziel des Zionismus, wie wir ihn kennen.

In der gesamten israelischen Geschichte gab es genau eine Ausnahme von dieser Regel. Rabin erhielt in der Knesset keine »jüdische Mehrheit« für das Oslo-Abkommen, gab sich aber nicht geschlagen. Er nahm vielmehr die Hilfe arabischer Parteien in Anspruch, die bereit waren, seine Koalition zu unterstützen, um die Zweistaatenlösung durchs Parlament zu bringen. Zum ersten und letzten Mal in der israelischen Geschichte wurde ein Gesetz – und nicht nur ein Gesetz, sondern die Entscheidung, die Besatzung zu beenden und einen palästinensischen Staat zu gründen – von einer Mehrheit verabschiedet, die israelisch *statt* jüdisch war. Die Souveränität, die an jenem Tag behauptet wurde und beschloss, eine palästinensische Souveränität zu ermöglichen, war nicht die des jüdischen Volkes, sondern die der israelischen Staatsbürger. Auf seine Weise hätte Oslo den Startschuss zur Gründung zweier Staaten markieren können: eines palästinensischen und eines *israelischen.*

Das sollte als Rabins wahres Osloer Vermächtnis im Gedächtnis bleiben, sein wahrhaft demokratisches Vermächtnis, das auch dann am Leben erhalten werden kann, wenn die Zweistaatenlösung schon lange begraben ist: die unumstößliche Anerkennung des gleichen politischen Status arabischer Israelis und der Vorrang einer unverkürzten Staatsbürgerschaft gegenüber einer geeinten jüdischen Politik. Der Inbegriff eines israelischen Generals, auf dessen Befehl hin die Einwohner ganzer palästinensischer Städte vertrieben worden waren, eines Generals, der israelische Soldaten ermutigt hatte, Steine werfenden Palästinensern »Hände und Beine zu brechen«, vollzog eine radikale Kehrtwende. Man darf vermuten, dass Rabin für diesen Politikwechsel, für diese »illegitime« Zusammenarbeit mit Arabern und nicht nur für einen territorialen Kompromiss als Verräter als ein Nazikollaborateur hingestellt und schließlich ermordet wurde.

Und doch stimmte seine Preisgabe jüdischer Souveränität mit den ursprünglichen zionistischen Bestrebungen überein. Sie blieb der Idee einer jüdischen Selbstbestimmung treu, bei der die Souveränität mit arabischen Landsleuten geteilt wird. Man kann sich natürlich nur schwer vorstellen, dass Rabin selbst dies wusste oder irgendetwas Derartiges beabsichtigte, aber seine Absichten spielen in diesem historischen Zusammenhang keine große Rolle. Das war die Logik seines Handelns, ob ihm dies bewusst war oder nicht. Und zumindest am Ende seines Lebens schien Rabin tatsächlich zu verstehen, dass an einer realistischen demokratischen Politik nichts radikal oder verräterisch ist. Er begriff, dass eine Verteidigung der israelischen Demokratie allein auf der Grundlage einer jüdischen Mehrheit unmöglich ist: erstens, weil die Zahlen es einfach nicht hergeben. Und zweitens, weil eine Verteidigung der Demokratie allein durch eine jüdische Mehrheit ein Selbstwiderspruch ist: Die volle Gleichheit arabischer Bürger – als Teil eines souveränen Volkes – kann nicht das Ergebnis einer liberaldemokratischen politischen Agenda sein; diese muss die volle Gleichheit arabischer Bürger *zur Grundlage haben.*

III.

Gern wird heute darüber spekuliert, ob Rabin eine Zweistaatenlösung durchgesetzt hätte, wenn er am Leben geblieben wäre. Oder darüber, wie weit seine Nachfolger Ehud Olmert oder Ehud Barak wohl gegangen wären, um einen Kompromiss mit den Palästinensern zu finden. Diese müßigen Was-wäre-wenn-Spekulationen zeigen vor allem die Beschränktheit unseres Denkens, die Barrieren, die vor dem Möglichen errichtet wurden, um zu verhindern, was angesichts der bestehenden Tabus nicht einmal gedacht werden darf. Viel fruchtbarer wäre es, den Blick noch weiter zurück zu richten, zu Menachem Begin, der zwischen 1977 und 1983 Israels erster rechter Ministerpräsident war. 1947 hatte er, ein Schüler Jabotinskys, jeden territorialen Kompromiss noch abgelehnt, als Ben-Gurion bekanntlich den Teilungsplan der UN für Palästina feierte. In den späten Siebzigerjahren jedoch drängten US-Präsident Jimmy Carter und Ägyptens Präsident Anwar as-Sadat Begin dazu, als Teil der Friedensregelung mit Ägypten auch den Palästinensern ein Angebot zu machen. Begin unterbreitete ihnen daraufhin einen überraschenden Plan. Zunächst wurde sein Vorschlag vom 15. Dezember 1977 mit dem Titel »Selbstverwaltung für palästinensische Araber, Einwohner von Judäa, Samaria [also des Westjordanlands] und des Gaza-Distrikts« als streng geheim behandelt und unter der Bestimmung übermittelt, er sei »vorbehaltlich der Bestätigung durch die Regierung Israels«. Es lohnt sich, diesen Plan hier im vollen Wortlaut wiederzugeben:[162]

1. Die Militärverwaltung in Judäa, Samaria und im Gaza-Distrikt wird abgeschafft.
2. In Judäa, Samaria und im Gaza-Distrikt wird die Selbstverwaltung der arabischen Einwohner durch sie selbst und für sie selbst eingeführt.
3. Die Einwohner Judäas, Samarias und des Gaza-Distrikts werden einen Verwaltungsrat wählen, der sich aus elf Mitgliedern zusammensetzen wird.
4. Jeder Einwohner, der achtzehn Jahre oder älter ist, wird, ungeachtet seiner Staatsangehörigkeit oder Staatenlosigkeit, bei den Wahlen für den Verwaltungsrat stimmberechtigt sein.

5. Jeder Einwohner, dessen Name auf der Kandidatenliste für den Verwaltungsrat steht und der am Tage der Vorlage der Liste fünfundzwanzig Jahre oder älter ist, ist berechtigt, in den Verwaltungsrat gewählt zu werden.
6. Der Verwaltungsrat wird in allgemeinen, direkten, persönlichen, gleichen und geheimen Wahlen gewählt.
7. Die Amtszeit des Verwaltungsrats wird sich auf vier Jahre vom Tage der Wahl an belaufen.
8. Der Rat wird seinen Sitz in Bethlehem haben.
9. Alle Verwaltungsfragen, welche die arabischen Einwohner von Judäa, Samaria und dem Gaza-Distrikt betreffen, werden in die Zuständigkeit des Verwaltungsrats fallen.
10. Der Verwaltungsrat wird die folgenden Behörden schaffen:
    a. Abteilung für Erziehungswesen;
    b. Abteilung für religiöse Fragen;
    c. Finanzabteilung;
    d. Verkehrsabteilung;
    e. Abteilung für Bauwesen und Wohnungsfragen;
    f. Abteilung für Industrie, Handel und Tourismus;
    g. Landwirtschaftsabteilung;
    h. Abteilung für das Gesundheitswesen;
    i. Abteilung für Arbeits- und Sozialfragen;
    j. Abteilung für die Wiedereingliederung von Flüchtlingen;
    k. Abteilung für Rechtsfragen und die Überwachung der örtlichen Polizeikräfte.

Der Verwaltungsrat wird Verordnungen für die Ausübung der Tätigkeit dieser Behörden erlassen.

11. Für Sicherheit und öffentliche Ordnung in den Gebieten Judäa, Samaria und Gaza-Distrikt werden die israelischen Behörden zuständig sein.
12. Der Verwaltungsrat wird seinen Vorsitzenden selbst wählen.
13. Die erste Sitzung des Verwaltungsrats wird dreißig Tage nach der Veröffentlichung der Wahlergebnisse einberufen.
14. Den Einwohnern Judäas, Samarias und des Gaza-Distrikts wird es ungeachtet ihrer Staatsangehörigkeit oder Staatenlosigkeit freigestellt sein, (optional) entweder die israelische oder die jordanische Staatsangehörigkeit anzunehmen.
15. Einwohner der Gebiete Judäa, Samaria und des Gaza-Distrikts, die die israelische Staatsangehörigkeit beantragen, werden diese gemäß den Gesetzen dieses Staates über die Staatsangehörigkeit erhalten.
16. Einwohnern Judäas, Samarias und des Gaza-Distrikts, die sich gemäß der ihnen gewährten Option für die israelische Staatsangehörigkeit entscheiden, wird in Übereinstimmung mit dem Wahlrecht die Ausübung des aktiven und passiven Wahlrechts für die Knesset zustehen.
17. Einwohnern Judäas, Samarias oder des Gaza-Distrikts, die jordanische Staatsbürger sind oder die gemäß der ihnen gewährten Option jordanische Staatsbürger werden, wird das aktive und passive Wahlrecht für das Parlament des Haschemitischen Königreichs Jordanien gemäß dem jordanischen Wahlgesetz zustehen.
18. Fragen, die sich im Zusammenhang mit der Beteiligung der Einwohner Judäas, Samarias und des Gaza-Distrikts an Wahlen für das jordanische Parlament ergeben, wer-

den Gegenstand von Verhandlungen zwischen Israel und Jordanien sein.

19. Einwohner Israels werden das Recht haben, in den Gebieten Judäa, Samaria und Gaza-Distrikt Land zu erwerben und sich dort niederzulassen. Arabische Einwohner von Judäa, Samaria und dem Gaza-Distrikt, die gemäß der ihnen gewährten Option israelische Staatsbürger werden, werden das Recht haben, in Israel Land zu erwerben und sich dort niederzulassen.
20. Einwohnern Israels und Einwohnern von Judäa, Samaria und dem Gaza-Distrikt werden Freizügigkeit und freie wirtschaftliche Betätigung in Israel, Judäa, Samaria und im Gaza-Distrikt gewährleistet werden.
21. Diese Prinzipien sollen nach Ablauf von fünf Jahren einer Überprüfung unterzogen werden.

Die meisten Israelis wissen nicht, dass ein solcher Vorschlag jemals existierte. Diejenigen, die es doch tun, wissen, dass den Palästinensern »Autonomie« angeboten wurde. Das verblüffendste Element dieses Plans aber – die Tatsache, dass diese Autonomie mit der Möglichkeit einer vollen israelischen Staatsangehörigkeit für jeden Palästinenser im Westjordanland und in Gaza verbunden war – wird übersehen. Und nicht nur übersehen: Wenn Israelis von diesem Plan hören, sind sie sich *sicher*, dass die Tatsachen nicht stimmen und dass es ein solches Vorhaben nie gab. Es passt einfach nicht in ihr Weltbild. Intuitiv erfassen sie dabei ganz richtig, dass zwar das Angebot einer bloßen Autonomie den Palästinenserinnen weniger gibt als einen Staat – soweit ist das Ganze für sie noch nachvollziehbar –, dass aber das Angebot der Autonomie *und* der vollen israelischen Staatsangehörigkeit einen großen Schritt in Richtung einer binationalen Einstaatenföderation darstellt. Es scheint unbesehen offensichtlich, dass dies kein Plan ist, den ein zionistischer Ministerpräsident, zumal ein rechter, jemals anbieten könnte.

Experten und Historiker teilen diese Haltung. Bis in die allerjüngste Zeit waren Begins »Autonomieplan« – den man genauso gut auch »Einstaatenplan« nennen könnte – und die ausführlichen Verhandlungen darüber kaum Thema in der Wissenschaft; mitunter wurden sie einfach völlig ignoriert. Darstellungen der israelisch-palästinensischen Verhandlungen konzentrierten sich in der Regel auf Oslo ab Mitte der Neunzigerjahre sowie auf seine Vorzeichen 1991 in Madrid.[163] Auch heute, wo die Aufmerksamkeit für Begins Zug langsam wächst, wird er aus der selbstverständlichen Zweistaatenperspektive beurteilt. In einem Buch über die Machbarkeit der Zweistaatenlösung behandelt Nathan Thrall, einer der überzeugendsten Kommentatoren des Israel-Palästina-Konflikts, die Frage der Staatsangehörigkeit im Begin'schen Vorschlag als »interessante« Anekdote und weist darauf hin, dass sie später »zur großen Erleichterung« nachfolgender israelischer Regierungen fallen gelassen wurde.[164] In seiner jüngst veröffentlichten maßgeblichen Studie zu Begins Autonomieplan interpretiert Seth Anziska diesen vornehmlich als ein Programm zur »Verhinderung Palästinas«: einen Schachzug, um das palästinensische Streben nach nationaler Souveränität zu unterlaufen.[165]

Man kann diesen überraschenden, gängigen Vorstellungen zuwiderlaufenden Plan aber auch mit anderen Augen sehen, nämlich ohne die Scheuklappen der Zweistaatenperspektive. Begins Vorschlag war und ist immer noch ein bemerkenswerter Schritt nicht nur zur Verhinderung Palästinas – obwohl sicherlich auch dazu –, sondern ebenso zu einer binationalen Einstaatenlösung. Kein idealer Schritt natürlich, keiner, der die Forderungen der Palästinenser (oder die ehrlicher Demokraten) erfüllen konnte oder sollte. Aber immer noch ein Schritt, der die zentralen Barrieren unseres Vorstellungsvermögens davon, was im Rahmen zionistischer Grundsätze möglich ist und was nicht, beseitigt hätte.

So stimmt es zwar, dass den Palästinenserinnen in diesem Programm keine volle nationale Souveränität in Aussicht gestellt wird, doch ist volle nationale Souveränität, wie wir gesehen haben, für eine nationale Selbstbestimmung gar nicht nötig. Noch stärker fällt ins Gewicht, dass den Palästinensern im Westjordanland und im Gazastreifen mit der israelischen Staatsbürgerschaft eine sinnvolle Teilhabe an der israelischen Souveränität angeboten wird.

Gewiss, während die Souveränität in Demokratien dem Volk gehört, sind im jüdischen Staat die Juden das Volk, nicht alle Staatsbürger an sich. Hier aber liegt der springende Punkt: Aus genau diesem Grund erscheint es aus zionistischer Perspektive unvorstellbar, den Palästinensern die Staatsbürgerschaft anzubieten. So gesehen verhindert Begins Plan nicht nur eine palästinensische Souveränität, sondern er verwandelt die Bedeutung der jüdischen Souveränität in Israel radikal, indem er diese über die Grenzen des uns vertrauten Zionismus hinaustreibt und in eine Politik überführt, die eher aus dem binationalen Zionismus vor dem Holocaust und vor der Nakba bekannt ist.

Anziska schreibt, Begins Vorspiegelung, der »örtlichen Bevölkerung« kulturelle und wirtschaftliche Autonomie zu gewähren, lebe von einem »älteren kolonialen Diskurs begrenzter Selbstbestimmung« für die Einheimischen. Auch weist er darauf hin, Begin habe verkündet, dass israelische Bürger »das Recht, in den besetzten Territorien Land zu erwerben und sich niederzulassen«, beibehielten.[166] Man muss indes nicht in die Falle einer romantischen Begin-Nostalgie laufen, um zu erkennen, dass sich das Angebot nationaler Selbstbestimmung *und* voller israelischer Staatsangehörigkeit schwerlich auf eine koloniale Logik reduzieren lässt. Und obwohl israelische Staatsbürger nach diesem Plan das Recht behalten, in der Westbank und in Gaza Land zu kaufen und sich dort niederzulassen, haben die Palästinenser dieselben Rechte in Tel Aviv, Jaffa, Haifa, ja im ganzen Territorium von 1948. »Das jüngst wiedererwachte Interesse rechter Politiker in Israel an dem Autonomieplan«, schreibt Anziska, »bestätigt die tiefen Spuren, die er in Israels Verhältnis zu den Palästinensern hinterlassen hat«.[167] Doch während rechte israelische Politiker an Autonomieszenarien interessiert sein mögen, hat das zentrale Merkmal des Begin-Plans, das ihn so einzigartig macht, keine Unterstützer in Israel. Die Idee, den Palästinensern die Staatsangehörigkeit zu gewähren, ist selbst für den äußersten *linken* Rand zionistischen Denkens kaum zu schlucken. Erst wenn wir das selbstverständliche Zweistaatenparadigma und die mit ihm verbundene Annahme, nationale Selbstbestimmung sei nur über volle Souveränität zu erreichen, für Palästinenser *und für Juden* aufgeben, kann Begins Plan zu einem subversiven Instrument werden: nicht um Palästina zu verhindern, sondern um eine binationale Einstaatenföderation zu entwerfen, die zukünftige liberale Zionistinnen werden umsetzen müssen. Die Stärke des Plans besteht in der Tatsache, dass eine binationale Politik, die heute zwar als post- oder sogar antizionistisch verworfen wird, in Wirklichkeit nahtlos an den ursprünglichen zionistischen Konsens anschließt. Und natürlich würde niemand Begin als einen Postzionisten abkanzeln. Die Knesset tat es jedenfalls nicht. Am 28. Dezember 1977 las Begin, soeben von einem Treffen mit Sadat zurückgekehrt, seinen Plan Zeile für Zeile auf der Rednertribüne der Knesset vor, verteidigte ihn gegen heftige Kritik und stellte ihn dann zur Wahl.

IV.

Die Fassung, die Begin der Knesset vorlegte, enthielt wenige, aber signifikante Abweichungen von jenem Dokument, das er Carter und Sadat übergeben hatte. Es handelte sich um Zugeständnisse, die die Ägypter und die Amerikaner gefordert hatten. Eine der Änderungen, die als Absatz 21 in das neue Dokument eingefügt wurde, besagt:

Ein Ausschuß aus Vertretern Israels, Jordaniens und des [palästinensischen] Verwaltungsrats wird eingesetzt werden, um die Bestimmungen über Einwanderung in die Gebiete Judäa, Samaria und Gaza-Distrikt festzulegen. Der Ausschuß wird die Bestimmungen festlegen, nach denen es außerhalb Judäas, Samarias und des Gaza-Distrikts lebenden arabischen Flüchtlingen gestattet werden soll, in vernünftigem Umfang in diese Gebiete einzuwandern. Der Ausschuß wird seine Entscheidungen einstimmig treffen.[168]

Diese Klausel liest man am besten zusammen mit Absatz 10j des ursprünglichen Dokuments, dem zufolge der palästinensische Verwaltungsrat auch eine »Abteilung für die Wiedereingliederung von Flüchtlingen« umfassen solle. Absatz 21 erweitert und beschränkt die Macht dieser sensiblen Abteilung gleichermaßen. Er erweitert sie, weil er ausdrücklich feststellt, dass die Wiedereingliederung von Flüchtlingen das Rückkehrrecht palästinensischer Flüchtlinge einschließt. Er beschränkt sie, weil er vorsieht, dass die Bestimmungen, die ihre Rückkehr regeln, nicht allein in die Zuständigkeit der Abteilung fallen, sondern von einem gemeinsamen Ausschuss Israels, Jordaniens und des palästinensischen Rates festgelegt werden. Um zu würdigen, wie weit dieser Vorschlag geht, gilt es ein weiteres Mal zu bedenken, dass den Palästinensern die volle israelische Staatsangehörigkeit angeboten wurde: Sie sollten nicht nur Anteil an der Wahl des palästinensischen Rates haben, sondern auch am israelischen Wählervotum – je nachdem, für welche Staatsbürgerschaft sie sich entschieden. Zudem würde auch jenen Flüchtlingen, denen man das Rückkehrrecht zugestanden hätte, die israelische Staatsbürgerschaft angeboten; und auf jeden Fall sollten sie das uneingeschränkte Recht erhalten, im gesamten Territorium zu reisen, Land zu kaufen und sich niederzulassen. Dieser Vorschlag bot somit eine sinnvolle Grundlage für ein Recht der Palästinenser auf Rückkehr in die Territorien, aus denen sie während der Nakba vertrieben worden waren.

Ein weiterer neuer Absatz, Nr. 24, behandelte die Souveränitätsfrage:

Israel hält an seinem Recht und an seinem Anspruch auf Souveränität über Judäa, Samaria und den Gaza-Distrikt fest. Da es weiß, daß andere Ansprüche existieren, schlägt es im Interesse einer Einigung und des Friedens vor, die Frage der Souveränität über diese Gebiete offen zu lassen.[169]

Gewiss, Israels Beharren auf seinem *Anspruch* auf die Souveränität über das Westjordanland und den Gazastreifen ist gleichbedeutend mit der Ablehnung eines palästinensischen Staates. Die Souveränitätsfrage aber offenzulassen und den Palästinensern die israelische Staatsangehörigkeit zu gewähren, verlieh diesem »Autonomieplan« das Potenzial, einen Übergang in eine Einstaatenföderation zu schaffen. Anziska weist darauf hin, dass Begin in seiner Ansprache an die Knesset »beschwor: ›Wir haben ein Recht und einen Souveränitätsanspruch auf diese Gebiete von Eretz Yisrael. Dies ist unser Land, es gehört von Rechts wegen dem jüdischen Volk.‹«[170] In Wirklichkeit aber erkannte der von Begin der Knesset vorgelegte Absatz, der Israels *Anspruch* auf Souveränität betonte, die Existenz konkurrierender Ansprüche an und ließ die Frage der Souveränität offen: Er bildete eine Grundlage für einen Kompromiss. Wenn überhaupt etwas, dann erkannte dieser Wortlaut – wie Begin, der sich der umsichtigen Rechtsberatung durch Aharon Barak erfreute, wohl bewusst gewesen sein muss – de facto an, dass Israel die Souveränität über die betreffenden Territorien *nicht* innehat. Begin verteidigte diesen Kompromiss auf der Rednertribüne explizit:

Ich habe dies auch dem amerikanischen Präsidenten Carter und dem ägyptischen Präsidenten Sadat erklärt. Wir haben ein Recht und einen Souveränitätsanspruch auf diese Gebiete von Eretz Yisrael. Dies ist unser Land, es gehört von Rechts wegen dem jüdischen Volk. Wir wünschen ein Abkommen und den Frieden. Wir wissen, dass es [mindestens] zwei andere Souveränitätsansprüche gegenüber diesem Gebiet gibt. Wenn beiderseits der Wunsch besteht, ein Abkommen zu erzielen und den Frieden herbeizuführen – welches ist dann der Weg? Wenn diese gegensätzlichen Ansprüche aufrechterhalten werden und wenn es keine Auflösung des Gegensatzes gibt, kann es auch kein Abkommen zwischen den Parteien geben, und aus diesem Grunde – um eine Einigung zu ermöglichen und zum Frieden zu kommen – gibt es nur einen Weg: in gegenseitigem Einvernehmen zu beschließen, daß die Frage der Souveränität offen bleibt, und sich mit den Menschen, den Nationen, zu befassen: für die palästinensischen Araber Selbstverwaltung – für die palästinensischen Juden echte Sicherheit. Dies ist die dem Vorschlag innewohnende Fairneß, und in diesem Sinne wurde der Vorschlag auch im Ausland aufgenommen.[171]

Und an späterer Stelle sagte er:

Und jetzt möchte ich erklären, warum wir die freie Wahl der Staatsangehörigkeit, einschließlich der israelischen Staatsangehörigkeit, angeboten haben […] Die Antwort lautet auch hier wieder: Fairness [...]. Wir wollen nie wie Rhodesien sein. Und dies ist ein Weg, allen Menschen guten Willens unsere Fairness zu beweisen [...]. Hier schlagen wir völlige Rechtsgleichheit vor – Antirassismus – natürlich, wenn sie sich für eine solche Staatsangehörigkeit entscheiden [...]. Wir zwingen niemandem unsere Staatsangehörigkeit auf.[172]

Rhodesien, das 1980 als Simbabwe unabhängig wurde, war 1977 noch der Inbegriff eines gewaltsamen, rassistischen weißen Rechtssystems. Staatsangehörigkeit und Wahlrecht waren auf Weiße beschränkt, so wie wirtschaftliche Freiheit und Freizügigkeit. Israels Ministerpräsident sagte von der Rednertribüne der Knesset herab, dass Israel allen Palästinensern, die dies wollen, die israelische Staatsangehörigkeit verleihen muss, weil es sehr wohl die Souveränität über das gesamte Territorium beansprucht, aber kein rassistischer jüdischer Staat werden darf, in dem einige Bürgerrechte Juden vorbehalten sind. Nachdem er die Knesset gewarnt hat, dass der jüdische Staat im Begriff steht, zu einem zweiten Rhodesien zu werden, beschließt Begin seine Rede mit den Worten: »Herr Präsident, die Debatte ist beendet. Ich fordere eine Abstimmung, und ich fordere jedes einzelne Mitglied der Knesset dazu auf, ohne Unterschied der Fraktion nach seinem Gewissen abzustimmen. Es gibt keine Fraktionsdisziplin, keinen Zwang. Ich bin zuversichtlich im Hinblick auf das Ergebnis.«[173] In der Frage, ob man den Palästinensern im Gazastreifen und im Westjordanland Autonomie gewähren solle, ob man die Frage der vollen Souveränität über diese Territorien offenlassen solle, ob man jedem Palästinenser die Option anbieten solle, ein vollwertiger israelischer Staatsangehöriger zu werden, ob man das Rückkehrrecht palästinensischer Flüchtlinge »in vernünftigem Umfang« und das Recht auf volle ökonomische Freiheit sowie Freizügigkeit im gesamten Territorium anerkennen solle, stimmte Israels Knesset mit vierundsechzig Ja- und acht Neinstimmen. Es gab vierzig Enthaltungen.

Anziska schreibt, dass Begin, der »von seinem intellektuellen Mentor, Ze'ev Jabotinsky, geprägt war«, in diesem Programm auf die »Logik des Austauschs« setzte. Diese Logik »funktionierte auf einer Grundlage, die den Bevölkerungsaustausch von 1948 und von 1967 akzeptierte«.[174] Doch während Jabotinsky kurz vor seinem Tod, wie andere Zionistenführer auch, die Logik der ethnischen Säuberung schließlich akzeptierte, hatte er sich ihr bis praktisch in sein letztes Lebensjahr vehement widersetzt. Wie wir gesehen haben, hatte er den Gedanken unterstützt, dass Palästina als ein »binationaler Staat begründet« werden muss.[175] Es ist diese Logik, auf die sich Begin, wahrhaftig ein Schüler Jabotinskys, mit seinem »Autonomieplan« zurückbesinnt, und ganz bestimmt nicht die Logik von Umsiedlungen.

Es ist verblüffend, dass ein Plan, der sich im heutigen zionistischen Post-Oslo-Denken auf den ersten Blick als widersinnig darstellt, faktisch in einer Kontinuität mit den ehrenwertesten Strömungen zionistischen Denkens bis in die späten Dreißigerjahre steht: bevor der Holocaust die zionistische Politik in ein Nullsummenspiel verwandelte, bevor eine Umsiedlung zum einschlägigen Programm wurde.

In einem frühen Text umriss Jabotinsky den Unterschied zwischen einer »Autonomie« und einer »Föderation«:

Autonomie und Föderation unterscheiden sich durch die Art ihres Zustandekommens scharf voneinander. Im ersten Fall gibt der Staat einen Teil seiner Souveränitätsrechte auf und überträgt sie einem der Teile, aus denen er sich zusammensetzt: Das nennt man Autonomie. Im zweiten Fall vereinigt sich eine Reihe unabhängiger politischer Einheiten, um eine gemeinsame Union zu bilden und einen Teil ihrer Souveränitätsrechte aufzugeben, die auf jene umfassendere Union übertragen werden: Das nennt man eine Föderation. Die Autonomie entsteht von oben nach unten, die Föderation – von unten nach oben. Autonomie – Rückzug aus der allgemeinen Öffentlichkeit. Föderation – Anschluss an die allgemeine Öffentlichkeit. [...] Wer »Demokratie« sagt, sagt »Selbstbestimmung«. Das Grundprinzip jeder demokratischen Weltanschauung [...] lautet, dass jede Person [...] und jede Gruppe ihr Leben für sich entwickelt [...]. Sie finden selbst heraus, was sie machen wollen und wie sie es machen wollen. [...] Die Nationen sollten ihre Freiheit nicht von einer Zentralgewalt empfangen: Sie müssen die Grenzen ihrer Freiheit selbst bestimmen, in gegenseitigem Einvernehmen, und auf diese Weise die Zentralgewalt begründen. Wer »nationale Selbstbestimmung« sagt, der sagt »Föderation«.[176]

Wenngleich hier die demokratischen Mängel des Begin'schen Autonomieplans offenbar werden, sollten wir auch anerkennen, dass dieser das Potenzial hatte, sich zu einem Föderationsplan weiterzuentwickeln. Auf der einen Seite behauptete Israel, zweifellos ein souveräner Staat, in diesem Plan seinen Anspruch auf die Souveränität über das gesamte Territorium und willigte ein, einen Teil seiner Macht für eine palästinensische Selbstbestimmung zu *delegieren.* Gleichzeitig ermöglichte der Umstand, dass die Frage der Souveränität über das Westjordanland und den Gazastreifen in diesem Programm offenblieb, zumindest dem Grundsatz nach den Übergang zu einer föderalen Konstellation. Diese Idee ist nicht so weit hergeholt, wie es zunächst erscheint. Wie wir in Kapitel 3 gesehen haben, setzte sich auch Ben-Gurion für eine jüdische nationale Selbstbestimmung ein, bei der die Souveränität – und nicht das Territorium – mit den Palästinensern geteilt würde. In den »Grundlagen einer staatlichen Regierungsordnung in Palästina«, seiner verfassungsähnlichen Vision, legte er fest, dass »Palästina […] ein Bundesstaat werden [würde]«. Während jeder »Kanton« oder jede »Autonomie« in dieser Föderation »mit sämtlichen Vollmachten in den Bereichen Bildung, Kultur und Sprache« ausgestattet wäre, hätte jeder Staatsbürger »in allen Kantonen gleiche Rechte«, und kein Kanton könnte »ein Gesetz verabschieden, das die Rechte und die Gleichheit der Bewohner eines anderen Kantons einschränkt oder verletzt«.[177]

Eine Zukunft für Israel jenseits der Zweistaatenlösung wird bei Rabins wahrem Osloer Vermächtnis ansetzen müssen – der parlamentarischen jüdisch-palästinensischen Zusammenarbeit –, um eine politische Vision zu rehabilitieren, die Begins Modell verbessert: die Ersetzung der Zweistaatenpolitik durch das Streben nach einer binationalen Föderation. Die Kontinuität, die zwischen diesen Traditionen, Rabins und Begins, besteht, ist nur natürlich, denn sie verbinden Form und Inhalt: Eine gemeinsame palästinensische

Politik wird in Angriff genommen, um nicht eine Teilung, wie in Oslo, sondern ein Zusammenleben zu erreichen.

V.

Nennen wir diese binationale Vision die *Republik Haifa.* Viel zu lange wurde Haifas Strahlkraft als Symbol für Israels Zukunft von Jerusalem und Tel Aviv als den beiden konkurrierenden Modellen des Landes überschattet. Jerusalem ist ein Symbol für die jüdische Sehnsucht und eine heilige Stadt für die drei monotheistischen Weltreligionen, aber auch ein Götzenbild im schlechtesten Sinne des Wortes, das nationalistische und religiöse Fundamentalisten auf allen Seiten anbeten. Tel Aviv ist eine Hauptstadt der hebräischen Republik: eine vibrierende, liberale, säkulare Strandstadt, aber auch, wie Jerusalem, ein fetischisiertes, trügerisches goldenes Kalb: ein Bild davon, wie ein modernes, säkulares jüdisches Leben vielleicht aussähe, wenn die Juden nur unter sich bleiben könnten.

Haifa steht für ein anderes Modell. Und dem ersten Anschein zum Trotz ist es ein ambitionierteres und aufregenderes Modell: In Haifa, nicht in Jerusalem oder Tel Aviv kann man einen ersten Eindruck von einem wahrhaft utopischen Experiment bekommen, einen Vorgeschmack darauf, wie eine palästinensisch-jüdische Zusammenarbeit eines Tages aussehen könnte. Es sind die Krankenhäuser in Haifa, darunter einige der besten des Landes, in denen arabische und jüdische Ärzte gemeinsam die stark gemischte Bevölkerung des Nordens behandeln – arabische und jüdische Patienten liegen hier Seite an Seite. Es ist die Universität Haifa, an der sich besser als an jeder anderen Universität Israels der Aufbau einer binationalen, zweisprachigen Forschungs- und Hochschullandschaft vorstellen ließe, und es ist Haifa, wo mit Al-Midan ein arabischsprachiges israelisches Theater betrieben wird. Am wichtigsten aber sind wohl die arabischen Cafés auf der Masada-Straße (in einem jüdischen Teil der Stadt), in denen das wahre Potenzial einer kosmopolitischen anstatt jüdischen Stadt zu spüren ist, wo Nachbarn, Araber und Juden, wie selbstverständlich die Liebe, das Leben und das Gespräch miteinander teilen, wie in einer normalen Freundschaft. Manche sprechen gelegentlich mit Nostalgie von einer lange vergangenen Zeit nachbarschaftlichen Zusammenlebens in der Jerusalemer Altstadt, in den Tagen der Großreiche, bevor Israel gegründet wurde. In einigen Ecken Haifas, wo die Stadt sich weigert, zu einem zweitklassigen Tel Aviv zu werden, wird diese Nostalgie zur Utopie – und sie ist umso inspirierender, weil sie bereits so erfolgreich ist, wenn man bedenkt, in welchem politischen Kontext sie Gestalt annimmt. Wenn Israel eine zivilisierte Zukunft haben soll – und nicht nur eine zivilisierte, sondern eine aufregende –, wird es sich das Leben in Haifa zum Vorbild nehmen müssen, nicht das in Jerusalem oder Tel Aviv.

Noch aus einem anderen Grund ist Haifa von Bedeutung. Es bietet einen Vorgeschmack nicht nur auf eine mögliche Zukunft, sondern auf genau die Zukunft, die sich abzeichnet, wenn wir uns daran erinnern, die Vergangenheit zu vergessen. Der Hafen der Stadt ist eines der wichtigsten Tore, durch die die *ma'apilim* nach Palästina kamen – die heimlichen jüdischen Flüchtlinge, die Europa auf überfüllten Schiffen entkamen und unter britischer Aufsicht nach Palästina geschmuggelt wurden. Gleichzeitig symbolisiert Haifa einen der traumatischsten Momente der Nakba, als die Einwohner in Scharen zum Hafen flüchteten und die Stadt auf Schiffen verließen; ein Schlüsselmoment im Zusammenbruch der palästinensischen Gesellschaft Palästinas. Es ist kein Zufall, dass sich Emile Habibi, dessen Essay »Euer Holocaust, unsere Katastrophe« wir in Kapitel 2 begegnet sind, als Grabinschrift wünschte: »Blieb in Haifa«. Die Stadt eignet sich gut, um die politische Kunst des Vergessens – das heißt des gemeinsamen Erinnerns – sowohl des Holocausts als auch der Nakba zu erkunden.

Vor dem Hintergrund einer gemeinsamen Kunst des Vergessens lässt sich die Republik Haifa anhand eines verbesserten Begin-Plans aufbauen – wobei die grundsätzlichste Verbesserung in der Anerkennung der gleichen nationalen und individuellen Rechte aller Bürgerinnen besteht:

1. Die militärische Besatzung des Westjordanlands und die Belagerung des Gazastreifens werden beendet. Zwei Staaten, Israel und Palästina, werden in der geografischen Einheit, die sich zwischen dem Jordan und dem Mittelmeer erstreckt, zu einer Föderation vereint. Die Grenze zwischen beiden Staaten wird sich an der »grünen Linie« von 1967 orientieren. In jedem dieser Staaten wird jedes dieser Völker, die Juden und die Palästinenser, seine eigene kulturelle und nationale Selbstbestimmung ausüben.
2. Eine gemeinsame Verfassung, der die Legislative, Exekutive und Judikative jedes Staates unterliegen, definiert und gewährleistet die Einheit beider Staaten. Die Verfas-

sung wird grundlegende Menschenrechte und Grundfreiheiten, die Trennung von Kirche und Staat, demokratische Wahlen, unparteiische Rechtsstaatlichkeit und individuelle Gleichheit aller Staatsbürger unabhängig von Ethnie, Religion, Geschlecht oder Staatsangehörigkeit sowie die volle Anerkennung der nationalen Rechte von Juden und Palästinensern garantieren. Die Verfassung wird darüber hinaus die Existenz der folgenden Rechte und Institutionen sicherstellen:

3. Freizügigkeit. Die Grenzen zwischen beiden Staaten werden offen sein. Im gesamten Territorium wird volle Freizügigkeit gewährleistet sein. Israelische Staatsangehörige werden sich frei auf Palästinas Territorium, palästinensische Staatsangehörige frei auf Israels Territorium bewegen können.
4. Wirtschaftliche Freiheit. Israelische Staatsangehörige werden das Recht haben, auf dem gesamten Territorium zu leben, zu arbeiten und Land zu kaufen. Palästinensische Staatsangehörige werden das Recht haben, auf dem gesamten Territorium zu leben, zu arbeiten und Land zu kaufen.
5. Jeder Staat wird für seine eigene innere Sicherheit verantwortlich sein. Die Sicherheitskräfte beider Staaten werden durch einen wechselseitigen Verteidigungsvertrag ergänzt. Ein gemeinsamer Lenkungsausschuss wird die gemeinsamen Sicherheitsinteressen beider Staaten sowie die Verteidigung ihrer gemeinsamen Außengrenzen steuern.
6. Israelische Staatsangehörige werden unabhängig von ihrem Wohnsitz das Wahlrecht für die Wahlen zur Knesset

haben. Palästinensische Staatsangehörige werden unabhängig von ihrem Wohnsitz das Wahlrecht für die Wahlen zu Palästinas Parlament haben. Ihre nationalen Grundrechte wie zum Beispiel das Recht auf Bildung werden von der Verfassung garantiert, die an ihrem Wohnsitz gilt.

7. Arabisch und Hebräisch werden die Amtssprachen in beiden Staaten sein. Arabisch wird als zweite Pflichtsprache an israelischen Schulen, Hebräisch als zweite Pflichtsprache an palästinensischen Schulen unterrichtet werden.
8. Es wird gemeinsame öffentliche Gedenkveranstaltungen von Juden und Palästinensern für den Holocaust und die Nakba geben. Aufklärung, Bildung und Gedenken werden von gemeinsamen Forschungseinrichtungen organisiert. Israelische Schulkinder werden über die Nakba unterrichtet und gedenken ihrer zusammen mit palästinensischen Schulkindern. Palästinensische Schulkinder werden über den Holocaust unterrichtet und gedenken seiner zusammen mit jüdischen Schulkindern.
9. Das Recht auf Rückkehr sowohl der Juden als auch der Palästinenser wird von beiden Staaten anerkannt. Juden werden sich als israelische Staatsangehörige einbürgern lassen können, Palästinenser als palästinensische Staatsangehörige. Da die Staatsbürgerinnen beider Staaten volle Freiheiten im gesamten Territorium genießen werden, wird ein gemeinsamer Lenkungsausschuss die Regeln festlegen, nach denen die Einwanderung von Jüdinnen nach Israel und die von Palästinenserinnen nach Palästina erfolgt.

10. Israels Hauptstadt wird West-Jerusalem sein. Palästinas Hauptstadt wird Ost-Jerusalem sein.
11. Es wird ein gemeinsamer Verfassungsgerichtshof eingerichtet, der die Tätigkeit der Legislative, Exekutive und Judikative beider Staaten sowie ihrer gemeinsamen Lenkungsausschüsse für Sicherheit und Einwanderung beaufsichtigt.
12. In dem gemeinsamen Gerichtshof und in den Lenkungsausschüssen werden Jüdinnen und Palästinenserinnen gleich stark vertreten sein. Der Sitz dieser Institutionen wird Haifa sein.

Natürlich ist ein solches Vorhaben mit zahlreichen Komplikationen eigener Art verbunden. Spezifische Aspekte der Sicherheit, des Zugangs zu Wasser, der Grenzziehung und der Besteuerung müssen neben vielen anderen ausgehandelt, konkret geplant, öffentlich beratschlagt und im Ergebnis von den Weltmächten unterstützt werden. Dasselbe galt freilich auch schon für die Zweistaatenvision: Bevor sie ihren hegemonialen Status erlangte, wurde sie fast allgemein als Häresie betrachtet, als eine unmögliche antizionistische Fantasie. Dasselbe wird für jedes zukunftsweisende Programm gelten, das versucht, die bedeutungslos gewordene, aber immer noch spielbeherrschende Oslo-Konstellation abzulösen. Der Wert des vorliegenden Vorschlags besteht darin, dass er einen Weg aufzeigt, wie sich die Menschen- und Bürgerrechte im gesamten Territorium sichern lassen, ohne mit den historischen Ambitionen von Juden und Palästinensern zu brechen – der Ausübung nationaler Selbstbestimmung und nationaler Rechte. Er entspringt der Überzeugung, dass der Zionismus, das Verlangen nach jüdischer Selbstbestimmung, im 21. Jahrhundert als ein realistisches, erstrebenswertes Ziel bewahrt werden kann, aber nur, wenn er grundlegend verändert wird, wenn er in einer aus seiner Vergangenheit bekannten, aber vergessenen Form neu erfunden wird. Wäre Israel zu diesem Wandel nicht fähig, so würde es zu einem Rhodesien des 21. Jahrhunderts herabsinken, in dem die Überlegenheit des jüdischen Volkes zur rechtlich verankerten offiziellen Staatsideologie geworden ist. Ja, wenn das das Ergebnis ist, zu dem der Zionismus das jüdische Volk führt, dann hätte er seine Berechtigung verloren.

Paradoxerweise lässt sich in dem politischen Verfall, in dem sich Israel heute befindet, ein Grund zur Hoffnung erkennen. Die Oslo-Illusion war ein schwarzes Loch, das die alten liberalzionistischen Parteien des Landes, die Arbeitspartei und Meretz, verschluckt hat. Dass sie keine echte Alternative zu populistischen, stramm rechten Koalitionen zu bieten haben, ist offensichtlich; in Wirklichkeit verdient Israels Linke heutzutage noch nicht einmal mehr den Namen einer Opposition.

Nach dem Grund für ihre Lage braucht man nicht lange zu suchen. Während die Zweistaatenlösung für die gesamte israelische Wählerschaft faktisch Geschichte ist, haben die Linksparteien immer noch nicht den Mut gefunden, dies offen auszusprechen oder den Wählerinnen Alternativen anzubieten. Diese mangelnde Aufrichtigkeit, das zeigen Wahlen und Umfragen, ist ein Schuss, der nach hinten losgeht: Zwar zieht es die Linke gegenwärtig vor, wenig von Frieden oder der Zweistaatenlösung zu reden, doch ist sie zweifellos gegen Krieg, Annexion oder Vertreibung. Folglich haben Israels linke Parteien allenfalls Schweigen anzubieten, entweder in Form unbedeutender politischer Kampagnen (zur Legalisierung von leichten Drogen etwa) oder indem sie Gemeinplätze herunterbeten (»wir müssen die Hoffnung auf Frieden bewahren«). Dieses Schweigen wiederum gibt der alten Behauptung der israelischen Rechten und der militanten Mitte neue Nahrung: Linke Parteien böten bestenfalls politisch korrekte Ideen und Selbstschmeicheleien für ihre moralistische Wählerschaft, die fern der israelischen Realität seien. Als sich aber Israels Linke für das Zweistaatenprogramm ins Zeug legte – und damals war es noch keine bequeme Fassade, sondern heiß umkämpft –, erlebte sie eine politische Blütezeit. 1992, unmittelbar bevor der Oslo-Prozess volle Fahrt aufnahm, hatte die Awoda vierundvierzig Sitze im Parlament und Meretz zwölf. In den Wahlen vom September 2019 kam Awoda auf sechs; Meretz allein hätte noch nicht einmal die Sperrklausel genommen. Nachdem sie sich mit deutlich weiter rechts stehenden Politikern wie Ehud Barak zur »Demokratischen Union« zusammengetan hatte – die nicht mehr, wie Meretz zuvor, ausdrücklich an der Zweistaatenlösung festhält –, eroberte das Parteienbündnis fünf Sitze. Für die Wahlen im März 2020 mussten Awoda und Meretz eine gemeinsame Liste aufstellen – an der auch die Partei von Orly Levy beteiligt ist, die früher für die Partei eines extrem rechten Ideologen wie Lieberman im Parlament saß –, um sich den Einzug in die Knesset einigermaßen zu sichern.

Aus den leeren Hülsen dieser bedeutungslos gewordenen Parteien könnte eine gesunde politische Alternative hervorgehen, wenn sie sich endlich dazu durchrängen, das wahre demokratische Erbe Oslos wiederzubeleben: die arabisch-jüdische Zusammenarbeit. Die linken Flügel von Meretz und Awoda könnten sich mit arabisch-israelischen Parteien wie Ahmad Tibis Ta'al und der jüdisch-arabischen Chadasch zusammentun, um gemeinsam einen ambitionierten Ausweg aus der Sackgasse anzubieten, in der sich die israelische Politik derzeit befindet. Wir beginnen erste Stimmen in dieser Richtung zu hören, nun, da es den Politikerinnen der in Auflösung begriffenen zionistischen Linken dämmert, dass auch das Bündnis von Meretz und Awoda sie nicht retten wird. Chancen wie diese darf man nicht vermasseln. Eine solche Zusammenarbeit sollte nicht auf die Ebene inhaltsloser Identitätspolitik beschränkt bleiben – eines bloßen Zusammenwirkens arabischer und jüdischer Politikerinnen, immer mit dem Hintergedanken, die eigenen Sitze in der Knesset zu verteidigen. Die arabisch-jüdische Kooperation muss vielmehr von dem Willen beseelt sein, die Idee der Staatsbürgerschaft im Land neu zu erfinden und dabei auf völliger Gleichheit zu bestehen, um mit der Macht dieser Gleichheit ein politisches Programm jenseits der Zweistaatenlösung aufzustellen; ein Programm, das auf die eine oder andere Weise dem der Republik Haifa sehr ähnlich sähe. Böte sie wirklich eine alternative Politik an, dann könnte eine solche gemeinsame Partei arabische Wähler in Scharen an die Wahlurnen treiben und das Engagement der israelischen Linken neu beleben. Tatsächlich könnte sie auch Zulauf aus dem rechten Lager erhalten: Eine Liste dieser Art, die sich auf einen Begin-Plan stützt und sich unter anderem auf Jabotinsky beruft, könnte im

Prinzip nicht nur arabische und linksorientierte Israelis ansprechen, sondern auch die letzten Reste der Rechtsliberalen. Gewiss, *diese* Partei wird nahezu sicher nicht gegründet werden. Oder doch? Mit dem Zusammenbruch von Israels linkszionistischen Parteien ist eine Partei dieses Typs möglich, ja sogar notwendig geworden.

Zweifellos bleibt die Gründung der Republik Haifa vorerst ein utopischer Traum. Aber nicht bloß ein utopischer. Es ist ein Traum, der näher an der Realität ist als das illusorische Festhalten an der Zweistaatenlösung. Ein Traum, der gewiss ehrlicher ist als der Gedanke, ein System der Apartheid könnte jemals ein menschliches Antlitz haben. Herzls ursprüngliches Motto bleibt daher so aktuell, wie es immer war: Wenn ihr wollt, ist es kein Märchen.

ZORNIGES POSTSKRIPTUM AUS GEGEBENEM ANLASS

Vor wenigen Wochen, als in Israel nach drei Parlamentswahlen in nicht einem Jahr immer noch um die Bildung einer Regierung gerungen wurde, interviewte mich ein deutscher Radiosender. Der Journalist fragte mich, ob das Coronavirus meiner Meinung nach »eine Gefahr für die israelische Demokratie darstellt«. Mein Deutsch tut seine Dienste, ist aber nicht perfekt, sodass das Interview nicht live geführt, sondern aufgezeichnet wurde. »Stellen Sie sich vor«, antwortete ich, »dass die AfD in Deutschland an der Macht wäre und mit Verweis auf die Corona-Pandemie soeben den Ausnahmezustand ausgerufen hätte. Stellen Sie sich weiter vor, dass der Bundestag, als er über diese Entscheidung abstimmen wollte, von der AfD-Regierung ausgesetzt worden wäre. Und stellen Sie sich dann noch vor, dass der Justizminister den Beschluss des Bundesverfassungsgerichts, das Parlament sei wieder zu eröffnen, mit dem Bescheid quittiert hätte, zur ›Verteidigung der Demokratie‹ müsse die Entscheidung des Obersten Gerichts ignoriert werden. Wäre Ihrer Meinung nach in einem solchen Fall die Demokratie in Deutschland gefährdet?« All das ist gerade in Israel geschehen, sagte ich meinem Interviewer. »Die israelische Demokratie ist nicht nur in Gefahr. Man kann ohne Übertreibung behaupten, dass wir vor Weimarer Verhältnissen stehen.«

Mein Vergleich der Regierung des jüdischen Staats mit der extrem rechten nationalistischen AfD verstörte meinen Gesprächspartner anscheinend mehr als die staatsstreichartigen Maßnahmen, die wir gerade in Israel erlebt hatten. Prompt fragte er nach: »Ist es nicht ein wenig extrem, die Regierung Netanjahus mit der AfD gleichzusetzen?«

Meine Antwort war ein klares Nein. Netanjahus Regierung »befürwortet ausdrücklich die Idee, dass Israel jüdisch ist und insofern nicht gleichermaßen der Staat aller seiner Bürger ist und sein sollte«, antwortete ich. Wie weit ist das von den Positionen der AfD entfernt? Auch »hat sich der Bildungsminister der Regierung, Rafi Peretz, ausdrücklich nicht nur für Annexionen, sondern auch für die Institution der Apartheid ausgesprochen. Eines ihrer Kabinettsmitglieder, Bezalel Smotrich, propagiert offiziell nicht nur eine Apartheid, sondern auch Vertreibungen von Palästinensern aus ihren angestammten Wohnstätten.« Leider, sagte ich, »glaube ich nicht, dass Israels Regierung weniger demokratiefeindlich ist, als es eine AfD-Regierung wäre. Auch nicht weniger rassistisch. Diese Regierung ist mindestens so gefährlich für arabische Israelis und Palästinenser, wie es eine AfD-Regierung für Muslime, Flüchtlinge oder andere ›Nichtdeutsche‹ in Deutschland wäre.«

Ich war spürbar betroffen von den Zuständen in Israel. Vielleicht nur aufgrund von Zeitbeschränkungen, vielleicht aber auch aufgrund von Zeitbeschränkungen in Verbindung mit einem Widerstreben, einen solchen Vergleich landesweit im Rundfunk auszustrahlen, wurde dieser Teil des Gesprächs nicht gesendet.

Etwa zwei Wochen nach der Aufzeichnung des Interviews konnte man in Deutschland zwei Medienereignisse verfolgen. Auf den ersten Blick mögen sie nichts miteinander zu tun haben, doch ist es sehr aufschlussreich, sie im

Zusammenhang zu sehen. Das erste war die hitzige Debatte um Achille Mbembes angeblichen Antisemitismus – die sich in Wirklichkeit gar nicht um Mbembe drehte, sondern vielmehr um die Grenzen eines legitimen Gesprächs über Israel, und zwar in Zeiten, in denen die vertrauten Grenzen nicht mehr gelten.

In den vergangenen drei Jahrzehnten konnten sich pro-israelische Deutsche irgendwo innerhalb der Grenzen positionieren, die durch die folgende einfache Formel gezogen waren: »Ich befürworte die Idee eines jüdischen und demokratischen Staats, bin gegen die Besatzung und hoffe auf eine Zweistaatenlösung.« Diese Formel erlaubte eine einfache Definition auch dessen, was jenseits der legitimen Grenzen lag: »Israels Existenz als einen jüdischen und demokratischen Staat abzulehnen, ist antisemitisch.« Es war bequem, sich auf diese einfachen Algorithmen zurückzuziehen, und das Problem heute – wo ein für alle Mal klar ist, dass es keine Zweistaatenlösung geben wird – besteht darin, dass man dies nicht mehr guten Glaubens tun kann. Das führt zu erheblicher Verunsicherung, und zwar aus gutem Grund, denn jetzt wird das Gespräch gefährlich: Es ist nicht mehr klar, welche Formel denn sonst die Grenzen einer legitimen Diskussion über Israel ziehen könnte. Wenn es keine Zweistaatenlösung geben wird – was man leider nicht oft genug wiederholen kann –, trifft dann eigentlich der Ausdruck ›Apartheid‹ auf die Situation vor Ort zu? Und wenn wir von Israels Recht auf eine Existenz als jüdische Demokratie sprechen: Hat ein Staat das Recht, jüdisch zu sein, auch wenn rund die Hälfte der Bevölkerung *innerhalb der von ihm beanspruchten Grenzen* palästinensische Araber sind?

Zwar wurde die Mbembe-Affäre in den Feuilletons hoch und runter debattiert, den Elefanten im Raum überging man dabei aber mit Stillschweigen. Er bestand nicht in der Frage, was man nicht über Israel sagen kann, sondern in der, was liberale Deutsche, denen dieses Land zu recht am Herzen liegt, überhaupt sagen *könnten*. Was können sie für die Zukunft eines jüdischen Staats erhoffen, dessen Regierung sich nunmehr dazu bekennt, Territorien auch von Rechts wegen annektieren zu wollen, die es faktisch schon vor einem halben Jahrhundert annektiert hat? Eines Staates, der die alte Formel »ich bin für eine jüdische Demokratie und eine Zweistaatenlösung« zum leeren Klischee verkommen lässt? Zweifellos ist es nicht leicht, eine Antwort auf diese Frage zu finden. Bequemer ist es da, tief besorgt über Achille Mbembe zu sein.

Nicht, dass der Antisemitismus nicht wirklich auf dem Vormarsch wäre, in Europa wie auf der ganzen Welt, und erhebliche politische Macht in Regierungen und Parteien erlangt: nicht im linken, sondern im rechten Spektrum, auch in Deutschland. Peinlicherweise aber gewinnt der rechtsextreme Antisemitismus seine Legitimität und Prominenz oft durch seine engen Verbindungen zur israelischen Regierung. Und nun führe man sich dieses zweite kleine Medienereignis zu Gemüte: Jair Netanjahu, der oft als inoffizieller Sprecher seines Vaters, des Ministerpräsidenten, fungiert, setzte folgenden Tweet ab, als man in Deutschland gerade über Mbembe diskutierte: »Die EU ist ein Feind Israels … Schengen ist tot. Hoffentlich ist es die globalistische EU bald auch. *Dann wird Europa wieder frei, demokratisch und christlich sein.*« (Meine Hervorhebung,

O.B.) Zweifellos implizierte Jair Netanjahu mit der Behauptung, die EU sei ein Feind Israels, dass sie antisemitisch ist. Nur kommt man um die Tatsache nicht umhin, dass in Wahrheit seine eigene Twitter-Nachricht antisemitisch war: die Fantasie einer Rückkehr zu einem christlichen Europa liefe darauf hinaus, eine alte Ordnung zu restaurieren, zu der jüdische Bürger wie ich nicht wirklich dazugehören. Wenig überraschend begrüßte die AfD den Kommentar von Netanjahus Sohn begeistert: Joachim Kuhs, AfD-Politiker und Mitglied des Europäischen Parlaments, twitterte ein Poster mit Netanjahu und zitierte in großen Buchstaben seinen Ruf nach einem Europa, das »frei, demokratisch und christlich« ist.

Der Subtext der AfD war unmissverständlich, verdient aber trotzdem einen Kommentar. Genau wie Netanjahu junior versteht die Partei nicht, warum Europa und Deutschland nicht nach israelischem Vorbild gestaltet werden können. Hat Israel das Recht, jüdisch und demokratisch zu sein? Kein liberaler Deutscher, der bei Sinnen ist, würde das bestreiten. Israels Recht auf eine Existenz als eine jüdische Demokratie in Abrede zu stellen, gilt ja gerade als antisemitisch. Warum sollte es dann aber bitteschön illegitim sein, wenn Deutsche dieselben Rechte für sich in Anspruch nehmen, die sie in Israels Fall so leidenschaftlich verteidigen, und ein christliches und demokratisches, ethnisch nationales Deutschland anstreben? Netanjahu junior und die AfD sind sich zweifellos einig, dass das ihr Ziel sein sollte. Wenig überraschend hat sich der israelische Ministerpräsident nicht vom Kommentar seines Sohnes distanziert. Warum auch? Er vertritt von ganzem Herzen denselben

Grundsatz. Und um es uns nicht zu leicht zu machen: Die besten liberalen Zionisten tun es auch.

Ein Tweet von Jair Netanjahu ist an sich kein bedeutendes Medienereignis. Er enthüllte aber eine unbequeme alte Wahrheit: Der vertraute Gedanke einer jüdischen Demokratie – die israelfreundlichen liberalen Deutschen verständlicherweise am Herzen liegt – beruht auf einer ethnisch-nationalen Unterscheidung, die niemals wirklich demokratisch sein konnte. Solange dieser fragwürdige Grundsatz einer ethnischen Demokratie auf den israelischen Schauplatz beschränkt blieb und die liberale Demokratie in Europa und Deutschland gesichert war, ließen sich unbehagliche Zweifel leicht verdrängen. Nachdem jedoch nationalistische Parteien wie die AfD damit begannen, antisemitische Ideen eines ethnischen Nationalismus in das Herz der öffentlichen Debatten zu träufeln – und Israel sich als der weltweit beste Verbündete dieser Parteien erwies –, ließen sich die verdrängten Zweifel nur noch schwer unterdrücken.

Aber was heißt unterdrücken – die verdrängten Fragen kehren vielmehr mit voller logischer Wucht zurück: Ist ein Angriff auf die Legitimität der AfD-Grundsätze nicht zugleich ein Angriff auf Israels Existenzrecht? Wer ist antisemitisch in der Debatte zwischen der AfD und der politischen Mitte Deutschlands? Wir wissen bereits, wie Israels rechte Regierung und linke Mitte sich in dieser Frage positionieren würden: Sie würden Liberale als Israelhasser zeichnen, Schulter an Schulter mit der extremen Linken. Es ist eine einfache Gleichung: Wo die Verteidigung Israels praktisch identisch mit dem Kampf gegen Antisemitismus geworden ist, ist es für die weltweiten antisemitischen Politgrößen, die mit Israel kollaborieren, ein Leichtes, nicht nur Linksradikale, sondern auch liberale Kritiker als ressentimentgeladene Israelhasser darzustellen. So sehen es bereits breite Kreise in den USA und die überwältigende Mehrheit der Israelis. Schockierend und verwirrend, wie dies für die Mehrheit der progressiven amerikanischen Juden war, wird der offen antisemitische US-Präsident, der Israels nationalistische Bestrebungen bedingungslos unterstützt, in Israel quer durchs politische Spektrum als unser bester Freund gefeiert, als der Mann, der Obamas promuslimischen, antisemitischen Ressentiments gegensteuert.

Ich bin mir nicht sicher, ob die Liberalen in Deutschland glauben, ihre Haltung treffe in Israel auf mehr Wohlwollen als Obamas. Dann allerdings wären sie auf dem Holzweg. Während sich Israel zu weiteren Annexionen anschickt – und damit das Verhältnis zu den Palästinensern immer weiter eskaliert und gewalttätiger wird –, wäre jeder denkbaren israelischen Regierung eine AfD-geführte Bundesregierung viel lieber als eine CDU- oder SPD-geführte. Und obwohl die israelische Botschaft in Berlin das Verhältnis der AfD zur deutschen Vergangenheit noch missbilligt, gibt es keinen Grund, warum führende AfD-Politiker nicht bald genauso willkommen in Israel und in Yad Vashem sein sollten, wie es andere stramm rechte Antisemiten bereits waren: Neben Trump und seinem früheren Berater Stephen Bannon durften sich Viktor Orbán, Matteo Salvini, Jair Bolsonaro und Rodrigo Duterte ins Gästebuch eintragen, um nur einige zu nennen. Ob es da einen Unterschied macht, dass die AfD eine deutsche nationalistische Partei ist? Man sollte sich in dieser Frage besser keinen Illusionen hingeben: Die AfD würde sich mit Israels Hilfe – siehe Netanjahus Tweet – als die einzige Partei Deutschlands verkaufen, die *ernsthaft* die Konsequenzen aus der deutschen Vergangenheit zieht. Im Unterschied zu den liberalen Deutschen, würde sie sagen – und wie Trump oder Orbán von Israel darin bestätigt werden –, wird sie der Vergangenheit wirklich gerecht: Aus vollem Herzen bekennt sie sich zu Israels Recht, eine illiberale ethnische Demokratie zu sein, und reicht dem Land die Hand, wenn es weitere palästinensische Territorien annektieren und zwei separate Rechtssysteme für Araber und Juden etablieren will. So erschreckend es ist, könnte sich die AfD mühelos als Hauptgaranten von Angela Merkels berühmtem Gelöbnis darstellen, dass die Existenz Israels zur deutschen Staatsräson gehört. Und die deutschen Liberalen stünden als begossene antisemitische Pudel da.

Während wir in unserem dogmatischen Schlummer von einer Zweistaatenlösung träumten, hat sich die Realität in Israel grundstürzend verändert. Was wir uns heute vor allem fragen müssen, ist nicht, welche Art linksradikaler Israelkritik antisemitisch ist, sondern welche Art proisraelischer Politik uns überhaupt noch offensteht – bei der es sich um eine Politik handeln müsste, die sich weigert, die Augen vor Israels Kollaboration mit antisemitischen Verbündeten zu verschließen oder diese sogar zu befürworten. Die Bewegung der Antideutschen, die sich doch so gerne vom Antisemitismus der radikalen Linken distanzieren würde, hat diesen Zug bereits verpasst. Und so stand die radikale Linke den Rechtsextremen noch nie näher als heute; man muss nur zuhören, wie sie über Muslime spricht.

Jetzt erleben wir auch noch, wie ein ähnlicher Trugschluss in Deutschlands liberaler Mitte um sich greift. Es ist unklar, was sie überhaupt zu Israel sagen könnte, doch statt sich darüber den Kopf zu zerbrechen, ist sie lieber peinlich darum bemüht, sich vom Antisemitismus der Linken abzugrenzen. Haarfein prüft man Mbembes Kommentare, man regt sich über die BDS-Bewegung auf, und um ganz sicher vor Antisemitismus zu sein, sorgt man sich auch noch um angebliche antiisraelische Ressentiments des Jüdischen Museums Berlin.

Die liberal gesonnenen Deutschen sollten schnellstens ihren verzweifelten Versuch aufgeben, zu beweisen, dass sie mit dem Israelhass von Linksaußen nichts zu tun haben, und sich endlich der einzigen relevanten und bislang politisch unbeantworteten Frage annehmen: Was können sich proisraelische Deutsche heute für Israels Zukunft erhoffen? Wie unterstützt man Israel, ohne sich auf eine obsolete Zweistaatenlösung zurückzuziehen und ohne das israelische Drängen auf einen ethnischen Nationalismus gutzuheißen?

Das sind schwierige, ja schmerzhafte Fragen. Ich hoffe, dass ich in diesem Buch vielleicht nicht die vollständige Antwort, aber doch die Grundzüge der einzigen Antwort auf sie aufzeigen konnte, die ich sehe.

Omri Boehm
New York, Mai 2020

DANK

Wie für viele Leserinnen und Leser offenkundig sein wird, sind meine Überlegungen zu Israel den Werken von Tom Segev, Benny Morris, Dmitry Shumsky und Idith Zertal verpflichtet. Sie alle kenne ich nicht persönlich, habe mich aber bemüht, an ihre Arbeit – und natürlich an die vieler anderer – anzuknüpfen, um über ihre Schriften und damit den neuesten Stand der historischen Forschung hinaus eine fantasievolle politische Argumentation zu entwickeln. Ich habe dabei von den Kommentaren und der Kritik profitiert, die mir Experten, Mentoren und Freunde in zahllosen Gesprächen unterbreiteten. Zu ihnen zählen Ross Poole, Yoni Lebowitsch, Susan Neiman, Susie Linfield, Axel Hutter, Raef Zreik, Philipp Nielsen, Itamar Mann, Paul Kottman, Jean Cohen, Cinzia Arruzza, Jordi Graupera, Thomas Meyer, Andrew Arato, Rebecca Vilkomerson, Jay Bernstein, Richard Bernstein und Dan Landau. Einige der hier entfalteten Ideen wurden zuerst in journalistischen Arbeiten formuliert und in geringerem Umfang auch gedruckt, und zwar in der *New York Times*, der *ZEIT*, der *Los Angeles Review of Books* und der *Boston Review.* Der Austausch mit einigen Redakteuren dieser Zeitungen, insbesondere mit Adam Soboczynski und Peter Catapano, hatte einen erheblichen Einfluss auf mein Schreiben. Zu der erforderlichen Zeit, um das Buch abzuschließen, verhalfen mir zwei Institutionen: die New School for Social Research, die mir ein Forschungssemester gewährte, und die Humboldt-Stiftung, die meinen Aufenthalt in Deutschland unterstützte. Zusätzlich kamen mir zwei denkwürdige Schreibklausuren in den

Zumthor Ferienhäusern im Schweizerischen Leis zugute. Ein besonderer Dank gilt Jack Miles, der mich überhaupt dazu ermutigte, dieses Buch zu schreiben, und mich dann bei mehr oder weniger jeder Wendung seiner Argumentation beriet; Michael Adrian für seine gewissenhafte Übersetzung, die dem Buch eine deutsche Stimme verleiht, in der ich meine eigene hören kann; meinen Eltern Eti und Amnon Boehm für ihre intensive Unterstützung (und auch Kritik); und Inbal Hever dafür, dass sie jedes einzelne Wort gelesen und kommentiert hat. Über Israels Gegenwart und Zukunft nachzudenken ist wohl oder übel zu einem unabdingbaren Teil unseres gemeinsamen Lebens geworden. Ihr ist dieses Buch gewidmet.

ANMERKUNGEN

1 Noa Limona: »Ein Interview mit Jürgen Habermas«, in: *Haaretz*, 10. August 2012, https://www.haaretz.co.il/magazine/1.1797148 [auf Hebräisch; Übersetzung sämtlicher hebräischen und jiddischen Quellen ins Englische O. B.] (zuletzt aufgerufen am 6. 11. 2019).

2 Immanuel Kant: »Beantwortung der Frage: Was ist Aufklärung«, in: ders.: *Was ist Aufklärung? Ausgewählte kleine Schriften*, Hamburg 1999, S. 20–27, hier S. 20ff.

3 Immanuel Kant: *Kritik der Urteilskraft* [1790/1793], Hamburg: Meiner 2009, S. 175 (B158).

4 Kant: »Was ist Aufklärung«, S. 22.

5 Immanuel Kant: *Kritik der reinen Vernunft* [1781/1787], Hamburg: Meiner 1990, S. 688 (A752/B780).

6 Theodor W. Adorno: »Kants ›Kritik der reinen Vernunft‹« [1959], hrsg. von Rolf Tiedemann, *Nachgelassene Schriften*, Abt. IV, Bd. 4, Frankfurt a. M. 1995, S. 99.

7 Micha Brumlik: »Moral nach der Shoah. Deutschland und Israel«, in: ders.: *Wann, wenn nicht jetzt? Versuch über die Gegenwart des Judentums*, Berlin 2015, S. 76–93, hier S. 88. Das ganze Kapitel ist eine lesenswerte Auseinandersetzung mit meiner Kritik an Habermas' Position.

8 Eva Illouz kommentiert die Tugend der Parrhesia, die die biblischen Propheten an den Tag legen, denkt dabei aber, soweit ich sehe, vor allem an die anerkannten Propheten und ihr Verhältnis zu irdischen Königen, nicht an Abrahams Verhältnis zu Gott; vgl. ihr Buch *Israel. Soziologische Essays*, übers. von Michael Adrian, Berlin 2015, S. 19–45.

9 Ebd.

10 Günter Grass: »Was gesagt werden muss«, in: *Süddeutsche Zeitung*, 10. April 2012, https://www.sueddeutsche.de/kultur/gedicht-zum-konflikt-zwischen-israel-und-iran-was-gesagt-werden-muss-1.1325809 (zuletzt aufgerufen am 6. 11. 2019).

11 Stephan Grigat: »Befreite Gesellschaft und Israel. Zum Verhältnis von kritischer Theorie und Israel«, in: ders. (Hrsg.): *Feindaufklärung und Reeducation. Kritische Theorie gegen Postnazismus und Islamismus*, Freiburg 2006, S. 115–129, https://www.cafecritique.priv.at/ktUndZionismus.html (zuletzt aufgerufen am 6. 11. 2019).

12 Justin Jalil: »London University Rejects Holocaust Commemoration«, in: *The Times of Israel*, 19. Oktober 2014, https://www.timesof-

israel.com/london-university-rejects-holocaust-commemoration/ (zuletzt aufgerufen am 6. 11. 2019).

13 *Merkur* 19 (205), 1965, S. 380–385, hier S. 381.

14 Ebd., S. 383.

15 Avraham Burg: *In Days to Come, A New Hope for Israel*, New York 2018, S. 301–308; Michael Sfard: »The Israeli Occupation Will End Suddenly«, in: *Haaretz*, 23. Januar 2016, https://www.haaretz.com/opinion/.premium-the-israeli-occupation-will-end-suddenly-1.5393895 (zuletzt aufgerufen am 6. 11. 2019); Illouz: *Israel*, S. 196.

16 Hannah Arendt: »Wahrheit und Politik«, in: dies.: *Wahrheit und Lüge in der Politik. Zwei Essays*, München/Zürich 2013, S. 44–92, hier S. 55.

17 Für die Philosophinnen unter meinen Leserinnen sei hinzugefügt, dass ich unter »Urteil« und »urteilen« das verstehe, was Kant als bestimmendes Urteil bezeichnet.

18 Die Angaben beruhen auf der »Siedlerbeobachtung« (»Settlement Watch«) der israelischen Friedensbewegung Schalom Achschaw oder Peace Now, vgl. https://peacenow.org.il/en/settlements-watch/settlements-data/population (zuletzt aufgerufen am 2. 8. 2019), sowie auf Shaul Arieli: *Messianism Meets Reality. Vision of Illusion, 1967–2016*, Tel Aviv 2017. Beide stützen sich auf die offiziellen Zahlen von Israels zentralem Statistikamt.

19 Das Zitat stammt von Nathan Thrall: *The Only Language They Understand. Forcing Compromise in Israel and Palestine*, New York 2017, S. 70. Auch Arieli unterstützt in *Messianism Meets Reality* diese These. Eine ausgefeiltere Formulierung dieser Argumentation auf neuestem Stand bietet Susie Linfield: *The Lion's Den. Zionism and the Left from Hannah Arendt to Noam Chomsky*, New Haven 2019.

20 »Treffen zwischen dem Ministerausschuss für Autonomiegespräche und dem amerikanischen Sonderbotschafter, Mr. Sol Linowitz, am 2. September 1980, Kabinett, Amt des Ministerpräsidenten, Jerusalem«, A-4316/14, Israelisches Staatsarchiv, Jerusalem [ISA].

21 Das Zitat stammt aus Netanjahus Rede an der Bar-Ilan-Universität vom 14. Juni 2009, verfügbar auf der Website des israelischen Außenministeriums, https://mfa.gov.il/MFA/PressRoom/2009/Pages/Address_PM_Netanyahu_Bar-Ilan_University_14-Jun-2009.aspx (zuletzt aufgerufen am 4. 8. 2019).

22 Eyal Levi: »Interview mit Amiram Levin. ›Beim nächsten Kampf bleiben die Palästinenser nicht länger, wir befördern sie mit einem Fußtritt über den Jordan‹«, in: *Maariv*, 13. Dezember 2017 [auf Hebräisch].

23 Amichai Atali: »Smotrich: Erobert Gaza zurück und öffnet seine Tore für eine massive Auswanderung«, in: Ynet (*Yediot Aharonot*), 29. März 2019, https://m.ynet.co.il/Articles/5486272 [auf Hebräisch] (zuletzt aufgerufen am 4.8.2019).

24 Amos Oz: *Liebe Fanatiker. Drei Plädoyers*, übers. von Mirjam Pressler, Berlin 2018, S. 131ff.

25 Ebd., S. 135–139.

26 Antonio Gramsci: *Gefängnishefte*, Bd. 2, hrsg. von Wolfgang Fritz Haug, Hamburg / Berlin 1991, S. 354 (Heft 3, §34).

27 Tony Judt: »Israel – die Alternative«, in: ders., *Wenn sich die Fakten ändern. Essays 1995–2010*, übers. von Matthias Fienbork, Frankfurt a. M. 2017, S. 117–124, hier S. 118, 122.

28 Leon Wieseltier: »Israel, Palestine and the Return of the Bi-National Fantasy. What Is Not to be Done«, in: *The New Republic*, 27. Oktober 2003.

29 Michael Walzer: »Letter to the Editor«, in: *The New York Review of Books*, 4. Dezember 2003.

30 Thomas L. Friedman: »The Many Mideast Solutions«, in: *The New York Times*, 10. Februar 2016, S. A23.

31 Ders.: »President Trump, Will You Save the Jews?«, in: *The New York Times*, 15. Februar 2017, S. A27.

32 »As a 2-State Solution Loses Steam, a 1-State Plan Gains Traction«, 6. Januar 2018, S. A1; »Israel Digs a Grave for the Two-State Plan«, 6. Januar 2018, S. A18; »American Jews and Israeli Jews are Headed to a Messy Break Up«, 6. Januar 2019, S. SR3; »Is Liberal Zionism Dead?«, 9. Januar 2018, S. A23.

33 Dieser These wurde in den letzten Jahren vermehrte Aufmerksamkeit zuteil; am überzeugendsten und umfassendsten entfaltet hat sie aber Dmitry Shumsky in *Beyond the Nation-State. The Zionist Political Imagination from Pinsker to Ben-Gurion*, New Haven 2018. Ähnlich argumentiert Michael Brenner in *Israel. Traum und Wirklichkeit des jüdischen Staates*, München 2016.

34 Die entsprechenden vollständigen Zitate und Nachweise finden sich in Kapitel 3.

35 Eine wahrhaft bahnbrechende Sammlung von Essays, die den Holocaust und die Nakba im Zusammenhang thematisieren, bieten Bashir Bashir / Amos Goldberg (Hrsg.): *The Holocaust and the Nakba. A New Grammar of Trauma and History*, New York 2018. Ich teile die Ansicht der Herausgeber, dass wir zur Entwicklung binationaler politischer Visionen eine Sprache finden müssen, in der wir die Verbin-

dungen zwischen diesen beiden Gründungsgeschichten diskutieren können, ohne die Unterschiede zwischen ihnen einzuebnen. Wie Alon Confino in seiner Besprechung der hebräischen Erstausgabe des Buches schreibt, besteht seine wesentliche Leistung in dem performativen Akt seiner Niederschrift. »Das ist das eigentliche Ereignis und die bedeutende Bemühung. Diese Tat bewirkt an sich einen Ruck, ohne den es keine Aussichten auf nationale Rechte und Menschenrechte für alle Bewohner des Landes geben kann.« Alon Confino: Rezension zu Bashir, Bashir; Goldberg, Amos (Hrsg.): *The Holocaust and the Nakba. Memory, National Identity and Jewish-Arab Partnership*, Jerusalem 2015, in: *H-Soz-Kult*, 22. 04. 2016, www.hsozkult.de/publicationreview/id/reb-24083 (zuletzt aufgerufen am 4. 8. 2019).

36 Ernest Renan: »Was ist eine Nation? Vortrag an der Sorbonne, gehalten am 18. März 1882«, übers. von Henning Ritter, in: ders.: *Was ist eine Nation? und andere politische Schriften*, übers. von Maria Fehringer, Wien/Bozen 1995, S. 41–58.

37 Vgl. Avraham Burgs Erinnerungen *In Days to Come, A New Hope for Israel*, New York 2018, und vor allem Meron Rapoports und Awni Al-Mashnis gemeinsame israelisch-palästinensische Initiative »Two States, One Homeland«, https://www.alandforall.org/english/?d=-ltr (zuletzt aufgerufen am 2. 8. 2019).

38 Yehuda Elkana: »Lob des Vergessens », in: *Haaretz*, 2. März 1988 [auf Hebräisch].

39 Spinoza argumentiert hierfür systematisch nach seiner geometrischen Methode im vierten Teil der *Ethik*, »Von menschlicher Knechtschaft oder von den Kräften der Affekte«. Baruch de Spinoza: *Ethik in geometrischer Ordnung dargestellt*. Lateinisch–Deutsch, Sämtliche Werke, Bd. 2, übers. und hrsg. von Wolfgang Bartuschat, Hamburg 2015.

40 Friedrich Nietzsche: »Götzen-Dämmerung«, in: *Sämtliche Werke*. Kritische Studienausgabe in 15 Bänden, hrsg. von Giorgio Colli/Mazzino Montinari, Bd. 6, München 1980, S. 55–161, hier S. 63.

41 Friedrich Nietzsche: *Also sprach Zarathustra. Sämtliche Werke*. Kritische Studienausgabe in 15 Bänden, hrsg. von Giorgio Colli/Mazzino Montinari, Bd. 4, München 1980, S. 180.

42 Renan: »Was ist eine Nation?«, S. 45.

43 Dieses Urteil gab auch das Stichwort zu Avraham Burgs *Hitler besiegen. Warum Israel sich endlich vom Holocaust lösen muss*, übers. von Ulrike Bischoff, Frankfurt a. M./New York 2009 (bzw. *The Holocaust*

Is Over. We Must Rise from Its Ashes, wie das Buch auf Englisch betitelt ist).

44 Elie Wiesel: *Die Nacht. Erinnerung und Zeugnis* [1958], übers. von Curt Meyer-Clason, Freiburg i. Br. 1996, S. 93f.

45 Ebd., S. 94f.

46 Vgl. auch Bernard Avishais schöne Schilderung der Bindung Isaaks in seinem Nachruf auf Wiesel: »Postscript: Elie Wiesel, 1928–2016«, in: *The New Yorker*, 4. Juli 2016.

47 François Mauriac: Vorrede zur Originalausgabe von *La Nuit*, in Wiesel: *Die Nacht*, S. 7–12, hier S. 11 f.

48 Elie Wiesel: »Rede anläßlich der Überreichung des Friedensnobelpreises am 10. Dezember 1986 in Oslo«, übers. von Rudolf Walter, in: ders.: *Gesang der Toten. Erinnerungen und Zeugnis* [1967], übers. von Christian Sturm, Freiburg i. Br. 1989, S. 178–181, hier S. 179.

49 Ders.: *... und das Meer wird nicht voll. Autobiographie 1969–1996*, übers. von Holger Fock / Sabine Müller, München 1999, S. 196.

50 Elie Wiesel: *Against Silence*, hrsg. von Irving Abrahamson, New York 1984, Bd. 1, S. I, 158 u. 211.

51 Barack Obama: »Memorial Tribute«, in: Elie Wiesel: *Night*. Commemorative Edition, New York 2017, S. IX.

52 Jean Améry: »An den Grenzen des Geistes«, in: ders.: *Jenseits von Schuld und Sühne. Bewältigungsversuche eines Überwältigten* [1966], München 1888, S. 15–36.

53 Primo Levi: *Die Atempause* [1963], übers. von Barbara u. Robert Picht, München 1994, S. 9.

54 Ebd., S. 244.

55 Es lässt sich einiges aus den unterschiedlichen Adjektiven lernen, die Wiesel und Elkana verwenden, um die menschliche Pflicht gegenüber der Vergangenheit zu beschreiben. Für den einen ist das Erinnern eine »heilige« Pflicht; für den anderen ist die Pflicht, zu vergessen, eine »politische und pädagogische«.

56 Alexandra Föderl-Schmid: »Yad Vashem darf keine ›Waschmaschine‹ für Rechtsextreme sein«, in: *Süddeutsche Zeitung*, 12. Dezember 2018, https://www.sueddeutsche.de/politik/yad-vashem-antisemitismus-1.4249859 (zuletzt aufgerufen am 24. 8. 2019).

57 Matti Friedman: »What Happens When a Holocaust Museum Plays Host to Autocrats«, in: *The New York Times*, 8. Dezember 2018, https://www.nytimes.com/2018/12/08/opinion/sunday/yad-vashem-holocaust-memorial-israel.html (zuletzt aufgerufen am 24. 8. 2019).

58 David Ben-Gurion: »Die Erlösung«, in: *Der Jiddische Kämpfer*, 16. November 1917 [auf Jiddisch].

59 Ruth Firer: *Vermittler zionistischer Bildung*, Tel Aviv 1985, S. 70 [auf Hebräisch].

60 Siehe hierzu Idith Zertals umfassende Rekonstruktion in: *Nation und Tod. Der Holocaust in der israelischen Öffentlichkeit* [2002], übers. von Markus Lemke, Göttingen 2011, S. 152ff.

61 Susan Sontag: »Gedanken zu Hochhuths *Der Stellvertreter*«, in: dies.: *Kunst und Antikunst. 24 literarische Analysen* [1978], übers. von Mark W. Rien, München 2003, S. 183–191, hier S. 184.

62 »Interview mit Ministerpräsident David Ben-Gurion«, in: *Jedi'ot Acharonot*, 31. März 1961 [auf Hebräisch].

63 Vgl. Ross Pooles Diskussion in »Patriotism and Nationalism«, in: Igor Primoratz / Aleksandar Pavković (Hrsg.): *Patriotism. Philosophical and Political Perspectives*, Abingdon 2016, S. 129–146.

64 Siehe etwa den Bericht über die Rede von Peter Beaumont: »Anger at Netanyahu claim Palestinian grand mufti inspired Holocaust«, in: *The Guardian*, 21. Oktober 2015, https://www.theguardian.com/world/2015/oct/21/netanyahu-under-fire-for-palestinian-grand-mufti-holocaust-claim (zuletzt aufgerufen am 24. 8. 2019).

65 Israel Gutman (Hrsg.): *Enzyklopädie des Holocaust*, Jerusalem: Yad Vashem Publishing / Sifriyat Poalim 1990, 4 Bde. [auf Hebräisch]. Interessanterweise sind die Verhältnisse in der englischen Fassung der Enzyklopädie ausgewogener.

66 Zum Verhältnis von Holocaust-Gedenken, israelischer Nationalität und letztlich Rabins Ermordung vgl. Zertal: *Nation und Tod*, S. 315–330.

67 Renan: »Was ist eine Nation?«, S. 45, 57. Eine Darstellung von Renans Formulierung nicht als romantischen, sondern als modernen Nationalismus bietet Aleida Assmann: *Der lange Schatten der Vergangenheit. Erinnerungskultur und Geschichtspolitik*, München 2016, S. 39f.

68 Renan: »Was ist eine Nation?«, S. 46.

69 Benedict Anderson: *Die Erfindung der Nation. Zur Karriere eines folgenreichen Konzepts* [1983], übers. von Benedikt Burkard / Christoph Münz, Frankfurt a. M. 1996, S. 201.

70 Vgl. Ross Poole: »Enacting Oblivion«, in: *International Journal of Politics, Culture, and Society* 22 (2009), H. 2, S. 149–157.

71 Vgl. etwa Susan Neimans jüngstes Buch *Von den Deutschen lernen*, übers. von Christina Goldmann, München 2020.

72 Die Rede wurde am 29. Januar 2010 in der *Haaretz* abgedruckt und

ist in hebräischer Sprache auf ihrer Website nachzulesen, https://www.haaretz.co.il/news/education/1.1186667. Eine vollständige englische Fassung findet sich auf der Website der Jews for Justice for Palestinians, http://jfjfp.com/ammed-tibis-knesset-speech-on-holocaust-memorial-day/«tibi (zuletzt aufgerufen am 24. 8. 2019).

73 Hannah Arendt: »Der Zionismus aus heutiger Sicht«, übers. von Friedrich Griese, in: dies.: *Die verborgene Tradition. Acht Essays*, Frankfurt a. M. 2016, S. 127–168, hier S. 127f. Albert Einstein, dem die Regierung die erste israelische Präsidentschaft angetragen hatte, unterzeichnete gemeinsam mit Arendt einen von ihm verfassten offenen Brief, der Menachem Begins faschistische Überzeugungen und Vorgehensweisen anprangerte. Der Brief, der die amerikanischen Juden vor den gewaltsamen Methoden von Begins Partei *Heirut* (»Freiheit«) warnen sollte, erschien am 4. Dezember 1948 in der *New York Times*.

74 Theodor Herzl: *Briefe und Tagebücher*, hrsg. von Alex Bein u. a., Bd. 2: *Zionistisches Tagebuch, 1895–1899*, Berlin/Frankfurt a. M./Wien 1983, S. 117f. (12. Juni 1895).

75 Israel Zangwill: »The Return to Palestine«, in: *New Liberal Review*, Dezember 1901, S. 615.

76 Ders.: *Speeches, Articles and Letters*, London 1937, S. 210.

77 Wladimir Jabotinsky: »A Talk with Zangwill«, in: *Jewish Herald*, 4. August 1939.

78 Shabtai Teveth: *Ben-Gurion and the Palestinian Arabs. From Peace to War*, Oxford 1985, S. 47.

79 Tagebucheintrag David Ben-Gurion am 12. Juli 1937, S. 297f. [auf Hebräisch; Primärquelle].

80 Ben-Gurion, Der 20. Zionistenkongress, 5. Treffen, Zürich, 21.–23. August 1937. Zitiert nach Benny Morris: *Korrektur eines Fehlers. Juden und Araber in Palästina/Israel 1936–1956*, Tel Aviv 2004, S. 46f. [auf Hebräisch].

81 Protokoll der Vorstandssitzung der Jewish Agency, 7. Mai 1944, Zionistisches Zentralarchiv, S100/42b.

82 Ebd.

83 Protokoll der Vorstandssitzung der Jewish Agency, 12. Juni 1938, Zionistisches Zentralarchiv, S100/42b.

84 Shaul Avigor/Ben-Zion Dinor/Jehudah Slotzki u. a. (Hrsg.): *Das Buch der Hagana-Chroniken*, Bd. 3, Tel Aviv 1976, S. 1955–1959.

85 Vgl. Benny Morris' Darstellung der Ereignisse in *The Birth of the Palestinian Refugee Problem Revisited*, Cambridge 2004, S. 237.

86 Tom Segev: *David Ben Gurion. Ein Staat um jeden Preis*, übers. von Ruth Achlama, München 2018, S. 433.

87 Zadok Eshel: *Hagana-Kämpfe in Haifa*, Tel Aviv 1978, S. 356 [auf Hebräisch].

88 Ebd., S. 365. Laut Ehud Almog, der von der *Haaretz* interviewt wurde, kamen Davidka-Granaten zum Einsatz, keine Drei-Zoll-Mörser. Davon abgesehen sei die Beschreibung »korrekt. Absolut zutreffend.« 3. Juni 2011, https://www.haaretz.com/1.5019167 (zuletzt aufgerufen am 29. 8. 2019).

89 Benny Morris bringt in der hebräischen Originalausgabe seines Buchs *The Birth of the Palestinian Refugee Problem Revisited* nur einen Teil des Zitats von Eshel. Er spart den Umstand aus, dass die Beschießung der Menge beschlossen wurde, nachdem die Hagana erfahren hatte, dass die Araber evakuierten. Gestützt auf das Teilzitat schreibt er, es gebe »keinen Beleg« dafür, dass die Hagana glaubte, ihre Aktionen »würden zur Evakuierung der Araber aus Haifa führen« (S. 123). Soweit ich sehe, lässt die englische Übersetzung von Morris' Buch das Eshel-Zitat ganz weg.

90 Public Record Office, WO 261–297, »Sitrep No. 10«, 1st Battalion Coldstream Guards, 16.30 Uhr, 22. April 1948.

91 Golda Meirson, Protokoll des Treffens der Jewish Agency, 6. Mai 1948, Zionistisches Zentralarchiv, 45/2.

92 Jigal Allon und Jitzchak Rabin an die Jiftach-Brigade und die 8. Brigade, 12. Juli 1948, »Lod und Ramla«, Ben-Gurion-Archiv.

93 Tagebuch von Yosef Nahmani, 6. November 1948, zitiert nach Morris: *Korrektur eines Fehlers*, S. 131f.

94 Morris: *Birth of the Palestinian Refugee Problem*, S. 136f.

95 Josef Weitz: *Mein Tagebuch und Briefe an meine Kinder*, Tel Aviv 1965, Bd. 2, S. 181; der Eintrag ist datiert auf den 2. Dezember 1940 [auf Hebräisch].

96 Zitiert nach Adam Raz: *Das Massaker von Kafr Qasim*, Jerusalem 2018, S. 42f. [auf Hebräisch].

97 Rafi Mann: »Talking Values with the Old Man«, in: *Haaretz*, 29. Oktober 2010, https://www.haaretz.com/1.5132377 (zuletzt aufgerufen am 10. 9. 2019).

98 Amos Oz/Avraham Shapira: *Man schießt und weint. Gespräche mit israelischen Soldaten nach dem Sechstagekrieg* [1967], übers. von Susanne Euler, Frankfurt a. M. 2017.

99 Die obigen Ausführungen stehen in der Schuld von Tom Segev: *1967. Israels zweite Geburt*, übers. von Helmut Dierlamm/Hans Freundl/

Enrico Heinemann, München 2009, S. 529–536; dort (S. 530) auch die Zitate von Meir und Gouri.

100 Mor Loushy (Regie): *Censored Voices* (2015).

101 Segev: *1967*, S. 531–534.

102 Ari Shavit: *Mein gelobtes Land. Triumph und Tragödie Israels*, übers. von Michael Müller, München 2015.

103 Ari Shavit: »Lydda, 1948. A City, a Massacre and the Middle East Today«, in: *The New Yorker*, 14. Oktober 2013; Thomas Friedman: »Something for Barak and Bibi to Talk About«, in: *The New York Times*, 17. November 2013; Leon Wieseltier: »The State of Israel«, in: *The New York Times*, 21. November 2013; Dwight Garner: »Son of Israel, Caught in the Middle«, in: *The New York Times*, 20. Nov. 2013.

104 Shavit: *Mein gelobtes Land*, S. 542.

105 Ebd., S. 455.

106 Ebd., S. 457.

107 Ebd., S. 160.

108 Ebd., S. 192.

109 Ebd., S. 191.

110 Susie Linfield: »Ari Shavit. From Left Field«, in: *Guernica*, 16. Dezember 2013.

111 Yotam Berger: »Ausschuss der nationalen Union bekennt sich zu einem Plan, der die Umsiedlung der Palästinenser fordert«, in: *Haaretz*, 12. September 2017 [auf Hebräisch].

112 Israel Zangwill: *Der Weg zur Unabhängigkeit. Reden, Artikel, Briefe*, hrsg. von Ben-Zion Netanjahu, Tel Aviv 1938, S. XXXVII–XLIV [auf Hebräisch].

113 Shabtai Teveth: *The Evolution of »Transfer« in Zionist Thinking*, Tel Aviv 1989, S. 17.

114 Ari Shavit: »Survival of the Fittest. An Interview with Benny Morris«, in: *Haaretz*, 8. Januar 2004, https://www.haaretz.com/1.5262454 (1. Teil) und https://www.haaretz.com/1.5262428 (2. Teil) (zuletzt aufgerufen am 17. 9. 2019).

115 Shimon Gapso: »If You Think I'm a Racist, Then Israel Is a Racist State«, in: *Haaretz*, 7. August 2013, https://www.haaretz.com/opinion/shimon-gapso-if-you-think-im-a-racist-so-be-it-1.5318153 (zuletzt aufgerufen am 17. 9. 2019).

116 Zitiert nach: Yishai Menuchin (Hrsg.): *Über Demokratie und Ungehorsam*, Jerusalem 1990, S. 140 [auf Hebräisch].

117 Emile Habibi: »Euer Holocaust, unsere Katastrophe«, in: *Politica* 8 (1986), S. 26f. [auf Hebräisch].

118 Moshe Halbertal: »Kann es einen jüdischen und demokratischen Staat geben?«, in: *Haaretz*, 27. April 2013 [auf Hebräisch]. Wenn nicht anders angegeben, stammen alle Zitate von Halbertal im vorliegenden Kapitel aus diesem Artikel.

119 Avishai Margalit / Moshe Halbertal: »Liberalism and the Right to Culture«, in: *Social Research* 61 (1994), H. 3, S. 491–510.

120 Ebd., S. 492.

121 So Andrew Pessin in einem Kommentar in der Online-Zeitung *The Times of Israel*: »›Liberal Zionism‹ in the New York Times«, 28. Dezember 2016, https://blogs.timesofisrael.com/liberal-zionism-in-the-new-york-times/. Dieser Kommentar war eine Kritik (mit allen Merkmalen eines persönlichen Angriffs) an meinem Artikel »Liberal Zionism in the Age of Trump«, in: *The New York Times*, 20. Dezember 2016, https://www.nytimes.com/2016/12/20/opinion/liberal-zionism-in-the-age-of-trump.html (beide zuletzt aufgerufen am 26. 9. 2019).

122 Grossman ist bekanntlich Vater eines gefallenen Soldaten. Bei der »alternativen« Gedenkzeremonie legen Israelis Wert darauf, gefallener Soldaten zusammen mit palästinensischen Familien zu gedenken, die ebenfalls ihre Liebsten verloren haben.

123 David Grossman: »Israel is a Fortress, but Not Yet a Home«, in: *Haaretz*, 18. April 2018, https://www.haaretz.com/israel-news/full-text-speech-by-david-grossman-at-alternative-memorial-day-event-1.6011820. Die hier zitierte deutsche Fassung findet sich auf forumZFD, 18. Mai 2018, https://www.forumzfd.de/de/israel-ist-eine-festung-aber-kein-zuhause (beide zuletzt aufgerufen am 26. 9. 2019); darin wurde allerdings das Wort »Zuhause« durch das treffendere »Heim/heimisch« ersetzt.

124 Zitiert nach »Full Transcript: Second 2016 Presidential Debate«, in: *Politico*, 10. Oktober 2016, https://www.politico.com/story/2016/10/2016-presidential-debate-transcript-229519 (zuletzt am 26. 9. 2019).

125 Daniel Solomon: »Speechless Rabbi Admits to Losing Argument Over Racism and Israel to White Supremacist Richard Spencer«, in: *Forward*, 7. Dezember 2016. Dort auch das YouTube-Video von dem Aufeinandertreffen: https://forward.com/news/national/356363/speechless-rabbi-admits-losing-argument-over-racism-and-israel-to-white-sup/ (zuletzt aufgerufen am 26. 9. 2019).

126 Ann Coulter, *¡Adios, America! The Left's Plan to Turn Our Country into a Third World Hellhole*, Washington, D. C. 2015, S. X.

127 Pessin: »›Liberal Zionism‹ in the New York Times«.

128 Luke Baker: »Far-right Austrian leader visits Israel's Holocaust memorial«, *Reuters*, 12. April 2016, https://www.reuters.com/article/us-israel-austria-strache/far-right-austrian-leader-visits-israels-holocaust-memorial-idUSKCN0X91NX (zuletzt aufgerufen am 26. 9. 2019).

129 Shlomo Papierblat: »Der niederländische Geheimdienst überprüft Geert Wilders' Verbindungen zu Israel, wird berichtet«, in: *Haaretz*, 10. Dezember 2016 [auf Hebräisch].

130 Aaron Klein: »Alan Dershowitz Defends Steve Bannon: ›Not Legitimate to Call Somebody an Anti-Semite Because You Disagree with Their Policies‹«, in: *Breitbart*, 15. November 2016.

131 Abgedruckt im originalen deutschen Wortlaut als Anhang 11 bei David Yisraeli: *Das Palästina-Problem in der deutschen Politik, 1889–1945*, Ramat Gan 1974, S. 315–317 [auf Hebräisch].

132 Zitiert nach http://www.hagalil.com/israel/independence/azmauth.htm (zuletzt aufgerufen am 26. 9. 2019).

133 Alle Zitate aus dem Nationalstaatsgesetz nach der Übersetzung auf der Website der Stiftung Wissenschaft und Politik, https://www.swp-berlin.org/fileadmin/contents/products/sonstiges/2018A50_Anhang_IsraelNationalstaatsgesetz.pdf (zuletzt aufgerufen am 26. 9. 2019).

134 Die klassische Formulierung dieser Doktrin, die sich unmittelbar auf das Dilemma der Weimarer Republik bezieht, stammt von Karl Loewenstein: »Militant Democracy and Fundamental Rights, I/II«, in: *The American Political Science Review* 31 (1937), H. 3 u. 4, S. 417–432 u. S. 638–658.

135 Peter Beinart: *Die amerikanischen Juden und Israel. Was falsch läuft*, übers. von Stephan Gebauer, München 2013, S. 196–200.

136 Theodor Herzl: *Altneuland. Wenn ihr wollt, ist es kein Märchen*, Leipzig 1902; zuletzt: Berlin 2015.

137 Amos Elon etwa behauptet, dass Herzl in *Altneuland* einen »dramatischen Wandel« vollzieht, der ihn von den Nationalisten unterscheidet (*Herzl*, New York 1975, S. 348). Shlomo Avineri hingegen geht davon aus, dass sich Herzl schlicht einer esoterischen Schreibweise im Strauss'schen Sinne bediente (meine Charakterisierung), um nicht den Ärger der osmanischen Zensur zu erregen (*Theodor Herzl und die Gründung des jüdischen Staates*, übers. von Eva-Maria Thimme, Berlin 2016, S. 256ff.

138 Meine Überlegungen stützen sich auf das wichtige Buch von Dmitry Shumsky: *Beyond the Nation State*, New Haven 2018, bes. S. 89.

139 Theodor Herzl: *Zionistisches Tagebuch*, S. 306 (23. Februar 1896).

140 Achad Ha'am: »Einleitung zur Neuausgabe«, in: ders.: *Sämtliche Schriften*, Tel Aviv 1947, S. 8ff. [auf Hebräisch].

141 Wladimir Jabotinsky: »Über ein binationales Palästina«, in: *Razsvet*, 3. Januar 1926 [auf Hebräisch].

142 Ders.: *The Jewish War Front*, London 1940, S. 217f.

143 David Ben-Gurion: »Nationale Autonomie und nachbarschaftliche Beziehungen«, in: ders.: *Wir und unsere Nachbarn*, Tel Aviv 1931, S. 111–114 [auf Hebräisch].

144 Ebd., S. 122f.

145 Ben-Gurion: »Grundlagen einer staatlichen Regierungsordnung in Palästina«, in: *Wir und unsere Nachbarn*, S. 195f.

146 Hannah Arendt: »Zur Rettung der jüdischen Heimstätte ist es noch nicht zu spät«, in: dies.: *Wir Juden. Schriften 1932–1966*, München 2019, S. 240–258, hier: S. 258.

147 Im Rahmen eines Vortrags an der Universität Tel Aviv, seinem letzten öffentlichen Auftritt [auf Hebräisch]: https://www.youtube.com/watch?v=A6DXUiZhRow (zuletzt aufgerufen am 26. 9. 2019).

148 Tagebucheintrag David Ben-Gurions am 12. Juli 1937, S. 297f. [auf Hebräisch; Primärquelle].

149 David Ben-Gurion: »Entgegnungen auf dem 22. Zionistenkongress«, in: *Ba'Ma'aracha*, Bd. 5, Tel Aviv 1957, S. 149 [auf Hebräisch].

150 Rick Gladstone/Jodi Rudoren: »Mahmoud Abbas, at U.N., Says Palestinians Are No Longer Bound by Oslo Accords«, in: *The New York Times*, 1. Oktober 2015 (mit einem Zitat von Nathan Thrall); Barak Ravid: »Was It a Bombshell or Stink Bomb That Abbas Dropped in His UN Speech?« in: *Haaretz*, 30. September 2015, https://www.haaretz.com/.premium-a-bombshell-or-stink-bomb-1.5404273 (zuletzt aufgerufen am 8. 10. 2019).

151 Die Szene ist zu sehen unter https://www.youtube.com/watch?v=-SmfseeZt5fA (zuletzt aufgerufen am 8. 10. 2019).

152 Dies war die Position Sari Nusseibehs. Er war immer ein Verfechter der Einstaatenlösung gewesen, wurde aber zum Berater Arafats und Befürworter Oslos. Vgl. Sari Nusseibeh/mit Anthony David: *Es war einmal ein Land. Ein Leben in Palästina*, übers. von Gabriele Gockel u. a., [Berlin] 2009, S. 353–372.

153 Barak Ravid: »Die Konsequenzen des Konflikts mit den Palästinensern sind viel existenzieller als die iranische Nuklearbedrohung«, in: *Haaretz*, 4. Dezember 2013 [auf Hebräisch].

154 Quellen s. Anm. 18.

155 Vgl. die folgende offizielle Website der Regierung: https://www.govmap.gov.il/?c=237734.44,637333.42&z=0 (zuletzt aufgerufen am 8.10.2019).

156 Ebd. Hat man sich einmal die Verdrängung der Geschichte der Nakba bewusst gemacht, fällt es schwer, das Weglassen palästinensischer Städte auf der Landkarte nicht als Vorzeichen einer entsetzlichen Zukunft zu sehen. Für israelische Schulkinder sind die Palästinenser schon nicht mehr da.

157 Nusseibeh: *Es war einmal ein Land*, S. 448–452.

158 Vgl. https://www.youtube.com/watch?v=iGfaDSjkK7U [auf Hebräisch] (zuletzt aufgerufen am 8.10.2019).

159 Eine Antwort, die man oft zu hören bekommt, wenn man mit religiös-zionistischen Siedlern spricht, ist, dass Rabin auf demokratischem Wege hätte gestoppt werden sollen und können. Damit weicht man der Frage aus, gibt aber zu erkennen, wie die wahre Antwort lautet. Die Frage ist, was aus der Perspektive des religiösen Zionismus hätte getan werden sollen, wenn Oslo nicht auf demokratischem Wege aufzuhalten gewesen wäre. Eine Möglichkeit, über eine Antwort auf diese Frage nachzudenken, besteht darin, sie mit dem nachträglichen Verhältnis des liberalen Zionismus zur Nakba zu vergleichen. Natürlich befürworten religiöse Zionisten die Ermordung eines israelischen Ministerpräsidenten nicht mehr, als liberale Zionisten die gewaltsame Vertreibung einer ganzen Gesellschaft befürworten. Aber so wie liberale Zionisten auf dieses Verbrechen zurückblicken und es akzeptieren, weil es die Existenz des jüdischen Staates ermöglichte, so neigen religiöse Zionisten dazu, auf die Ermordung Rabins zurückzublicken und sie als notwendig zu akzeptieren, um einen Kompromiss auf dem Gebiet des Heiligen Lands, die Teilung Jerusalems und so weiter zu verhindern.

160 Jonathan Freedland: »Heroes of 2014: Reuven ›Ruvi‹ Rivlin: President of Israel«, in: *The Guardian*, 31. Dezember 2014, https://www.theguardian.com/commentisfree/2014/dec/31/reuven-rivlin-ruvi-president-israel-likud-palestinian-rights (zuletzt aufgerufen am 8.10.2019).

161 Vgl. Anm. 21.

162 Vgl. Adam M. Howard (Hrsg.): *Foreign Relations of the United States, 1977–1980*, Bd. VIII, Washington, D.C. 2013, S. 871f. [Dt. Fassung geringfügig modifiziert zitiert nach: *Europa-Archiv* 1978, H. 4, D 120–124.]

163 Vgl. Seth Anziskas Überblick über die Literatur in der Einleitung zu

seinem Buch *Preventing Palestine. A Political History from Camp David to Oslo*, Princeton 2018, S. 13f.

164 Thrall: *The Only Language They Understand*, S. 23.

165 Anziska: *Preventing Palestine*.

166 Ebd., S. 110.

167 Ebd., S. 13.

168 »Rede des israelischen Ministerpräsidenten, Menahem Begin, vor der Knesset am 28. Dezember 1977 mit den israelischen Verhandlungsvorschlägen für eine Friedensregelung (Auszug)«, *Europa-Archiv* 1978, H. 4, D 120–124. (Eine vollständige englische Übersetzung von Begins Rede findet sich auf der Website des israelischen Außenministeriums: »103 Statement to the Knesset by Prime Minister Begin, Presenting Israel's Peace Plan, 28 December 1977«, https://mfa.gov.il/MFA/ForeignPolicy/MFADocuments/Yearbook3/Pages/103%20Statement%20to%20the%20Knesset%20by%20Prime%20Minister%20Beg.aspx (zuletzt aufgerufen am 8. 10. 2019)).

169 Ebd.

170 Anziska: *Preventing Palestine*, S. 110; dt. Wortlaut des Begin-Zitats nach *Europa-Archiv* 1978, H. 4, D 123.

171 *Europa-Archiv* 1978, H. 4, D 123 [Übers. ergänzt].

172 »103 Statement to the Knesset by Prime Minister Begin«.

173 Ebd.

174 Anziska: *Preventing Palestine*, S. 104. Anziska stützt sich hier auf die seinerzeit noch unveröffentlichte Dissertation von Gil Rubin, deren relevanter Diskussionsteil inzwischen unter dem Titel »Vladimir Jabotinsky and Population Transfers between Eastern Europe and Palestine« veröffentlicht ist, in: *The Historical Journal* 62 (2018), H. 2, S. 495–517. In einer Doppelbesprechung von Anziskas Buch und Dmitry Shumskys *Beyond the Nation State* ist Rubin offenbar mit Anziska einer Meinung, dass Begins Autonomieplan in einer Kontinuität zu Jabotinskys Umsiedlungspolitik stehe. (»Beyond the Zionist Nation-State«, in: *Tablet Magazine*, 9. Januar 2019.) Wie oben aufgezeigt, scheint es mir plausibler, Begins Vorschlag mit den binationalen Programmen zusammenzubringen, die Jabotinsky sein Leben lang vertrat und die sich gegen eine Umsiedlung richteten.

175 Jabotinsky: »Über ein binationales Palästina«.

176 Wladimir Jabotinsky: »Autonomie oder Föderation«, in: *Radikal*, 21. Januar 1906 [auf Hebräisch].

177 Ben-Gurion: »Grundlagen einer staatlichen Regierungsordnung in Palästina«.